有愛就是一家人

我們這個時代的多元家庭想像圖

We are Family

What Really Matters for Parents and Children

蘇珊・葛倫伯克
Susan Golombok——著

劉雨津——譯

這是一本意義重大、引人入勝的書……而最本質上，這是一本關於愛的書。」

——安德魯．所羅門（Andrew Solomon），《背離親緣》（*Far From the Tree*）作者

推薦序

在不同的家庭故事，看到一樣的愛與關愛

作家、台灣生育改革行動聯盟理事長　諶淑婷

二〇二二年八月，我所投入的生育改革行動聯盟舉辦了一場父親節活動，包括給同志爸爸的產後育兒實習，以及同志媽媽的待產準備課程。那天，好幾名「準爸爸」告訴我，他們不久就要出國，雖然疫情未歇，但他們承諾了海外的代理孕母，要親自陪伴生產、在新生兒來到世上的第一天就陪伴在側。「準媽媽」則摸著隆起的肚子說，肚子裡的孩子得來不易，她們願意盡最大努力，做好所有育兒的功課，迎接寶寶的到來。

為此，這些同志爸媽專心地上完整整六小時課程，餵奶、換尿布、哄抱嬰兒的方式與手勢，無一錯過，專心一意，不像其他提供異性戀家庭的孕產活動，要送男性配偶禮物、要抽獎，要各種獎勵與勸誘，才能讓他們好好坐在大腹便便的妻子身旁。我不免感嘆，千辛萬苦得來的生育機

會讓人更珍惜，但這些付出雙倍心力的家長，很難得到社會大眾的認可。

台灣自二〇一九年通過同婚專法已滿三年，不少同志伴侶選擇締結婚姻，但他們在收養及人工生殖的權利依舊無法等同異性戀夫妻。今年初（二〇二二年）同志配偶喵爸圍爸透過訴訟，終於成為全台首個同志雙親無血緣收養家庭，如果發生於異性戀家庭，肯定是美事一件，他們卻被網友批評「害了孩子」、「無法接受」、「好噁心」。而且同志收養家庭無論是否有血緣關係，戶口名簿都須加註「養」字，與異性戀收養家庭不同。連戶政系統都「差別對待」，就是台灣同志家庭的困境。

這本《有愛就是一家人：我們這個時代的多元家庭想像圖》，作者為英國劍橋大學家庭研究中心主任蘇珊．葛倫伯克，她從一九七〇年代開始關注法院判定女同志母親無能力撫養子女的案例，決定研究非傳統婚生家庭的親職能力是否真的不如傳統家庭？故本書所談的範圍也不只是同志家庭，也包括精卵捐贈、人工代孕、收養子女、跨性別父母的家庭、自主性單親等議題，並延續追蹤訪談他們的下一代，打破社會質疑。這些克服萬難才能組成的非典型家庭，不但跟一般家庭沒什麼不同，甚至還會相處得更好、關係更緊密。

本書直接從女同志母親能不能有權扶養小孩切入，在那個保守的年代，女同志在離婚後若與女性伴侶同居，發展出家庭關係，被奪走監護權是常見的事。當時人們相信傳統家庭結構不可撼動，照顧者的性傾向比照顧孩子的能力更重要，會對孩子的發展有重要影響。

我相信，那些質疑者並非是多大的惡人，他們甚至覺得自己非常關愛孩子，所以他們擔心，同志照顧的孩子會在學校被嘲笑欺負，會不清楚自己是男孩還是女孩，而且有可能變成同性戀。有趣的是，作者的追蹤調查中，確實同志家庭照顧的孩子有比較高的比例在青春期喜歡同性；但成年後再做調查，就會發現，這些孩子跟異性戀家庭照顧的孩子相比，自我認同是同性戀或雙性戀的比例沒有差異。青春期的數據告訴我們，擁有同志家長的青少年，在摸索愛情的迷惘階段，可以卸下擔心家長反對的壓力，也更能接納自己的情感變化。

本書另一個重要內容，就是讓我們看到生殖醫療的進步，如何一步步開拓現代人越來越習慣的新家庭形式。例如體外授精、卵子精子捐贈、胚胎捐贈，女性可以生下和自己沒有血緣關係的孩子，甚至是幫別人的家庭生下。這些借精借卵借腹受孕的家庭，在作者的研究追蹤中，都可以看到他們的孩子比起其他自然誕生的孩子，與父母建立起更緊密的親子關係。

當然這些家庭也並非在生育後就一帆風順、毫無煩惱，他們要面對是不是該跟孩子揭露血緣關係的問題，也可能被其他有血緣的陌生手足聯絡上、代理孕母突然變卦或正好相反。作者的研究也讓我們看見，捐贈者與代孕者的心態逐漸改變，從最早的不關心，到後來保持聯絡，甚至開始積極地參與孩子的生活，與受捐贈或代孕家庭形成一種新家庭同伴圈。

台灣目前仍對代理孕母有許多爭議，除了擔心窮困、社會地位低的女性會因為有生育功能被剝削，也擔心嬰兒商品化，使得代理孕母修法延宕至今。故本書內容更值得大眾參考，女性願意代孕的理由，除了經濟因素更混合了複雜的個人因素，還包括幫助他們完成夢想達到個人成就感、想享受懷孕過程。好的代孕機制可以讓代孕者到正面經驗，也與委託家庭建立起長久的友誼。當很多人擔心代孕者會不肯交出小孩時，作者的訪談卻發現，如果讓代孕者產後與寶寶見面後再分開，更能為代孕這份工作畫下句點，而不是讓她一生牽腸掛肚。

作者所做的下一代訪談內容，非常激勵感人，例如代孕生下的孩子，可以坦然告訴別人：「我有兩個媽媽不好嗎？」或者當他聽到朋友是「父母不小心懷孕生下來的」，他們知道自己不是個意外，而是真的被渴求後誕生在這個世界的生命，「可見他們真的很想要我」。也有孩子很高興父母當初選擇代孕，才能有自己出現。

《有愛就是一家人》所呈現的每個家庭故事，都在告訴我們，每個孩子都是世界上最可貴的禮物，是獨一無二、無可取代的存在，只是有時候，我們必須得對孩子解釋，為什麼他們的家庭跟別人不同？但那可以是很美麗溫暖的故事。

我在二〇一三年生下第一個孩子、隔年就投入台灣生育改革，同時間我也投入性平教育、多元家庭倡議。我最大的心願，就是每個孩子都可以說：「我有愛我的家長，他們的性別、和我是否有血緣關係、怎麼生（找）下我的，都不重要。」因為家庭的形式必然隨著時代演進而改變，不變的是家庭該有的機能，要能關心並參與孩子的生活、支持孩子的一切、讓孩子健康長大。

讀完本書，生長於不同家庭型態的你我有個必須採取的相同行動，就是接納跟自己完全不同的家庭，讓他們的孩子不會被拒絕、沒有人因此受傷害。

中文版作者序

在一九七〇年代中期，我開始研究不同的家庭形式。這些家庭不同於傳統家庭，它們並非由「母親、父親、以及與其血緣相繫的孩子」的標準模式構成。而在接下來的五十年間，家庭型態的改變超乎我所能想像。畢竟在當時，幾乎所有的家庭都是傳統家庭；雖然離婚跟同居的例子一直在增加中，但這樣的家庭普遍還是受到許多反對。而當年在英國，同性戀才被合法化不到十年，也沒人聽過所謂的「試管嬰兒」（即ＩＶＦ，體外受精）。當我在一九七六年開始研究同性戀母親的家庭時，社會大眾甚至不知道有這樣的家庭存在。

隨著時間流逝，一切都不同了。在一九七八年，第一個試管嬰兒誕生，為各種新型態家庭開闢了新的道路——有些家庭受助於卵子捐贈，因此孩子跟母親沒有血緣關係；有些家庭中的孩子誕生於精子捐贈，所以孩子跟父親無血緣相連；還有些家庭接受了胚胎捐贈，如此誕生的孩子跟父母雙方都沒有血緣關係。另外還有受助於代理孕母的家庭，在這樣的新型家庭中，一名女性為另一名女性懷孕生子；透過這種方式誕生的孩子跟母親沒有在懷孕的過程中相連，而如果受精時使用代理孕母的卵子，孩子跟母親也不會有血緣關係。除此之外，輔助生殖技術讓男同志、女同志伴侶、以及異性戀單身女性也有機會成為父母。

每當有新的家庭形式誕生，新的憂慮也連帶萌生；總有人擔心這些新型態家庭會對孩子的心理發展跟健康帶來負面的影響。例如：女同志媽媽的孩子會不會在學校被欺負，而因此產生心理發展上的問題？一般我們總認為男人不如女人會照顧小孩，那麼同志爸爸的孩子會不會因此面臨更多困難？當孩子與母親或是父親，甚至父母雙方缺少血緣聯繫，他們會不會因此對親子關係缺少安全感？當孩子是經由精卵或胚胎捐贈而誕生，父母是不是應該告訴孩子他們出生的真相？而如果要告訴他們真相，該什麼時候說最合適？另外，由代理孕母生下的孩子一旦發現，當初生下他的女人把他交給了別人，他們會不會感到難過？在對新型態家庭的許多質疑中，這些是其中的幾個例子；而就是這些問題驅動著我，讓我從一九七〇年代持續研究至今。

近幾年，台灣見證了家庭型態上的劇烈變化。這些變化包括二〇一九年同性婚姻合法化，以及輔助生殖技術的普及化。這也使得台灣成為東亞、南亞之中最開放的國家。我寫這本書，是為了那些對新型態家庭感興趣的人——不論他們本身屬於某種新型態家庭、或正在考慮要以新的方式建立家庭，或只是出於好奇而想要了解更多。我希望他們能在這本書裡找到他們尋找的答案。更甚者，我希望能藉此匯集我跟我的團隊多年來在劍橋大學家庭研究中心的研究成果，讓有興趣的人能夠更容易接觸到這些研究成果，並獲取這些家庭的經驗。對於新型態的家庭，以及這些家庭會如何影響孩子，世間總有許多錯誤的臆測；可想而知，這樣的臆測將來也會繼續存在。

我衷心希望這本書能夠改變反對者的想法，因為研究結果已經顯示，新型態家庭所面對的問題並非來自於家庭內部，而是源自於他人的偏見以及不了解。匯集了從一九七〇年代至今的研究成果，《有愛就是一家人》一書中做出結論：對孩子而言，最重要的不是家庭的結構，而是家庭內部人際關係的品質，以及外在社會對他們家庭的接納程度。

蘇珊・葛倫伯克

於劍橋

二〇二二年十一月二十五日

致我的家人——約翰和傑米

「當你毫無概念你的父親是什麼人，你會以想像力代為填滿這個空缺。或許，毫不自知地，我其實天天在電視上看到他，或是在廣播中聽到他的聲音。也或許，我曾在某一刻、某一地跟他對面相望過。我想像著，或許我和他搭過同一班公車；或許他是我在課後去請教問題的那位教授；或許他是我去看過展覽的攝影師；也或許他是近在咫尺的路邊小販……你無從得知。」

—— 艾莉芙·夏法克（Elif Shafak），伊斯坦堡的私生女，2007 年

「家庭是什麼？過去大部分的人大概都認為這個問題的答案簡單明瞭。但在今天，事情就沒這麼簡單了……有的家庭，孩子的雙親可能結了婚，也可能沒結婚。他們可能是由單親帶大，也可能有兩個家長，甚至三個家長……有些孩子是由同性的家長養育長大；有些孩子是經由精子捐贈人工受精誕生；還有些孩子是由代理孕母生下的。直到不久前，傳統的核心家庭還被視為是典型。但現實是，現在有越來越多的小孩和成人的家庭——或許出於自願，也或許迫於情勢——迥異於所謂的典型核心家庭。我要強調，這不只是我們眼前的現實；我相信，這更是一個我們該鼓掌歡迎的現實。」

—— 詹姆斯·蒙比爵士（Sir James Munby），前任英格蘭及威爾斯高等法院家庭部門主席兼家庭法院首席大法官，2018 年

"We are family
I got all my sisters with me
We are family
Get up everybody and sing"

——Sister Sledge

我們是一家人
我有一幫好姊妹
我們是一家人
大家站起來一起唱

——雪橇姊妹

目錄

CONTENTS

Chapter 9 未來家庭——時代先鋒 285

採卵手術後，我流下了高興的眼淚。現在我有八顆卵子被保存在冷凍庫裡，我感覺身上背負的壓力消失了。我花了很多時間擔心，為自己單身的狀況感到焦慮，而現在我又可以掌控自己的人生了。

Chapter 10 結語 313

家庭中不一定非要有父親、或是母親、或是兩個家長，孩子才會健康快樂；對孩子最重要的，是他們與家人之間關係的品質、來自周遭圈子的支持、以及他們身處的社會所抱持的態度。這也是為什麼我們在研究中堅持要傾聽孩子的聲音。我們必須重視這些心聲，並對此採取行動。

延伸閱讀 341

參考資源 355

致謝 359

內文左方註釋均為譯者註，特此說明。

前言

我的研究生涯起始於一個機緣巧合。一九七六年九月，我在倫敦卡姆登的新家剛安頓下來。當時我剛從家鄉蘇格蘭搬到倫敦，開始在倫敦大學攻讀兒童發展學碩士。有一天我收到一本名為《Spare Rib》*的女權主義雜誌，這本雜誌的封面故事吸引了我。封面上有一張照片，裡面有三個女人和她們的三個孩子。照片下方的標題為「出櫃媽媽邁進法庭：為何這些母親可能失去孩子的監護權？」我翻開雜誌，開始閱讀。

故事的記者名為艾莉諾．斯蒂芬斯，她在文章中寫著，每當同性戀母親與前夫爭奪監護權時，她們幾乎是無一例外地敗訴，失去與孩子一起生活的權利；而異性戀母親則幾乎總是贏得監護權——兩者間的差異對比鮮明。這篇文章刊行時，英國法院還沒有任何一個案例將孩子的監護

* 一九七二年於英國創刊，是重要的指標性雜誌，影響了英國對女權主義的辯論。標題的意思是「肋骨」，意指《聖經》提到的第一個女人夏娃，由亞當的肋骨所造。

權判給女同性戀母親。即使沒有任何實質證據顯示女同性戀做不了好母親，但是判決常常以「在女同性戀家庭中長大對孩子不是最佳選擇」為理由，拆散孩子與母親。我第一個念頭是：這不公平——而且也毫不科學。

這篇文章也在徵求志願研究者，以對女同性戀母親的孩子進行研究，客觀地了解孩子的適應及成長狀況。從未有人做過這樣的研究。當時我正好在尋找碩士論文的研究題目，而且我也覺得拆散這些家庭很殘忍，尤其是在沒有合理證據的情況下。因此，身為一個初出茅廬的研究員，我決定自告奮勇地響應他們，盡一己之力。我當時不知道，這將是我研究生涯的起點，從此我將投入這個新的研究領域，傾注一生。

雜誌文章中提到的團體名為「同志媽媽行動會」（Action for Lesbian Parents）。她們致力於讓法律制度內的不公平得到關注，並且尋找研究人員，來調查同志媽媽家庭中長大的孩子。我很快地跟她們聯繫上，一位名叫貝妮．漢弗萊斯的女士接到我的電話，邀請我去她在劍橋的家談談。貝妮的家同時也是該團體的活動據點，她的房子是一棟維多利亞式的灰石別墅，別墅很寬敞，室內的牆上掛著許多小孩子畫的畫。面談中我非常緊張；這個團體的成員都已為人母，有的還在和前夫打著撫養權官司，從當時二十二歲的我看來，她們都顯得非常成熟。談話中，她們想確認我能夠被信任，獨立進行研究；更重要地，她們必須確認我對女同性戀母親組成的家庭沒有成見。她們試著了解我的背景，並詳細詢問我將如何進行研究。有一些成員自己也是研究者，她們對我進行犀利的質詢。懵懵懂懂地，我通過了考驗。她們同意幫我牽線，讓我聯繫一些同志團體，募集願意參加研究調查的家庭。

多年後我搬到劍橋，成為劍橋大學家庭研究中心的主任。每當我經過那棟灰石別墅，我總是會想起牆上掛著的那些圖畫，我不禁猜想那些孩子們如今在哪裡；我也會想起那棟房子裡的女性與她們的家庭。只為求一條生路，她們不得不持續奮戰，更不用說被社會接受有多困難。她們是開拓先鋒，為更多不同類型的家庭鋪路。這些不同的家庭——多元家庭——的存在，是一九七六年的我所無法想像的。

***

當年至今，生殖科技的進步一日千里，社會觀念也與時俱進，這些進步根本地改變了創造與組成家庭的方式。一九七八年，第一個體外受精（In Vitro Fertilization, IVF）嬰兒路易絲·布朗（Louise Brown）在萬眾矚目中誕生，而後透過卵子或胚胎捐贈受孕的孩子陸續誕生於世，精子捐贈也變得更加普遍。一九八〇年代中期，第一批商業代孕的寶寶（美國的「M寶寶」〔Baby M〕和英國的「卡登寶寶」〔Baby Cotton〕）誕生的消息登上新聞頭條。當今的家庭有各種形式：男同志可以通過卵子捐贈和代孕成為父親，女性可以自主選擇成為單親媽媽，而有些女同志伴侶選擇用一方的卵子讓另一半懷孕生下小孩。隨著卵子冷凍技術的進步，我預期高齡的母親將持續增加。將來我們甚至可能會有人造子宮、人造卵子和精子，以及基因改良的孩子。現在我們可以用以往想像不到的方式求得孩子、成為父母。但是，這對孩子有什麼影響呢？

在一九七〇年代，許多法官囿於成見，做出決定，剝奪女同性戀母親的監護權。而現在，面對這些新型態的家庭，許多人抱持的看法也是出於成見，而非客觀的證據。人們自然地認為家庭結構對孩子的發展很重要；而在保守觀念中，許多人認定，當小孩的成長環境與傳統家庭差異越大，對兒童心理產生傷害的風險也就越大。在弗洛伊德的精神分析理論的助長下，在二十世紀這種想法變得越加普及，進而在日後的心理學理論中占下一席之地。

但這說法是真的嗎？我們在一九八三年發表了第一篇關於女同性戀母親的研究結果，證明事實並非如此：研究結果清楚地顯示，與異性戀母親撫養的孩子相比，同性戀母親的孩子並不會更容易出現心理問題。可惜對許多已經被與孩子拆散的母親而言，這是遲來的正義。我開始懷疑，或許其他新型態的家庭也可能是如此，為毫無根據的成見所苦。所以我想透過適當的科學研究，將「家庭結構」及「家人關係」兩項要素的影響區分開來，加以探討。我很榮幸能與一群最優秀的學者共組研究團隊，其中包括心理學家、社會學家、社會人類學家、生物倫理學家及醫生。從此我們踏上了一條深邃而迷人的道路，跨越二十與二十一世紀，我們密切地關注每個新形成的家庭形式，進而探索之、研究之。

我最初的據點是倫敦；我先在精神病學研究所就職，而後轉移到倫敦城市大學，二〇〇六年我又轉到了劍橋大學家庭研究中心（該中心於一九六六年由馬丁・理查德教授創立）。我們的研究一開始以女同性戀母親為對象，接著我們開始研究體外受精、以及由精子捐贈誕生的孩子——我們是第一個追蹤研究這些孩子一直到成年的研究團隊。而之後，我們逐步研究更多不同的家庭。

大約在二〇〇〇年，我們開始一個新的研究計畫，以精卵捐贈和代孕出生的孩子及其家庭為研究對象；這目前仍然是世界上唯一的對代孕寶寶做的調查研究。從嬰兒時期到青春期，我們持續追蹤訪問這些孩子，目前為止已經訪問他們六次，藉此我們可以了解早期經歷如何影響他們日後的發展。

近幾年，我們也開始研究同性戀父親組成的家庭；我們研究了領養孩子的男同志家庭，也在美國首開先例地對代孕得子的男同志家庭做研究。我們的研究對象逐年擴張，最新的研究焦點包括：沒有戀愛關係的親職協作*、跨性別父母的孩子、自主性單親爸爸，以及透過非匿名的卵子捐贈出生的孩子。

* co-parenting，又譯共享親職、共同養育。意指同一家庭中的成人一起合作教養孩子，成人間不必然擁有婚姻或戀愛關係。

做調查時，我們會親自造訪受訪者的家，藉此了解孩子發展及適應的狀況，並了解他們與父母的關係。我們會分別採訪父母及孩子，觀察家人之間的互動，並使用一套專門為兒童設計的評估方法，利用說故事、玩遊戲和玩玩偶等方法了解孩子的想法。我們也會請老師參與研究，請他們為我們回答問卷，以了解孩子在學校的行為表現。

而研究的結果如何呢？我們的研究清楚顯示，孩子們在各種新型態家庭中都可以健康快樂地成長；這些家庭包括我們最早研究的女同性戀家庭，也包括我們後續研究的各種家庭。沒有證據表明孩子在非典型家庭長大會造成心理傷害——不論孩子擁有同志媽媽或同志爸爸，或是誕生於卵精胚胎捐贈，誕生於代孕等輔助生殖技術。然而至今，這些家庭仍然面對著許多偏見，即使在世界上最進步的國家也不例外。

我寫這本書的目的，是為了向世人展示我們的研究結果；這些結果推翻了許多陳腐的偏見。本書的主角是這些家庭，我讓他們在字裡行間講述他們自己的故事，分享他們真實的日常生活。這些新型態家庭的成員——母親、父親、捐贈者、代孕者、以及孩子們——不是社會或科技革命的代言者，而是經歷這些人生經驗和感情關係的當事人。

這本書裡所寫的，是父母們如何克服萬難組成家庭的故事；最重要的，這些都是愛的故事。

Chapter 1

女同志媽媽
未知水域

「由於原告的同性戀傾向，依法判定她不適合照顧、監護、及管控……其未成年子女。」

——加州上級法院巴比奇法官宣讀「納德勒對納德勒案」的判決，1967 年

「我有兩個愛我的家長，他們是男是女並不重要。」

——艾莉絲，當時七歲，2009 年

安妮．希欽斯是三個小孩的母親。一九八二年，三十三歲的她終於醞釀足夠的勇氣離開自己的丈夫。她給丈夫留了字條，關上門，轉身離開她英格蘭北部海濱的家，然後去學校接走她的孩子，那時孩子們都還不知道發生了什麼事。之後她跟一個朋友租了房子，懷著不安的心情，邁向未知的新生活。在這之前安妮從來沒有在外工作過，從來沒有自己繳過帳單，沒有親吻過她丈夫以外的男人，也幾乎沒有存款。但是她迫切需要建立新的生活。多年來她忍受丈夫的欺負、酗酒跟賭博。她已下定決心不再忍耐。

接下來的幾年並不容易。孩子們難以適應跟父親分離，安妮的小女兒一心希望父母能復合，她開始破壞性地宣洩憤怒。安妮的丈夫對她保證，如果她願意回頭，他會改過自新，但是安妮心裡明白，丈夫是不會改變的。安妮的父母對她怒不可抑，認為她有辱家門。連政府的輔導單位也鼓勵安妮回到丈夫身邊。

安妮與她的丈夫相遇時才十六歲。當時她丈夫十九歲，是附近大學的哲學系學生。安妮的父母是酒吧店主，而她丈夫是他們的常客。安妮從小在勞工階級的住宅區長大，當地的學校也不佳，安妮沒有拿到文憑就退了學，準備回家照顧五個年幼弟妹。對安妮而言，她的丈夫如同一個逃離一切的出口，他象徵著新的生活。安妮很快地愛上他，不久後就懷上了他們的第一個孩子。安妮的父母對她未婚懷孕一事很不諒解，當時六〇年代的自由風氣還沒吹到這個北方小鎮，未婚懷孕還被視為家醜。安妮跟她的丈夫隱瞞身孕匆匆登記結婚，那是一九六八年，安妮十八歲。

雖然是奉子成婚，安妮還是很滿足。她想著，一旦結了婚，她就可以離開父母，開始新的人生。夫婦倆搬到英國南部的海岸，她丈夫的故鄉。他們的女兒隨後出生。安妮很快地安頓下來，全心投入母親的角色。不出五年，她成了三個孩子的媽媽。在一九七〇年代中期，當安妮的小女兒正牙牙學語，她的丈夫在英格蘭北部找到了一份政府機關的工作。安妮一家又搬回北方，丈夫出外賺錢養家，而安妮在家養兒育女。「我沒辦法出去工作的！那個時代就是這樣。如果我出去工作，誰來照顧小孩呢？我接受了那樣的狀況，而有那麼幾年，我也過得很快樂。」安妮總是把家裡打理得一塵不染，讓孩子吃穿得宜。但是，她的丈夫卻喜歡在外跟朋友賭博、喝酒抽菸，常常深夜不歸。年過一年，這逐漸壓垮安妮的婚姻。

有一天，一位鄰居送給安妮一本名為《Spare Rib》的女性主義雜誌，這本雜誌打開了安妮的眼界。雜誌寫道，當地的一群女性正在合作建立一個庇護所，以安置家庭暴力的受害者。安妮深受感動，希望自己也能出力幫忙。安妮有照顧小孩的經驗，所以她志願去庇護所幫忙經營托兒中心。可是，即使當時安妮的小孩都上學了，她的丈夫還是希望她待在家裡，因此當她的丈夫得知此事後，便大力反對，不准安妮再去庇護所幫忙。於是安妮瞞著丈夫，繼續去做志工。經營庇護所的女性都很有行動力，跟她們相處久了，安妮第一次感受到生活有目標。她也意識到，她在婚姻中並不快樂。此時安妮聽說一個朋友離婚了，她意識到，她也可以逃離婚姻。但離婚絕非容易的事，安妮花了幾個月反覆思考；她開始了一份兼職工作，為此跟丈夫激烈爭吵不休，但也是這份工作給了安妮離開這場婚姻的勇氣。四十年後，安妮回憶當時的心情：「我意識到我並不滿足，也不快樂。我意識到我是精神暴力的受害者。」

直到離開了丈夫後，安妮才與麗塔相知相愛。麗塔是安妮的朋友，她幫助安妮走過剛離婚後的艱難過程。但這段感情的風險太高了：「我心裡很清楚，如果被人抓到證據，他可藉此從我身邊奪走孩子。」安妮說：「我無論如何都想留住孩子，所以我結束了跟麗塔的關係。我知道如果不這麼做我會失去孩子，在那個時代，現實就是如此。要等到孩子們都年滿十八歲了我才能放鬆警惕，要到那時候，他才不能隨時出現把孩子帶走。」

安妮很快地發現，她的恐懼不是庸人自擾。離婚後，安妮帶著孩子搬到伯明翰，在當地的婦女諮詢中心找到一份工作。在婦女諮詢中心，許多她幫助的對象是被奪走孩子監護權的女人，原因不外乎因為她們是女同性戀者。

「她們被認為不適合當母親，」安妮說：「我協助超過三十位女同志媽媽爭取孩子的監護權，其中沒有任何一個人能夠爭回自己的孩子。失去孩子的痛苦讓她們痛不欲生。」

＊＊＊

當然，在一九七〇年代以前女同性戀就存在了，其中許多跟男人結婚生子；有些女人雖然知道自己喜歡同性，卻屈服於社會期待而結婚，也有些女人是在結婚生子後才愛上另一個女人。在過去，這些女性往往別無選擇，只能終其一生藏匿自己的真實性向。直到一九七〇年代，同志解放之風吹起，許多身為母親又為女同志的女性開始試著活得更開放、更自由。但這也使她們陷入一場又一場殘酷而毫無勝算的監護權之爭。

當安妮在英國為身陷困境的同志媽媽們做諮詢時，在相隔大洋之外的美國，類似的故事也在上演。一九七五年十月，德州達拉斯的瑪莉喬・瑞雪收到一張法院傳票，從此她的人生有了天翻地覆的改變。當時瑪莉喬與她的同性伴侶安・佛曼，以及她們的三個小孩同住。其中兩個男孩是瑪莉的兒子，另一個女孩則是安的女兒。瑪莉喬的前夫剛剛再婚，現在他想要兩個兒子的監護權。他在文件中表示，瑪莉喬跟安同住，過著「如夫婦一般的同性戀關係」，他希望小孩能夠盡快「離開這種不道德而且不理想的環境」。瑪莉喬為此焦慮不已。

瑪莉喬的監護權訴訟在達拉斯法院進行，審判耗時超過一週。當時瑪莉喬十七歲的長子已經跟父親生活在一起，議論的中心圍繞在：瑪莉喬的同性戀傾向對她八歲大的次子理查會有何影響。陪審團由十名男性及兩名女性組成，另有近二十名專家證人出庭作證。多數的專家表示，瑪莉喬的性傾向會對她兒子造成不良影響。具體上，他們認為瑪莉喬的兒子將來會難以有正確的男性自我認同，他有可能變成同性戀。當時身為同性戀被視為嚴重問題；不到兩年前，美國精神病學協會才把同性戀從精神疾病中除名，社會上反同思想依然盛行。陪審團討論了一天半，然後決定理查應該跟他的父親同住。聽到判決，得知她將失去兒子的監護權，瑪莉喬傷心欲絕。幾天後，法院通知她交出小兒子；這個她從出生就養育到大的孩子從此要離開她，跟前夫以及前夫的新婚妻子同住。而瑪莉喬只獲准每兩週見孩子一次。

一九七七年，瑪莉喬接受了珊卓拉．艾爾金的訪問。珊卓拉是電視節目《女性》（*Woman*）的創辦及主持人，這是在美國首創以女性議題為中心的節目。訪問中瑪莉喬說：「裁判的過程中有醫生出庭為我作證，也有老師、保母、親戚、朋友、心理醫生及精神醫生，所有出庭作證的人中沒有任何一個人說我不是好母親。」當時的陪審團團長名為托尼．利西歐，他曾是達拉斯牛仔隊的美式足球員；當時只有兩位陪審員投票支持瑪莉喬，而托尼是其中之一。他事後告訴媒體，陪審團的焦點始終集中在瑪莉喬的性向，儘管瑪莉喬的生活非常循規蹈矩，但她身為同性戀的事實決定了一切。

「我是達拉斯郡家長與教師協議理事會的會長、虔誠的南方浸信會教友，我還當過主日學校的教師。我的生活以孩子為中心，我盡我所能地讓每個孩子都能過更好的生活。」瑪莉喬說：「精神科專家評估我的孩子，結果顯示他們兩個都心理平衡，行為感情符合年齡；他們很正常，而且健康快樂。這不就是每個父母想要達到的目標？」

在審判中瑪莉喬被問到：如果可以選擇，她是否會為了留住孩子而放棄當同性戀？這個問題很不公平。想來那些陪審團員永遠不會被迫在伴侶跟孩子之間作抉擇。追根究柢，問題的癥結在於：「有些陪審團員擔心，如果我兒子跟我在一起，他會變成同性戀。」

在一九七〇年代，有少數幾個女同志媽媽保住了監護權，代價是她們不能繼續跟同性伴侶住在一起。一九七二年十二月，華盛頓州有了一起名為「舒斯特對伊薩克森」（Schuster vs. Isaacson）的訴訟案。珊蒂．舒斯特和瑪德琳．伊薩克森都是虔誠的教徒，她們通過教會相識然後墜入愛河。珊蒂跟瑪德琳兩人總共有六個小孩，她們帶著孩子一起投奔到自由的加州，在那裡像家人般一起生活。但不久後，她們被丈夫雙雙控告誘拐；珊蒂被控告誘拐她的其中一個孩子，瑪德琳被控告誘拐她的兩個小孩。開庭前，社工跟法院指派的精神醫生對孩子們做了評估，評估結果顯示孩子狀況良好，他們備受關愛，而且在新的家庭中過得很快樂。然而法官依然表示，要保住孩子的監護權，珊蒂跟瑪德琳就不能繼續生活在一起。為了服從法院規定，同時不被拆散，珊蒂跟瑪德琳離開了她們一起生活的家，搬到兩間相比為鄰的公寓裡。她們的前夫發現後大為光火，再度將兩人告上法庭。這場爭鬥又持續了六年，直到一九七八年案子上訴到華盛頓州最高法院，珊蒂和瑪德琳才終於爭到跟自己的孩子一起生活的權利。

很遺憾地，一九七〇年代以後這樣的故事還是不斷上演。一九九五年，佛羅里達州發生一起聳動聽聞的訴訟案，這又是一個女同志媽媽被奪走監護權的故事。瑪莉．沃德與她的同性伴侶一起生活，養育著她十一歲的女兒，直到她的前夫在判決中勝訴，讓她失去女兒的監護權。她的前夫有殺人前科，他在與第一任妻子爭奪監護權時開槍打死了對方。對於這則新聞，報紙的頭條標題一條比一條聳動：〈同志媽媽對上殺人犯爸爸〉、〈殺人犯贏得監護權〉，以及〈同志媽媽與殺人犯爸爸的搶小孩大戰〉。在電視訪談中，瑪莉的前夫冷酷地描述他殺死前妻的場景：「我對她的左邊肩膀開了三槍，她求我不要殺她，她說她會把孩子給我然後跟我離婚。我又對她的心臟開了三槍……我重新上膛，然後近距離對她開了六槍。」二〇一二年發行的紀錄片《不適任：沃德對沃德案》（*Unfit: Ward vs. Ward*）就是以此案為主題。影片的核心問題是：「誰更適合照顧小孩？一個被定罪的殺人犯？還是一個女同性戀？」就此案而言，法官給的答案是：殺人犯。就算他對他的女兒幾乎一無所知，不知道女兒唸什麼學校，也不知道她幾年級，但法官相信這個男人比一對女同性戀更適合養育孩子。他認為與母親照顧孩子的能力相比，她的性傾向是更重要的因素。法官在判決中歸結：「我認為這個孩子需要有機會活在一個非同性戀的世界。」

＊＊＊

一九七〇年代，當瑪莉喬・瑞雪與前夫打官司的同時，安妮・希欽斯依然在諮詢中心協助許多母親為孩子的監護權奮戰。而有另一群女同志決定親手掌握命運，以自己的方式成為母親。

那是個轉變中的時代，女權主義逐漸抬頭，而有些人開始意識到她們可以選擇新的生活方式、用新的方法組成家庭。卡蘿・威爾特和她的同性伴侶希拉瑞・傑克森是某個新思潮社群團體的成員。這個團體充滿活躍的女性主義及左派思想。成員們生活在一起，一起照顧孩子；她們也一起維護倫敦北部喬治亞及維多利亞時代的歷史街道，免其遭到破壞。這樣的女性自覺運動團體是一九七〇年代女性運動的基石。卡蘿跟希拉蕊會跟志同道合的朋友花上幾個小時圍著餐桌熱烈地討論：談女性的生活方式，談家庭的功能，談跟自己母親的母女關係；她們還會談論該如何貫徹自己的道德及政治理念，如何找尋身為同性戀以及女性主義者的生活方式。她們渴望更了解女性的角色跟人際關係定位，也渴望創造新的家庭關係，解放所有來自性別與性向的壓力。對於許多年輕的女性主義者而言，這是一個充滿希望與理想的時代。

卡蘿和希拉瑞都很喜歡小孩，她們會幫忙照顧其他團員的孩子，她們也期待著自己有朝一日成為母親。後來她們選擇自己做人工授精，在家利用注射器將捐精者的精子注入體內，俗稱「火雞滴管法」*因為希拉瑞的年紀較大，兩人決定讓她先懷孕。人工授精的精子來自於一個朋友的朋友，當時女同志社群跟男同志們多少有些聯繫，男同志們大多很樂意幫忙提供精子，以表示對女同志的支持。卡蘿跟希拉瑞在一九八三年迎接了她們的第一個女兒戴西的誕生。不過當時愛滋病廣為流行，而捐精促成戴西誕生的男人雖然願意再次幫忙，卻不願意做ＨＩＶ病毒檢查。於

* turkey-baster，歐美人烤火雞時會不斷用滴管把烤肉的油吸起來澆在烤雞上，那滴管跟人工授精用的注射器有幾分像。

是，如同許多其他的女同志，卡蘿和希拉瑞在倫敦的另類時事週刊《城市界線》上刊登廣告以募集捐精者。她們在數名回應廣告的人選中挑了一名好心的年輕人，他樂意幫助女同志生小孩，但希望保持匿名。於是在一九八六年，卡蘿生下了她們的第二個女兒羅玟。

對卡蘿而言，她所屬的社群是她的避風港。卡蘿在英格蘭的郊區長大，她出生於一個相當傳統的家庭，是三個小孩中的長女。她在一九六〇年代開始察覺到自己是同性戀時才十四歲。卡蘿摸索自我認同的路途十分孤單，直到離家去唸大學後，她才跟家人出櫃。她的父母以她為恥，並跟她斷絕了關係，他們不希望她跟弟妹們有任何接觸。卡蘿生下羅玟後，她媽媽也不曾來看她們。「他們心裡只有『鄰居們會怎麼想？』或是『要怎麼跟牧師說？』」卡蘿回憶：「有一次我發現我媽媽去參加一個家族聚會，聚會地點離我家只有幾哩遠，但她卻沒有來看看我跟寶寶，那感覺真的糟透了。她甚至無法跟朋友提到我，她只希望我不存在。生產後她對我的漠視是最後一根稻草。」雖然卡蘿的弟妹們很支持她，也很高興有羅玟這個甥女，但被母親拒絕的傷痛難以磨滅，她說：「雖然我們有很多朋友，但是我們沒有自己的母親。我們是沒有母親的母親，這是難以填補的失落。」

儘管如此，總體而言這個年輕家庭還是很快樂的。她們住在合作住宅*，積極參與住委會的活動，她們也會參加其他同志媽媽與小孩的社群聚會，日子過得溫馨而歡樂。可惜，這種烏托邦似的日子沒有持續太久。一九八八年，英國首相瑪格麗特·柴契爾簽署了地方政府法第二十八號條款，這個條款對英國所有的男女同志以及他們的家庭帶來莫大的打擊。

第二十八號條款中明文規定禁止宣揚同性戀行為，「故意宣揚同性戀或是出版宣揚同性戀之刊物」或宣稱同性戀關係為「擬似的家庭關係」都變成違法。直到二〇〇三年，這項法條才被撤銷。卡蘿在一九七〇年代目睹了許多同志媽媽為監護權陷入苦戰，她很害怕羅玟會從她身邊被奪走：「我深深懼怕我會失去她。我擔心她會被丟進福利院，我怕我們會被視為不適任的母親，被視為不適當的家庭。我們會被視為『擬似』家庭。」

卡蘿也很憂心她們的女兒要到哪裡上學。如果老師被禁止提及同志媽媽的家庭，在學校人們又會如何對待黛西跟羅玟？對希拉瑞跟卡蘿而言，保護女兒們為第一優先。她們知道有一間學校對同志媽媽的小孩很友善，只有那間學校能讓她們放心；但唯一的問題是卡蘿跟希拉瑞住在那間學校的學區之外。

第二十八號條款為卡蘿一家以及同志社群帶來的苦惱不止於此。住在卡蘿一家對面的一些鄰居是同性戀歧視者，有了法律撐腰，這些鄰居開始對她們進行一連串的騷擾和攻擊。鄰居們會對

---

* housing cooperative，歐美常見的公寓形式。住戶擁有大樓的部分股權，而不擁有特定單戶的所有權。通常在這種形式裡，住委會的權限較大。

她們叫囂辱罵或語帶威脅，情況逐漸惡化到卡蘿、希拉瑞與孩子們必須在週末離家去避難。如果這種行為發生在今天，會被視為仇恨犯罪（hate crime），但當時是一九八八年，沒有任何人出面阻止。卡蘿一家彷彿身陷圍城。

幸虧卡蘿意志堅強，再加上她們的住委管理員大力相助，不久後卡蘿一家搬到住委會名下的另一棟公寓，於是她們脫離了不友善的環境，也能讓女兒們去上理想的學校。「我們非常非常幸運，」卡蘿回憶道：「那間學校裡有其他的同志媽媽家庭。我們經常見面，帶小孩們一起散步或野餐，做各種活動，讓小孩知道也有其他家庭是有兩個媽媽的，這樣她們就不會覺得孤單。」

***

一九七六年，我準備開始研究同志媽媽的家庭時，在英國還沒有任何一個女同志媽媽在訴訟中贏得監護權。判決總是重複著三個理由：一、她們的孩子會在學校被嘲笑、欺負，孩子會因此產生心理問題；二、她們的小孩會搞不清楚自己是男孩還是女孩，會無法表現得合乎性別，特別是男孩，他們會變得喜歡玩女生的玩具，行為也會像女生；以及，三、女同志缺乏做為好母親的能力。

有一件訴訟案讓我印象特別深刻。我會知道這個案件，是因為《Spare Rib》雜誌的記者艾莉諾·史帝芬斯寫了一篇報導。事情發生在那年夏天的倫敦。當時五歲的約翰跟他的媽媽蘇，以及蘇的伴侶瑪莉一起生活。他們住在英格蘭寧靜的郊區，家被森林和小溪圍繞著，周圍也不缺親人及朋友相伴，這樣的日子已經過了兩年。起初蘇跟前夫的關係頗為友好，她前夫也同意讓約翰跟她以及瑪莉同住。但前夫再婚後卻改變了主意，認為約翰應該跟他和他的新任妻子一起過傳統的家庭生活。他跟蘇的關係急轉直下。不久後，兩人站上法庭互相對峙。

蘇起先以為自己穩操勝算。社工以及品德見證人都保證她把約翰照顧得非常好。法官也同意約翰跟蘇之間的母子關係良好，但卻也擔心蘇的性向會影響她兒子的發展。蘇跟前夫分別找了精神科專家背書，蘇的精神科專家強調，蘇跟約翰之間有穩固的母子關係，聲明這是對約翰將來的心理發展最重要的一點。但是蘇的前夫所雇用的精神科專家卻說：「就統計的觀點，約翰媽媽的性行為是非正常的。這種行為可以被視為異常，甚至是變態的。我沒有證據顯示這樣的環境不會影響約翰將來的情感以及性別心理發展。」精神科專家繼續指出，家庭中缺乏父親會讓約翰無法自我認同為男人，而當他進入青春期，女同性戀媽媽會讓他感到羞恥尷尬。法官贊同前夫一方的論點，將監護權判給了他。在判決書中法官總結：「那是一片未知水域，而我無意航行其中。」

約翰被帶離了蘇和瑪莉身邊，離開他原本快樂生活的家，開始與父親和新繼母一起生活。蘇獲准每隔週以及學校放假時跟約翰相處，而法院規定，在約翰跟蘇相處的期間，蘇跟瑪莉必須睡在不同的房間。

蘇在失去兒子不久後接受了艾莉諾．史帝芬的訪談。在尚未癒合的傷痛中，蘇談到研究同志媽媽家庭的必要性，她說：「我們迫切需要做些研究，我相信那會帶來莫大的改變。許多他們的說法都是來自於對同性戀無根據的偏見，甚至是一些可笑的無稽之談。如果有適當的研究，我們可以削弱那些說法的影響力。」

在我看來，那位精神科專家為蘇的前夫所做的背書以及法官的反應，都是出於兒童心理發展學中一個相當狹隘的觀點。某些當時廣受矚目的兒童發展心理學理論確實符合那位精神科專家的論點，但也有其他的理論有不同的觀點。由於缺乏適當的研究，我們對事實一無所知。這個訴訟案讓我深深感受到，我們急需關於同志媽媽小孩的客觀根據。

當時我很想以同志媽媽的孩子為調查對象來寫碩士論文，但是沒有任何一位教授願意指導我。有人覺得這個題目不夠有趣，也有人覺得它太具爭議性。幸好，為蘇背書的那位精神科專家是位傑出的兒童精神科醫生。他名叫麥可．羅特，是倫敦精神病研究所兒童精神科部門的主任，也是在這個領域中提倡蒐集經驗數據的先驅者之一。他知道在這個領域沒人做過關於同志媽媽小孩的研究，他很明白在訴訟中反方專家的論點是基於推測，而非事實。很巧地，不久後有位羅特先生的研究團隊成員到我的碩士課程講課，我找到機會跟他說話，羅特先生因此聽說了我的研究，並表示願意幫助我。

我們的研究目的，是為了回答那些監護權爭議中的核心問題：女同性戀是否真的當不了好母親？她們的小孩是不是會有更多情緒以及行為上的問題？而跟異性戀家庭相比，她們的兒子是否比較不男性化、女兒不女性化？（當時，如果小孩的行為不符合他們的性別所應有，他們會被視為有心理障礙。今天這個觀念已經改變了，與性別定位不同的行為只被視為個人差異，而非異常。）研究中我們比較的對象為：小孩誕生於異性戀婚姻的同志媽媽家庭，以及異性戀單親媽媽家庭。兩組家庭中都只有母親，因此如果兩者之間有什麼差異，那應該是母親的性向所致，而跟是否有父親無關。

我開始做計畫要訪問這些母親，並將她們的經驗記錄下來。訪問的內容將涵蓋過去的婚姻、與同性伴侶的日常育兒生活，以及孩子對於新的家庭狀況的反應。這些家庭的孩子跟父親分離，然後多了一個新的繼母——即使在友善的環境中，要適應這變化也肯定不容易。我想知道，在同志媽媽家庭中的新繼母，是不是比異性戀家庭中的新繼父更難適應。我也想知道孩子是不是從此跟父親斷了聯繫；還有他們非傳統的家庭狀況是否會影響在學校的生活。

我的研究也著重於了解母子關係的品質。我用一套由精神病學研究所制定的研究方法來分析母子關係。這套方法不只評量母親的談話內容，它也將說話的用語、聲音、面部表情、手勢以及態度等納入評量範圍。更重要的是，我也檢視了孩子的心理適應狀況。我會詳細詢問他們，以便收集關於情緒及行為的資訊。這些訪談紀錄會交給另外的兒童精神專家做評估，而精神科專家不會被告知受訪人的家庭背景。孩子們的老師也將參與調查，我會請他們回答問卷，以了解孩子在學校的狀況。老師提供的資訊是很重要的，這可以避免母親隱瞞孩子的問題；同時若有人質疑母親隱瞞問題，這些資訊可做為協助。為了解小孩的性別認知發展，我會問母親以及小孩他們最喜歡的玩具、遊戲及活動是些什麼。

為了做出正確的評估，研究中收集資料跟分析的人員需要接受高度的訓練。我跟同僚花了許多時間練習做訪談，我們把練習過程錄下來，寄給精神病學研究所的專家們看，專家會就內容指導我們，直到我們的訪談能力足以勝任為止。我們接受了幾個星期的密集訓練，直到專家們點頭通過，讓我們正式開始進行調查。

奈飛爾基金會出資兩千英鎊贊助我的研究，讓我大受鼓舞。於是，在一九七七年春天，我開著跟兒童精神病學部門借來的鮮紅色迷你車，背著沉重的膠捲式錄音機，啟程邁向我的研究之路。我跑遍了英格蘭、蘇格蘭及威爾斯。我走訪了郊區、公營住宅、鄉村、海濱小鎮、倫敦市區、北方城鎮以及最偏遠的農村。旅途中我都是獨自一個人，只有一張地圖以及受訪家庭的善心可以依賴，我往往不知道會落腳何處，因此我時常緊繃著神經。每當我按下門鈴，我腦海中都揣測著：誰會來開門？他們是否和善？他們會不會有隻嚇人的狗？他們的小孩會不會願意跟我說話？

我覺得自己很幸運，能夠親耳聽到這些母親埋藏在心中的情感與故事。在她們之中，許多人面對過別人難以想像的困難抉擇，例如安妮．希欽斯。她們是否為了維繫家庭，屈身於不快樂的婚姻中？或是她們遵從自己真實的感情，冒著失去家人、朋友甚至孩子的風險，勇敢地躍進未知的領域？

艾比・柯蒂斯是一位老師，同時也是我的受訪者。當她的兒子詹姆士和史蒂芬分別為九歲跟六歲大時，艾比面臨了人生的難題。艾比在十五歲時第一次發現自己受到同性吸引，但是她把那當作青春期的一時迷惑，當時她不知道兩個女人可以相愛。畢業後，她對女人的感情變得更強，但她置之不理。二十四歲時艾比跟她交往三年的男友結了婚，然後很快有了孩子。她的婚姻沒有維持很久。她終於跟丈夫坦承她的性向，她丈夫試著接受，但是他們開始經常爭吵，艾比變得很不快樂。艾比三十三歲時與珊蒂相遇，珊蒂是在當地工作的一名護士，相遇一年後，艾比帶著孩子開始跟珊蒂一起生活。那是艾比一生當中最困難的抉擇。開始跟珊蒂一起生活之後，艾比失去了很多朋友。雖然她的朋友們都說願意支持她的新生活，但其中只有一位會繼續探訪她，有的朋友甚至不再讓她幫忙看小孩。

瑞秋・班頓的故事跟艾比頗為相似。她無視青春期時對女性的興趣，早早結了婚。她在十六歲時認識她的丈夫，十九歲結婚。她在不快樂的婚姻中度過十四年，直到她愛上梅貝爾。一九七七年八月，當瑞秋一家接受我的訪問時，瑞秋、梅貝爾跟瑞秋七歲大的女兒娜蒂雅已經在一起生活三年了。有一陣子瑞秋很擔心前夫會跟她爭娜蒂雅的監護權，但結果瑞秋反而要煩惱怎麼讓前夫與娜蒂雅多相處。瑞秋的前夫會幾個星期，甚至幾個月不來看女兒，有時約好了他要來帶娜蒂雅出去玩，時間到了他卻不出現，這讓娜蒂雅非常傷心。

我們研究的結果發現，女同志媽媽的家庭與許多精神科專家以及英美兩國的法官們所想像的完全不一樣。同志媽媽跟異性戀媽媽無異，她們可以給孩子溫暖的關懷、積極參與孩子的生活、並且願意盡心地為孩子付出。同志媽媽的小孩不會更容易有情緒及行為問題；她們的兒子不會不夠像男人，女兒也不會不夠像女人。我進行研究的同時，在美國也有人做了兩項類似的研究；研究的主持人分別為洛杉磯加州大學的瑪莎・科派翠克，以及紐約石溪大學的理察・格林。這兩項研究的方法相近，得到的結論也一致。

不少人聲稱同志媽媽的小孩會有心理問題，對於那些人而言，這些研究結果像是一個巴掌打在臉上。毫不意外地，這些研究在法庭上受到嚴苛的質疑。一九八〇年代中期，我曾受姬爾・巴特勒律師之邀，以專家證人的身分出庭，姬爾是英國為同志媽媽辯護的第一把交椅。法庭上父親一方也雇用了精神科專家，我記得那位專家揮舞著我們的研究論文，宣稱這些研究的價值還不如印刷用的紙。

姬爾的經驗中，法庭上法官多半為年長的男性，他們對同志媽媽幾乎一無所知。甚至一些看似勝券在握的官司，結果都難以預測。「在英國有一個判例，很難得的是同志媽媽勝訴，獲得了她七歲兒子的監護權。」那天我跟姬爾約在倫敦的一家餐廳見面時，她跟我說起這個故事。那位媽媽與一位女性鄰人發展出一段戀情，當她的丈夫發現時，他怒不可抑。她丈夫很快地搬出去，然後開始提起訴訟爭奪孩子的監護權。父親聲稱小孩若給同志媽媽撫養，他會被嘲笑、被排擠，而且他長大會變成同性戀。但是小孩的父親因為工作長期不在家，沒辦法自己照顧孩子。他提議當他不在家時由前妻的媽媽來照顧孩子。姬爾．巴特勒在法庭上申論，孩子已經有一個素行良好、關愛孩子而且能力無虞的媽媽，她完全可以勝任照顧孩子。聽完各方的論點後，法官把監護權判給了母親。「法官說：『我們終於遇到一個雙方利弊持平的案子』，我很震驚。」姬爾回憶道：「所以這位父親，六週中有三週不在家，而這位母親沒有外出工作可以全職照顧小孩，這叫做『雙方利弊持平』！實在太不可理喻了。如果這位母親是異性戀者，這案子根本沒什麼好爭議的。」

一年後，我參與了另一個類似的監護權訴訟案。孩子父親雇用的律師盤問我研究中的每一個細節，試圖藉此抹煞研究的可信度。那名律師提出了無數的批評：接受調查的家庭數目太少；受訪的人都是志願者，母子關係有問題的同志媽媽會拒絕參與調查，使得調查結果過於樂觀，不能真實反映出孩子們的處境；受訪的母親們知道負面結果會對她們自己不利，因此會呈現出她們家庭最好的一面；她們的孩子年紀都還很小，等孩子長大他們會發展出心理問題，也不容易建立戀愛關係。還有，每個監護權訴訟案之中都會被提起的世紀大問題：同志媽媽養大的孩子以後會不會變成同性戀？訴訟進行的當時，社會上的恐同反同思想還根深蒂固；就算機會再小，只要這個情況有可能發生，法官就會傾向把監護權判給父親。

在法庭上，父親雇用的律師常常誇大我研究的不足之處。然而，有一些批評確實有其道理。我們無法用研究基礎科學的方法來研究家庭關係；我們無法對家庭做實驗，因此也無法得到像基礎科學研究一樣精準的結果。在研究新的藥物時，研究人員可以隨機抽出一些病患服用新藥，另一些服用舊藥，由此比較得知新藥的效果。但是我們無法隨機將一些小孩交給同志媽媽養育，另一些交給異性戀媽媽養育來比較結果，這是不可能做到的。家庭研究需要用別的方法：研究者會針對特定的問題，經過一連串的調查，逐漸描繪出一個個家庭的樣貌；然後在另一組對照的家庭上重複調查，再比較得到的結果是否相同。只有在複數的研究（最好是由不同的研究團隊進行）得到相似的結果後，這些研究的結論才值得信賴。所以在這些早期的訴訟案例中，當我被質問：在同志媽媽家庭中長大，對孩子的長期發展是否有負面影響？——我無法立即給出回答。

我計畫繼續追蹤我訪談過的孩子們，直到他們長大成人。當我寫這本書的時候，同志媽媽的監護權爭議已不如以往險峻。但女同性戀是否適合做寄養家庭、或收養孩子，或是否應該接受生殖技術的輔助而生子等等，仍然是當下的社會議題。現在還是有人認定，如果在同志家庭中長大，會對孩子造成長期上的不良影響。我希望進一步的研究能辨明這些看法的真偽。為了繼續我的研究，接踵而來的問題是研究資金。曾有資深的同僚告誡我，我的研究太具爭議性了，不可能申請到研究經費。但我還是試著向惠康基金會申請資助，該基金會是英國最大的醫學研究贊助者，而很幸運地，惠康基金會一向以卓越的前瞻性聞名。我的研究提案被提送審查委員會評估，委員們認同這個研究的價值，也覺得研究方法可行，因此他們撥下一筆經費，讓我能再去訪問當年的受訪對象。於是在一九九一年，我開始進行追蹤訪談。此時距當初的訪談已有十五年，那些孩子都已經是二十幾歲的成年人了。

這次的追蹤研究，菲歐娜．塔斯克加入了我們的團隊。菲歐娜是一名剛取得博士學位的心理學家，她畢業於康橋大學的家庭研究中心，以父母離異的年輕人為研究對象完成博士論文。我們一起訪問了超過百分之六十的當年受訪的孩子。能夠達到這個比率很不簡單，我當初做訪談時並沒有打算再見到他們，所以這十幾年來我們跟受訪者沒有任何聯絡。當我們試圖聯絡孩子們的母親，我們發現有四分之三的家庭已經搬家了，這比我們預期得還多。唯一能夠聯絡到他們的方法，是追查英國國民保健署的登錄資料。我們沒有權限取得他們的地址，但我們可以查到他們的家庭醫生的名字，於是我們寫了信給這些家庭醫生，希望醫生們能發揮善心，把信轉交給當年受訪的母親。我們無從得知信到底有沒有被交到母親們的手上，只能忐忑不安地等待。不久之後，我們開始陸續收到來自母親們的聯絡，在她們的幫助下，我們終於連絡上她們已長大成人的孩子。

跟當年受訪的孩子們對話是一個扣人心弦的經驗。我上一次見到他們時，他們都還是小孩子，而如今他們都長大成人，像我們述說他們對家庭的想法。我們發現，跟異性戀母親再婚而有繼父的孩子相比，女同志媽媽的小孩跟母親的同性伴侶關係更加親密。這是因為這兩種家庭中，雖然母親都有新伴侶，但孩子與生父的關係受到的影響不同。在同志媽媽的家庭中，母親的女性伴侶是一個外加的家長，而孩子依然會跟生父保持聯繫；在異性戀家庭中，當母親再婚，繼父會試著取代生父的地位，而孩子常常因此跟原本的父親斷了聯絡。但是在孩子心中，生父往往是難以被取代的。

一九九二年，我們追蹤訪問了艾比的兒子史蒂芬．柯蒂斯，當時他二十一歲，是個正在唸理科的大學生。史蒂芬從七歲起跟母親及母親的伴侶珊蒂一起生活，受訪時他描述了他跟珊蒂之間充滿溫情的關係。「我跟珊蒂相處得很好。我不記得我們之間有發生過什麼問題。」他說，「我記得我很喜歡跟珊蒂做些好玩的事，玩遊戲或是打網球。我們像家人一樣一起去度假、去海邊玩、去參加聖經讀經會，我還記得我們會一起整理花園，這些回憶都很美好。家對我而言是個快樂的地方。」不過史蒂芬跟珊蒂終究不如他跟他父母那麼親近。「我不覺得我和珊蒂的關係有像親生父母那樣親近。我們是很要好，我想，我們就像關係良好的繼母繼子。」

娜蒂雅．班頓的經驗跟史蒂芬有些不同。她很愛她媽媽的伴侶梅貝爾，對她而言梅貝爾是她的第二個家長，她的父親卻不是。我們在一九九一年連絡上娜蒂雅時她二十一歲。她剛跟交往多年的男友結婚，正在受訓成為一名社工。她說她的父親對她沒興趣，他們在她小時候就失聯了。她鮮明地記得，有一個禮拜六早上她等著父親來看她：「我記得我戴著我等小帽子坐在樓梯上等了他一整天，他卻沒有出現。我坐在樓梯上哭著：『我爸爸會來的，我不要把外套脫掉。』」在娜蒂雅小時候，她媽媽瑞秋需要長時間工作，常常是梅貝爾在照顧她。娜蒂雅回憶起小時候，梅貝爾對帶小孩很有一套辦法，她會專門為娜蒂雅準備她喜歡的食物，陪她玩一些孩子氣的遊戲。「我媽很疼小孩，但她也很嚴格。梅貝爾就寬容多了。」娜蒂雅說。「如果我摔跤了，梅貝爾會說『過來我給抱一個』，但如果是我媽媽，她會幫我揉一揉然後說『當個勇敢的阿兵哥』。」娜蒂雅的朋友也都很喜歡梅貝爾，她們會對梅貝爾傾訴她們的煩惱，甚至會跟她說她們暗戀哪個男孩。梅貝爾對孩子們很溫柔。「我跟我的朋友們都參加學校的田徑隊。梅貝爾在軍隊裡當過體能訓練的指導員，她會幫忙我們做訓練。她會在我們的後院教我們一些田徑的訣竅。就算我朋友中有人曾對她抱有偏見，那肯定在他回家前就煙消雲散了。大家都很喜歡梅貝爾。」我問娜蒂雅，現在已經成年的她，與梅貝爾的關係如何，她回答：「我欣賞梅貝爾的優點，我喜歡她這個人。梅貝爾跟我沒有血緣關係，所以我愛她只因為她是獨一無二的。」

監護權訴訟中，還有另一個問題常被重複提起：同志媽媽養育的孩子，長大後會不會有心理上的問題？我們訪談這些年輕人的結果看來，跟其他同年齡的年輕人相比，他們不會更焦慮或憂鬱，也沒有更需要心理治療的傾向。

在一九七〇年代，同志媽媽的孩子長大後的性向一直是監護權裁判的焦點。直到一九九〇年代，在某些訴訟案中這個現象依然不變。所以在追蹤調查中，我們也詢問這些年輕人的性向。這些年輕男女中，有一定比例的人在青春期喜歡過同性，其中同志媽媽的女兒更傾向會對這份戀情有所行動。我們猜想這是因為她們不用擔心家長的反對。不過到了成年，這些同志媽媽的孩子跟異性戀媽媽的孩子相比，自我認同為同性戀或雙性戀的比例並沒有更高。百分之九十二的孩子說他們是異性戀者，這符合整體人口中的異性戀比例；剩下的百分之八認為自己是女同性戀，而受訪者中沒有男同性戀者。我們由此得知，「同志媽媽的孩子長大會變同性戀」的說法並不屬實。

另外一個我們的研究不斷被質疑的一點，是當初在一九七〇年代所做調查中，所有參加研究的人都是志願者。批評者說，若小孩有問題，母親就不會參加研究，這樣結論中小孩的狀況就會過於正面。當時要大規模地公開徵求同志媽媽參加研究是不可能的，我們只有倚賴女同志雜誌、社群團體以及口耳相傳的方式來募集。不過到了一九九〇年代，這情況已經改變。有一天，毫無預警地，我接到一通來自雅方親子長期研究計畫（Avon Longitudinal Study of Parents and Children）研究單位的電話。這項研究在英格蘭西部進行，是針對母子關係的大規模調查。研究單位來電問我是否願意協助他們評估兒童的遊玩狀況，於是我問他們，在對這些七歲小孩做調查時，除了單親媽媽跟雙親家庭，我能不能也將同志媽媽的孩子加入為調查對象，而他們同意了。在美國，維吉尼亞大學的心理學家夏綠蒂・帕特森及團隊也做了類似的研究。夏綠蒂與國家青少年縱向研究單位（National Longitudinal Study of Adolescent Health）合作，對媽媽為女同性戀的十四歲小孩做調查。國家青少年縱向研究單位可以透過學校抽樣，對青少年做全國性的調查。而這樣大規模的普遍性調查的結果與我們研究的結果相同。

漸漸地，我們的研究開始對監護權訴訟結果產生影響力，這個改變緩慢但確實。到了二○○○年，已經很少有同志媽媽因為性向而失去監護權。在今天，很少案件會真的上法庭，而在審查少數幾個被受理的案件時，判決的焦點在於是否有證據顯示孩子有被傷害的風險，身為同性戀不再意味著不是好母親。很遺憾地，這些改變對於許多一九七○年代的母親──例如安妮跟瑪莉喬──已是遲來的正義。

＊＊＊

不僅世人的看法在漸漸地改變，還有另一個要素改變了同志媽媽的處境，那就是生殖醫療技術的進步。越來越多異性戀夫妻借助精子捐贈來治療不孕症，而這也為想成為母親的女同志開拓了一條新路。借精受孕（donor insemination），在一九七○年代被稱為捐贈者人工授精（AID，artificial insemination by donor），是指女性接受伴侶以外的男性的精子而受孕。這跟卡蘿與希拉瑞做的自我人工受孕（self-insemination）的不同之處在於，捐精受孕都是在診所進行的，而且直到二○○五年英國的法律改變為止，捐贈者都是匿名的。

在一九七○年代中期，大部分的同志媽媽都很低調，她們藏身於社會大眾的注目之外，悄悄地養育她們的孩子。但在一九七八年一月五日，一則頭條新聞改變了一切。當時世人不知道新聞女主角的名字，但我們後來得知她的名字是吉莉安．漢斯柯姆。吉莉安出身於澳洲墨爾本，一九六九年她跟她的同性伴侶搬到英國。將近四十年後，她接受我的訪問時告訴我，她一直都很想要有小孩。吉莉安在參與競選活動時認識了電視主持人賈姬．福斯特。賈姬熱情地分享她的冒險故事：她曾運送精子橫跨倫敦，好讓一位醫生幫助女同志受孕。吉莉安馬上明白這就是她想做的事。她去找到這位備受尊敬的婦科醫生，然後很快地懷孕了。吉莉安成了全英國第二位捐精受孕而產子的女同志。

新聞引爆的前夕，吉莉安對欲來之山雨毫不知情。事情緣起於一位新聞記者，她偽裝成女同志接近賈姬．福斯特詢問借精受孕的消息，於是賈姬將她介紹給那位婦科醫生。在那之後不久，一位精子捐贈者察覺到他在走進診所時被偷拍了，他警告醫生有記者在打探消息。吉莉安借精受孕的故事躍上頭條的那天晚上，來自十七個國家的記者包圍了女同性戀團體「莎芙」的總部。賈姬．福斯特是莎芙的創辦人，吉莉安也是團體的一員。所幸在新聞爆發的前一刻，法院發布禁令阻止媒體刊登吉莉安的真名，她在偷拍照片中的臉也被遮蓋掉。但是那些聳動的負面報導，依然給吉莉安以及許多同志媽媽帶來很大的衝擊。

煽動性的標題躍上倫敦報紙《晚間新聞》——〈奇愛醫生〉（取諧音於電影奇愛博士 Dr. Strangelove），〈禁止這些嬰兒〉——引發全國一陣反對同志媽媽的聲浪。國會議員羅德斯．柏伊森聲明：「為了孩子及社會的未來，我們必須立即被阻止這種邪惡的行為。我們的孩子及社會已經有夠多的問題了，不需要再加上這種可怕的作法。」另一位國會議員吉兒・奈特說：「對孩子而言，最重要的是一個正常自然的家庭環境。我無法想像出生在這樣的條件下對孩子會是最好的。我們的『美麗新世界』不該忘記這些嬰兒不是螺絲螺帽，而是活生生的、有感情的孩子。」

時光飛逝，二〇一七年我到德文郡鄉村造訪吉莉安，我們坐在她如畫般的小屋中喝著英式下午茶。很難想像，我眼前的這個女人是當年滔天的社會輿論的導火線。那時「醜聞」中心的嬰兒，如今是位四十一歲的成功人士。吉莉安的兒子在一家頗有規模的行銷公司擔任經理，他也即將成為父親。當年許多人控訴吉莉安，聲稱她會毀了孩子的將來，那顯然沒有成真。幾年前吉莉安曾幫忙我透過莎芙組織募集受訪家庭，那時她問過我：「妳知道新聞的主角是我嗎？」我承認我有在猜想，但從沒真正確定。

新聞曝光後，吉莉安為了保護兒子，從未對任何人透露她就是那位匿名的母親。畢竟這不只是吉莉安的故事，也關係到她的兒子。「我當時想，等他到可以投票的年紀，我再來問問他對這場新聞風波的想法。」她說。吉莉安的兒子三十歲時，她把保存下來的剪報都給他看。我很好奇她兒子現在對這個事件的看法。「他認為我很勇敢。我很高興他這樣想。」吉莉安說。我問又她，對當年質疑她做為母親的能力的那些人，她有沒有什麼話想說。她說：「布丁好不好吃，只有吃過才知道。」* 我享受著吉莉安無可挑剔的手作下午茶點，心想，這個回答真適合她。

***

過去四十年來，社會環境改變了很多。裘安娜．勞倫斯是美國新世代的女同性戀。如今女同志們透過捐精受孕成為母親已經不足為奇，裘安娜跟吉莉安的經驗可說是天差地遠。裘安娜買精子的過程幾乎跟訂披薩一樣簡單：「你只要打電話告訴他們你的客戶代碼，再告訴他們你想要的捐贈者序號，然後確定送貨資訊，這就成了。二十四小時內送貨到府。」

裘安娜從小就夢想著有一天要成為母親，但過去的她肯定猜不到這個夢想最後是如何實現的。一九八〇年代，裘安娜在堪薩斯州北部的鄉村度過她的童年，她生長的小鎮沒有高樓，甚至沒有紅綠燈，興盛時期小鎮的人口也不過八百人，而她高中畢業時班上只有二十一人。那是個人際關係緊密的地方，大家都是勞工，大家都彼此認識。裘安娜來自一個感情很好的大家庭。她的父母各有六個兄弟姊妹，大家都結了婚有小孩，所以裘安娜有八個堂兄弟姊妹跟十二個表兄弟姊妹。每次家庭聚會都像是一場大派對。

到了上大學的年紀，裘安娜想要認識新的朋友，所以她沒有跟家人朋友一起去讀那所四十五分鐘車程內的大學，她選了一所要開車三小時才到得了的學校。

年近三十歲時，裘安娜在醫療機構擔任專案經理，這時她遇見了凱特。凱特是裘安娜的同事，她剛剛跟結婚十二年的丈夫離了婚。兩人很快地成為朋友，而這份友情後來昇華成了愛情。裘安娜跟凱特兩人都很重視家庭，也想要一起養育小孩。由於裘安娜比較年輕，兩人決定由她來生子。

讓兩人很意外地，許多男性親朋好友紛紛表示願意提供精子，不過她們沒有接受。裘安娜跟凱特決定找精子銀行，然後特意選了匿名的捐贈者，這樣孩子的生父更沒有機會要求孩子親權。這對她們而言很重要，當時堪薩斯州不承認同性婚姻，法律也禁止同性伴侶中與小孩無血緣的一方透過收養手續成為法定家長。雖然兩人已在麻薩諸塞州結了婚，但在堪薩斯州，只有做為生母的裘安娜在法律上能成為孩子的母親。

她們的第一步是上網挑選精子捐贈者。精子銀行提供的捐贈者資料鉅細靡遺，讓兩人一時不知從何下手。你想要對方是什麼膚色？眼睛、頭髮又是什麼顏色？眼睛的形狀如何？什麼宗教信仰？甚至如果你想要，你可以挑選捐贈者的耳垂是緊貼還是分開的。裘安娜跟凱特花了好幾個小時搜尋，試著找到合適的捐贈者。她們額外付費來聽捐贈者的錄音，以進一步了解捐贈者的個

* 英文的諺語。意為事實勝於雄辯。

性。在上千個候選人中，她們終於選中了一人。那名捐贈者跟裘安娜的祖先來自同一個國家*，而且跟凱特有相同的髮色、眼色和膚色。不過真正讓她們下決定的關鍵，是這位捐贈者最喜歡的顏色是橘色和紅色，跟凱特一模一樣。經過漫長的搜尋，她們最終決定跟隨直覺。這個選擇捐贈者的過程花了她們六個月之久。

捐贈者的精子送到裘安娜跟凱特家時，它被裝在一個巨大的箱子裡。「在巨大的箱子裡有一個鐵罐，我開玩笑地稱它為我的『外星寶寶罐頭』。」裘安娜形容，「它是一個不鏽鋼罐子，打開來還冒著白煙，真的不誇張！罐子外還貼著警告標籤，說打開時要戴手套跟護目鏡！那個高達我的膝蓋的大金屬罐裡裝著的，是一個兩公分高的小瓶子。」處置那個瓶子讓人緊張，說明書說你必須在三十秒內把小瓶子放進與體溫同溫的水裡，否則它會炸裂。然後要讓它解凍十到十五分鐘。一定要保持相同的溫度，不然精子會受損。等解凍好，再把精子移到注射器裡準備進行授精。

經過幾次嘗試後，裘安娜順利懷孕了。然而接下來的難題是：該怎麼跟家長說？「我真的不知道要怎麼說才好，所以我就單刀直入：『我跟你們說，其實呢，我懷孕了。』」她父母的反應讓裘安娜畢生難忘。她以為她媽媽會欣喜若狂，但她只是把咖啡杯推開，把兩手肘放在桌子上，認真地看著我說：「老實說，我還以為沒指望了。」」她爸爸則困惑不已。「我爸啊，我彷彿可以看到他腦子裡的齒輪在打轉。」裘安娜說，「他的耳朵都快冒白煙了。我看得出來他努力想搞清楚狀況，卻不知從何問起。然後他終於轉向我然後問：『那……是怎麼發生的？』不過經過最初的衝擊之後，他們都非常高興。」

裘安娜在二〇〇九年生下了一個漂亮的男孩，她們將他取名為瑞奇。

不少同志媽媽經歷過結婚與離婚，她們的孩子在年幼時生長在傳統異性戀的家庭裡。女同志伴侶借精受孕生下的孩子則不同，他們打從一開始就只有兩個媽媽。傳統家庭價值的擁護者對此更加不認同。心理學家們都同意孩子人生中最初的幾年對他們將來的發展非常重要，因此人們會做出臆測：如果孩子沒有父親，而從出生就與同性戀母親一起生活，那麼他們會更容易產生心理問題，也更容易有不合常理的性向發展。

借助於精子捐贈而受孕的女性同志在一九八〇、九〇年代不斷增加，更多的研究調查也相應而生。這些以同志媽媽接受捐精而誕生的孩子為對象的研究中，最初的一批研究結果發表於一九九〇年代後期。知名的研究者包括美國的夏綠蒂．帕特森、歐洲的亨尼．伯斯、以及我在英國的研究團隊。我們的研究對象為以捐贈的精子受孕生下孩子的家庭，研究中我們比較有兩個母親的家庭，以及有一父一母的家庭。與我過去的研究相似，我們著眼於家庭關係的品質以及孩子的心理適應程度。以整體的評估結果而言，我們得到這兩種家庭沒有太大的差異。不過一些細節上的

＊美國人不只源自英國，許多來自德國、挪威、愛爾蘭或其他國家。不少家庭很重視自己祖先的根源。

差別還是有的，例如在女同志家庭中，同志媽媽的伴侶會更積極參與孩子的日常生活，頻率高於傳統婚姻中的父親。不過重點是，與父母養育的孩子相比，一出生就由女同志媽媽們撫養長大的孩子的成長狀況一樣良好。

另一個重要的研究是由哈佛醫學院的精神科醫生納妮塔·加特雷爾主導。這個研究開始於一九八六年，研究團隊從懷孕階段就開始訪問這些借精受孕的同志媽媽，然後在孩子兩歲、五歲、十歲，十七歲及二十五歲時做追蹤調查。他們在研究中採用一種被廣泛使用的篩檢方式，以偵測行為及情緒問題，然後再把得到的結果與美國一般大眾的數值相比。研究結果得知，在十歲跟十七歲時，同志媽媽的小孩跟一般的同齡孩子相比有較少的行為及情緒問題。當他們二十五歲時，他們的心理健康狀況與同齡的人無異。

除了我在英國進行的研究之外，納妮塔·加特雷爾的研究是唯一一個從幼少時期開始追蹤調查研究對象，並且有調查孩子性別認同的研究。據她的調查結果，十七歲時有百分之五點四的受訪男孩自我認定為男同性戀，這與一般年輕男性中的同性戀比例相近；而其中沒有女孩自認為是女同性戀。與美國其他的大規模家庭調查結果相比，他們發現同志媽媽的小孩跟其他同年齡的孩子相較下，並沒有更高的傾向會與同性產生戀愛關係。在二十五歲時，同志媽媽的兒子及女兒與其他同齡的人相比，確實有更高的比例承認被同性吸引、自我定義為同性戀，或是跟同性有交往的經驗。研究者認為，這或許是因為他們的家長對同性關係接受度高，或者這些年輕人更能接受自己的性向，也或許是遺傳因素——也有可能以上三個原因都有作用。研究者同時指出，這些年輕男女之中大部分還是異性戀者。這個研究結果的傾向跟我的研究相同。相較於我在一九九〇年代英國做的研究，這個美國的研究結果中，承認曾與同性有過感情關係的年輕人比例高了許多，這很可能反映出大眾對同性戀的態度已逐漸改善。即使是現在，要公開承認自己是女同志或男同志，或許還是會面臨阻力，但至少跟過去相較，情況已經好得多了。

***

過去四十年來的研究清楚顯示，同志媽媽家庭裡長大的小孩在愛情的澆灌中長大，而且適應良好，與傳統家庭的小孩無異。然而，還有一個因素讓我們不得不擔心——那就是來自同儕的歧視。安娜是我在一九七〇年代訪問的受訪者之一，她記得她不敢跟同學提到她的家庭狀況，一直活在被揭發的恐懼之中。十三歲時，她最好的朋友凱希常常到她家來過夜。有一天，凱希問她，安娜的媽媽的同性伴侶睡在哪裡？安娜回答，她跟她媽媽睡在一起。這段對話帶來的後果遠比安娜想得嚴重，凱希到處宣揚這件事，讓整個學校都知道。十五年後我們再次訪問安娜，她回憶：「在那之後我再也不能去凱希家玩了。她的爸媽甚至不准我接近她。這讓我很受傷，多年來凱希是我最好的朋友。我失去了好友，然後還有後續的連鎖效應，大家都知道了我的祕密。他們會說：『離她遠一點，她以後會變得跟她媽媽一樣。』」在那不久之後，安娜認識了她的第一個男朋友，修。「一旦我開始跟修約會，大家看我的眼神又不同了。他們一定在想：『好吧，她跟我們之前說的不一樣，畢竟她有男朋友。』」

二〇〇九年十月到二〇一〇年二月，我帶領康橋大學家庭研究中心的團隊，與LGBTQ+團體「石牆」進行合作研究。我們希望能了解，自從我最初的研究以來，學校環境裡學生們的態度是否有所改變。我們對八十二名同性家庭的孩子做調查，受訪者中最年輕的只有四歲。我們透過訪談來了解在同志媽媽家庭中長大的感受。八歲大的馬克說，當他的同學用「那好gay」來當罵人的話，他會覺得很難過。也有孩子因為他們的媽媽是同性戀而遭到排擠。漢娜在受訪時十六歲，她和她媽媽莎拉、她媽媽的伴侶裘以及她七歲的妹妹愛麗絲一起生活，愛麗絲是莎拉和裘借精受孕生下的孩子。漢娜告訴我們，她剛上大學時有過一個不愉快的經驗：「有個女孩對我說：『我不太認識妳，但我聽到其他的女生說妳媽媽是同性戀。』我回答她，我媽媽是同性戀，她說：『噢，天啊，那真病態。』」

另外，由於在學校通常沒有其他人談論同性家長的議題，這些孩子得不斷跟別人重複解釋自己的家庭狀況，這也造成孩子的困擾。在三十多年前的一九八〇年代，卡蘿和希拉瑞就曾為這個問題煩惱。漢娜說：「每當有人發現我媽媽是同性戀，他們接著會問：『那妳是怎麼來的？』我得跟他們解釋，我媽結過婚，現在跟我爸離婚了。然後他們又會問：『那妳妹妹是怎麼來的？』

我會告訴他們她是借精受孕生的。有時對方會接受這個答案，有時他們會不能理解而陷入困惑，然後我又得解釋一堆。」

多年來的研究顯示，對來自同志媽媽家庭的孩子而言，他們面對的問題並非來自家庭內部，而是來自家庭之外。社會大眾普遍不熟悉這樣的家庭，因此造就了許多偏見。我和石牆組織合作的研究中，受訪的孩子們多次跟我們提到，他們在書或電影裡從來沒看過跟自己一樣的家庭。這不另人意外，畢竟，當初就是一本兒童讀物《珍妮與艾瑞克和馬丁住在一起》（*Jenny Lives With Eric and Martin*）引起一連串輿論，最終導致地方政府法第二十八章通過。類似的案例，一九九〇年代的美國《海瑟有兩個媽媽》（*Heather has Two Mommies*）在美國圖書館協會的禁書名單中堂堂名列第九位。許多受訪的孩子說，學校老師會不加思索地認為他們有一個爸爸跟一個媽媽。女同志媽媽從一九七〇年代才逐漸走到陽光下，開始為世人所知。跟那時相比，大眾的觀感已經大有改善了，但是即使在今天，學校環境依然存在著對同志家庭的汙名化。

除了在英國，其他國家的學者也做過類似的研究，他們的研究結果更鞏固了我們的結論。荷蘭一向以對同性戀寬容的風氣聞名，在二〇〇一年，它是全球第一個承認同性婚姻的國家。但根據精神科醫生亨尼．伯斯以及社會學家法蘭克．凡．巴倫的研究，同志媽媽的青少年子女在當地學校還是有遭受偏見跟歧視。而納妮塔．加特雷爾在美國的研究顯示，幾乎半數青春期前期的孩子都曾因為家庭背景被嘲笑或排擠。

這些研究不只調查汙名化的程度，同時也檢視這對孩子造成的影響。在荷蘭的研究顯示，如果孩子為汙名化的被害者，他們在學齡早期會有較多的情緒問題，而在青春期前期，男孩會有較多的行為問題，而女孩有較低的自我評價。美國研究的結果也相同：在同志媽媽家庭長大的孩子若是經歷過汙名化的攻擊，在青春期前期會有更多的情緒與行為問題；到了青春期後期，這些孩子會更焦慮、抑鬱並有行為上的問題。學者們也想知道該如何保護這些孩子，降低反同性戀行為造成的傷害。對此，荷蘭跟在美國研究的結果相同：母親堅定和支持的態度很重要，同時孩子也需要認識其他同性家庭的小孩，而學校環境對同性戀是否態度友善，對孩子的心理健康更是影響重大。

***

這些對同志媽媽家庭的研究結果，不但促進了法律變革，同時也撼動了大眾對家庭的兩個固有觀念：父親在家庭中不可或缺，而且孩子要有異性戀父母才能好好長大成人。四十多年來的研究顯示，這兩個說法均不屬實。不管是在同志媽媽家庭中，或是在傳統家庭裡，不論家長的性別或性向為何，孩子真正需要的不外乎是：家長的溫暖關愛、家長對孩子狀況的敏銳度、家長關心並參與孩子的生活、態度支持的社交圈，以及開明的學校。

近幾年，這些認知造成了許多改變。當今在許多地區，同性伴侶可以結婚、一起領養小孩、或藉輔助生育技術的幫助一起成為法定家長。也有越來越多的國家允許單身女同志收養小孩，或借精受孕生子。在社會上反同情緒、偏見與汙名化依然存在，對抗這些負面觀點的戰鬥也仍在繼續，但是大環境與上一個世代已截然不同了。過去，身為女同性戀意味著你可能永遠當不了母親，甚至可能失去已有的孩子。而在今天，成為母親對許多年輕的女同志而言是一個人生選項，而不是遙不可及的夢。

與二十世紀末期由同志媽媽養育長大的年輕人相比，時下的小孩以及青少年的人生經驗非常不一樣。我們訪問蘇菲時她十七歲，住在加州舊金山。她出生於同志媽媽的家庭，她是借精受孕誕生的。我的研究團隊成員在二〇一五年到她家拜訪調查。我們訪問像她這樣的孩子，希望能知道當今這些青少年對自己的家庭狀況及出生由來作何感想。蘇菲的媽媽們——她叫安妮卡媽咪，叫萊拉媽媽——從未隱瞞她是如何誕生的。從蘇菲開始問「寶寶是怎麼來的」，她們就盡量跟她解釋；隨著蘇菲年齡增長，媽媽們會告訴她更多細節。如果借精受孕而誕生的孩子從小就知道真相，他們大多不為此所擾，蘇菲也不例外。「我一直都知道。從來沒有所謂『真相大白』的一刻。我不覺得這有多奇怪。我有一群朋友也是這樣，所以我從不以為意。」

安妮．希欽斯是這一連串轉變的見證人。一九八〇、九〇年代，當安妮在女性諮詢中心工作時，她做夢也想不到，大眾對同性戀母親的態度會改變如此之大。在諮詢中心的工作經驗讓安妮下定決心去上大學，受更多的教育，以彌補年輕時的缺憾。經過當居家看護半工半讀的日子，她順利取得環境科學的文憑，然後在此專業領域就職，受雇從事保護當地環境的工作。安妮的三個孩子都長大成人，她跟他們的關係很好，也很享受跟曾孫相處的時光。安妮的么女當年對她離婚的反應最激烈也最負面，而如今女兒在社會服務工作身居要職，對兒童福利頗有貢獻，安妮為她深感驕傲。安妮跟她的伴侶貝雅現在是民事上的法定伴侶，她們在二〇一三年的婦女節做了登記，那是兩人相遇的第十八年。風氣輿論改變之快，有時令安妮難以置信：「貝雅跟我成長的年代，我們出於恐懼，總是要避人耳目。」最近一次我到她倫敦東邊的家訪問她時，她跟我說：「前幾天，我看著一對已婚的年輕女同志帶著小孩，手牽手走在路上。我想，我是多麼幸運，在有生之年可以看到我們被接受的一天。」

Chapter 2

精卵受贈家庭

愛的結晶

「永遠別指望我把她看作我的孫子。」

——珍，米亞的祖母，1993 年。米亞誕生於精子捐贈。

「我爸爸依然是我爸爸。」

——傑森，當時十四歲，2014 年。傑森是借精受孕而誕生的。

故事發生在二〇〇四年，當時路易絲．麥克羅林十三歲。在愛爾蘭的家中，她的父母叫她在餐桌前坐下，說有話要告訴她。接下來的這一席話，從此改變了她對自己的認知：她是經由精子捐贈誕生的，她一半的基因來自一位匿名捐贈者。有些由精子捐贈誕生的孩子隱約有所感覺，但是路易絲完全沒有，她從來沒想過她爸爸不是她的親生父親。她父母的告白如同晴天霹靂。

「那天晚上，我睡在他們中間，」路易絲回憶：「我記得自己看著他們的結婚照，淚流不止地想：『這兩人是誰？我不知道我是誰。我不知道他們是誰。』那種感覺不能再糟了。忽然之間，我成了這個家裡的陌生人。」

她的父母叫她不要把這件事說出去。路易絲的父母不曾把這件事告訴別人，如果現在事情傳開來，她爸爸會很難過。之後的一年多，他們對這件事絕口不提。

對於路易絲而言，那不可告人的羞恥感是她「出身之謎」中最糟的的部分。借精出生的事實占據了路易絲的思緒。如同許多身處同境的孩子，路易絲會站在鏡子前面幾個小時，情不自禁地想著，她有哪些特徵來自母親？又有哪些是來自那不知名的生父？多年後，路易絲正在為《Vice》雜誌寫一篇報導，因此聯絡上我。在談話中她提起那段日子的經驗，她說，她的自我認知彷彿被扭曲了；她不再認識自己，而面對自己變得像面對一個陌生人。路易絲的捐精者是匿名的，她無法得知他的任何消息，因此她只有試著用消去法來推測他是怎麼樣的人。「我常常會猜想他是怎樣的人，例如說，我會想：『好吧，我很有創意，我爸媽卻沒有，可見那是從他那邊來的。』」路易絲寫了許多信給她的捐贈人，當然這些信永遠無法寄出。她會想著，不知道捐贈者有沒有小孩？他愛不愛他們？那為什麼他不愛她？畢竟她也是他的孩子。

路易絲的媽媽接受人工授精時，醫生將她爸爸的精子跟捐贈者的精子混在一起，這樣一來，沒有人能肯定路易絲是不是她爸爸的親生孩子。在當時這種做法很普遍。知道自己誕生的真相後幾年，為了真正確定血緣關係，十五歲時路易絲做了DNA檢驗。路易絲跟她爸爸從來長得不像，毫不意外地，她不是爸爸的親生女兒。即使如此，路易絲對爸爸的愛不曾改變：「他寬大而無私，講話總是很溫和。他是個很讓人喜歡的人。但我跟他非常、非常不同。他很安靜，不太表達情緒。一生中我只看他哭過三次——當他跟我說我不是他的小孩的時候，當他父親過世的時候，還有當DNA檢驗結果出來的時候。」借精出生的事情揭露之後，路易絲跟母親的關係有過一陣顛簸，不過現在她們的感情很要好。「我跟父母之間充滿了愛。毫無疑問地，我是他們殷切盼望而來的孩子。」

由於我過去做過同性戀母親的研究，我特別想知道這些新型態的家庭（例如路易絲的家庭）會如何影響孩子的成長。就像有人反對女同志成為母親，對於這些接受生殖醫療輔助的家庭，也有不少新聞媒體及傳統家庭的擁護者心懷疑慮。體外受精出生的孩子長大後會不會心理異常？這些父母求子多年，歷經這麼多困難，會不會變得對育兒的要求標準過高，或是過度保護？經過精子卵子或是胚胎捐贈*形成的家庭，與孩子沒有血緣關係的家長會不會對孩子疏離，甚至產生敵意？而這會不會帶給孩子負面的情感？我對這些問題深感興趣，因此我把我的研究範圍擴大，開始研究由生殖醫療輔助形成的家庭。

***

在英國——甚至全世界——對新型態家庭而言，一九七八年是個重要的里程碑。這一年吉莉安．漢斯柯姆的故事被媒體揭發，這個同性戀母親借精受孕的故事如同一陣暴風雨，橫掃報章媒體。也是在這一年，露薏絲．布朗誕生於蘭開夏郡奧爾德姆市——她是世界上第一個在人類體外受精的嬰兒，也像是一顆震撼全球的震撼彈。《經濟學人》雜誌的報導鮮活地描述露薏絲誕生的那一天奧爾德姆總醫院外面的情景：「全球的新聞媒體都在這裡駐紮，醫院大門緊閉，醫護人員被迫從側門進出。九個月前，婦科醫生派屈克．斯特普托和生理學家羅伯特．愛德華茲主導布朗太太的手術，他們將布朗太太麻醉，從她的卵巢裡取出卵子，用布朗先生的精子進行了體外受精。現在這兩位醫生學者都在躲避媒體的追問，不知去向。」《時代》雜誌更高呼露薏絲．布朗的誕生「或許是兩千年來最受期待的誕生」。

體外受精（IVF，俗稱試管嬰兒）的過程中，醫生會從女性的卵巢裡取出卵子，然後在實驗室授精。成功產生的胚胎會被置入子宮中繼續成長。至今，全球已有上百萬個試管嬰兒誕生，而露薏絲・布朗也已是兩個孩子的媽媽——很難想像這項新醫療技術當初受到多激烈的反對。當初，多數媒體將露薏絲・布朗的誕生視為值得慶祝的科學突破，但宗教領袖卻持反對態度——他們認為未經性行為來繁衍子孫是不自然、不道德的，科學家們不該「扮演上帝」。天主教廷特別反對體外受精，他們認為生命開始於受孕的瞬間，因此在體外創造胚胎是罪孽。他們至今仍然抱持這種看法。甚至有人聲稱，體外受精誕生的小孩沒有靈魂，也有人將這些孩子喻為「科學怪人寶寶」，憂心他們會有身體上的缺陷。我認識幾位早期做體外受精的母親，她們有些被親朋好友迴避，有些遭受惡意的批評，因為她們居然用「試管」製造孩子。有時甚至最親近的家人也對她們的寶寶心懷疑慮。其中一位早期接受體外受精的母親說：「我想我岳母以為他會有兩個腦袋或什麼的。我知道她是很愛這個孫子，但是她心裡總是有芥蒂。孩子剛出生時，我岳母來醫院看我們，她卻不願意抱抱孩子。」露薏絲・布朗在二〇一五年出版了自傳，書裡她描述她的父母如何

＊有人將胚胎（embryo）捐贈稱作受精卵（Zygote）捐贈，但嚴格來說，受精卵為卵子受精後未開始分裂的狀態，若已分裂為多細胞應稱為胚胎。

收到一疊又一疊的恐嚇信。生殖生物學家馬丁・強森是羅伯特・愛德華茲*指導的首批博士班學生。二〇一〇年，露薏絲・布朗誕生的四十二年後，他回憶起那段日子：在體外受精技術實用化的早期，反對的聲浪是那麼強烈，斯特普托醫生和愛德華茲博士在醫學界的同僚都受到波及，無法申請到足夠的研究經費。連醫學研究委員會——英國政府中負責撥款給醫學研究的單位——都拒絕資助相關研究。多虧有一位匿名人士捐款相助，這個突破性的研究才得以繼續。直到二〇一〇年這位匿名人士才公開身分，她是美國的慈善家兼電視台總裁莉莉安・林肯・霍爾。

體外受精技術發展的早期，多數醫生以及胚胎學家的焦點都集中於如何讓母親成功受孕，然後生下健康的嬰兒，很少人關心孩子長期的心理狀況。然而羅伯特・愛德華茲博士（他的同僚朋友都稱他為鮑伯）卻不同。從一開始他就很關心孩子的狀況。他相信，如果要利用體外受精創造健康的家庭，社會科學研究不可或缺。

一九九一年，我在巴黎的一個學術研討會上第一次見到鮑伯本人。在那之前我對體外受精誕生的孩子做了一個小型的試驗性調查，然後在那場學術研討會上發表調查結果，而當時鮑伯坐在聽眾席裡。他對我的研究強力地公開表示支持，毫不掩蓋熱情。他不只聲援我的研究，也積極地讓我的研究在倫理委員會中被提起，讓它在輔助生育技術的社會倫理研討會上成為話題。我被鮑伯的無窮精力拉著跑，當我回過神來，我發現自己已跨出兒童發展心理學的領域，參與了許多涉及倫理與法規的會議。二〇〇四年，我正準備前往紐約哥倫比亞大學，利用我的學術休假擔任客座教授，而鮑伯聯絡上我，邀請我在他主持的研討會上演講。那場研討會將在倫敦的皇家學會舉行，主題是「輔助生育的倫理、科學與道德哲學」。我回答他，我可以去，只要別叫我提交書面講稿。「沒問題，」鮑伯說：「我會找人把你的演講錄下來寫成講稿，你只要檢查一下就可以了。」他沒跟我說，他找的那個人才剛搬到英國，幾乎不會說英文。於是我花了學術休假的第一個禮拜收拾善後，以及埋怨鮑伯。但是沒有人能對鮑伯生氣太久，他是你所能想到最溫和友善的人。多年後我搬到劍橋，鮑伯是第一個邀請我共進午餐的人；他也第一個出現在我的新居慶祝會。他盡其所能地歡迎每一個新面孔——我想這是對他這個人很好的總括。

體外授精開拓了前所未有的新家庭形式。藉由卵子捐贈，母親能生下和自己沒有血緣關係的孩子；而如果是胚胎捐贈，則父母雙方跟孩子都沒有血緣的聯繫。也有些家庭孩子透過精子捐贈而誕生，跟父親沒有血緣關係，如路易絲．麥克羅林的例子。借精受孕其實不是新概念，簡單來說，如果女性利用伴侶以外的男性的精子受孕，就算是借精受孕，不一定要體外受精。借精受孕最早的紀錄在一八八四年，到了一九五〇年代中期，在美國有上萬名孩子採借精受孕而誕生。不過體外授精的技術成熟後，有更多夫妻利用借精受孕來治療男性不育症。過去，反對人士人聲

* 羅伯特．愛德華茲（Robert Edwards）是二〇一〇年諾貝爾獎生理醫學獎的得獎者，他是研究界的重量級人物。

稱，這些方式仰賴第三者介入孩子的誕生，如此婚姻和家庭關係都會遭受威脅。因應此議題，英國政府設立了一個委員會，名為沃諾克委員會，以探究跟評估輔助生育技術發展的影響及含義。一九八四年，委員會完成一份報告書，彙整了關於精卵捐贈受孕的議題。其中提到，「捐精受孕的孩子可能會隱約感受到父母有事情瞞著他，覺得自己跟其他孩子不一樣，而且感覺自己的父親不是真正的父親。」

***

有時，科學研究並非審慎籌謀的產物，而是機緣巧合的結果，我對輔助生育技術所創造的家庭的第一個研究就是如此。一九八六年，我在倫敦的精神病學研究所當研究助理，某天下午，我為了另一項研究去國王學院醫院的婦產科部門訪談病患，正巧看到體外受精的專門醫生約翰・帕森也在那裡。這是天外飛來的好機會。經由體外受精，帕森醫生促成了許多這種新型態家庭的誕生，我可以問他，看他願不願意讓我聯絡他的患者。但我也擔心會惹惱他，畢竟我們幾乎不認識，他又忙著應對他的病患。他隨時可能走開，而我就會失去這個機會了。問或者不問，我得在瞬間做出決定。於是我鼓起勇氣去跟他說話，而他親切熱情地回應了我。原來帕森醫生也很想知道，這些體外受精誕生的小孩日漸長大之後，那些家庭過得如何。在他大力相助之下，我完成了先導研究，奠定後續研究的基石。另外要感謝羅伯特．溫斯頓醫生（現在已被冊封為溫斯頓勛爵），他是倫敦翰墨史密斯醫院體外受精診所的主持人，該診所在醫界深具聲望，而他對我們的研究深表支持。也感謝該診所的托東尼．盧瑟佛醫生親自與我們合作，提供許多協助。

到了一九八〇年代後期，已有相當數目的孩子誕生於體外受精，於是我提交了一份研究企劃書給英國醫學研究委員會，申請研究經費；九〇年代初期，我在倫敦城市大學任職，我夥同來自歐洲各研究機關的同僚，共同申請參與歐盟委員會的生物醫學研究計畫，我們想做國際性的深度研究，以研究受助於輔助生育技術的父母及孩子。我的兩份申請書都通過了。於是我們開始漫長的訪談過程。我們訪問了上百個家庭，遍及義大利、西班牙、荷蘭和英國。訪談對象中，有家庭是用父母雙方的精卵做體外受精，也有家庭是用匿名捐贈者的精子受孕。做為對照組，我們也訪問了從嬰兒時期就收養了小孩的家庭（小孩跟父母雙方都沒有血緣關係），以及自然受孕生子的家庭。我們總共訪問這些家庭兩次，分別在孩子六歲跟十二歲的時候。

過去許多專家擔心，不孕治療所帶來的壓力會有損夫妻感情，也會傷害親子關係；沃諾克委員會也表示，缺少遺傳上的連繫會威脅到孩子跟父母的關係。然而，根據我們的研究結果，接受輔助生育技術而誕生的孩子——包括借精受孕的例子——都適應得相當良好。六歲時，比起自然誕生的孩子，這些孩子跟父母有更緊密的親子關係。至於收養孩子的家庭，其親子關係的評估結果落在兩者之間。我們也從孩子的觀點來檢視家庭關係。我們用一套特別訂製的檢測方式，利用玩偶和說故事的方式來了解孩子的感受。測試結果發現，藉由輔助生育技術誕生的孩子跟父母雙方都很親近。經由體外受精誕生的孩子與借精體內受孕的孩子相比，得到的結果沒有差別。當孩子十二歲時，四種家庭的孩子都很健康快樂。我們發現，受惠於輔助生育技術的家庭甚至過得比其他家庭更好，而接受精子捐贈的家庭中的父親雖然跟孩子沒有血緣，但與其他有血緣的父子父女相比，他們一樣愛孩子，更不會對孩子懷有敵意。

調查結果中也有些新發現出乎我們意料。當孩子六歲時，一百一十一個借精受孕的家庭中，沒有一個家庭告訴孩子他們出生的真相。等到孩子十二歲時，也只有不到百分之十的孩子知道。當孩子十八歲時，我們追蹤訪問在英國的受訪者們，間隔的那六年裡，沒有一個家庭決定對孩子吐實。相對地，即使告訴別人會增加孩子意外發現真相的風險，超過一半的父母有對朋友、姊妹或自己的父母傾吐借精生子的經歷。我們很驚訝這些家庭把借精受孕當成不可說的祕密；相較之下，收養孩子的父母對孩子的身世就坦承多了。我們詢問這些父母為什麼不告訴孩子真相，他們的回答幾乎如出一轍：因為恐懼。他們害怕會刺激到孩子，毀了原本和睦的父子父女關係。他們也擔心親戚會因此排斥孩子，特別是那些與孫子其實沒有血緣關係的祖父母。克萊兒的女兒黛比今年七歲，克萊兒說：「我先生不希望女兒變得不再愛他。我知道愛跟血緣無關，但是他就是不想讓她知道，他害怕那會改變女兒對他的感情。」克萊兒跟她先生也擔心岳父母的反應：「他們可能會開始待她與其他孫子不同。我們不能冒這個險。」接受精子捐贈的夫妻也希望能避免丈夫承受男性不育的汙名。過去大眾對男性不育症有許多誤解；不乏有人臆測，生育有問題的男人性能力也有問題，或是缺乏男子氣概。除了這些害怕跟擔憂，另外的問題是父母不知道該什麼時候告訴孩子、或是該如何告訴孩子才是最好的。更何況過去精子的捐贈者是匿名的，如果孩子知道自己因為精子捐贈而誕生，他們自然會想知道捐贈者是誰，但父母卻無法給他們答案。有些父母覺得，等到孩子六歲時，他們已經錯過了對孩子坦白的時機。辛蒂說：「我們拖得太久了。我想如果我們要告訴他，那得趁他很小的時候就說，現在為時已晚了。」

蘇西是一名老師，她的先生安德魯是個工程師；他們夫妻兩人就身陷於這樣的難題中。蘇西跟安德魯花了十年，試過各種不孕治療卻依舊未得一子，最後他們求助於精子捐贈。經過八次受孕失敗後，他們的女兒艾蜜莉終於誕生了。他們有告訴自己的父母和兄弟姊妹艾蜜莉出生的來由，但兩人決定不再告訴其他任何人，包括艾蜜莉本人。有一天，蘇西不小心跟同事說溜嘴，提到自己的女兒是捐精受孕誕生的，她從未停止後悔洩密：「那種感覺非常糟糕……我被巨大的罪惡感籠罩，像是我背叛了自己的丈夫跟女兒。這個女人知道我女兒的祕密，一個我女兒永遠不會知道的祕密。」

蘇西和安德魯不讓艾蜜莉知道她有個精子捐贈者，主要是因為他們不希望艾蜜莉受到差別待遇，也不想讓艾蜜莉難過，他們想保護艾蜜莉跟她父親之間的感情。蘇西跟安德魯擔心，如果艾蜜莉發現她爸爸不是她的生父，她會不如從前一樣愛他。「如果他們父女吵架時，她回嘴說出

『你又不是我真正的爸爸』這樣的話，我會覺得無地自容」。蘇西說。再加上精子捐贈者是匿名的，艾蜜莉無法得知他是誰，這也讓蘇西憂心：「我試著想像自己身在她的處境，永遠無法知道對方是誰，我感覺像肩膀上有無法擺脫的重荷。」

這都是為了保護艾蜜莉，讓她不用跟路易絲‧麥克羅林有一樣的經歷：發現自己是捐精受孕的結晶，卻無法獲得任何一點關於捐贈者的資訊。蘇西和安德魯相信他們選擇隱瞞是正確的，但他們也擔心有一天艾蜜莉會意外發現真相，那肯定會是巨大的衝擊。如果捐精受孕的孩子有兩個同志媽媽，那無可避免地，媽媽們得告訴小孩他是怎麼來的。異性戀夫妻的狀況卻不一樣，如同蘇西和安德魯，他們可以隱瞞，這卻使他們面臨艱難的抉擇：到底該跟孩子說出真相，還是不說。

***

我們在歐洲做的研究中，做為研究對象的孩子們出生於一九八〇年代中期，當時醫生普遍建議父母將精子捐贈的事情保密，以避免遭受歧視的目光。但隨著時代演進，不孕諮商師跟社會工作者開始對這種作法感到憂慮。我們已經知道，如果被收養的孩子有機會了解自己的親生父母，他們會比較快樂。而也有越來越多人開始覺得，如果捐精受孕的孩子與捐贈者之間的關係能更公開透明，對這些孩子會是有益的。支持透明化的人認為，把捐精受孕當成是祕密會傷害家庭關係；知道祕密的人（父母），跟不知道祕密的人（孩子）之間會產生隔閡。研究顯示，當大人有所隱瞞，小孩是可以感覺到的——他們能捕捉父母的表情、聲調，也能察覺父母刻意迴避某些話題。家人都很愛討論彼此哪裡長得像，但在捐精受孕的家庭哩，父母有時會避開這個話題，而孩子可能會察覺到有什麼不對勁。有些人覺得隱瞞孩子的親生父母的存在是不道德的，不管真相會如何影響孩子，他們有權利知道。二〇〇〇年代早期，美國生育協會跟人類受精與胚胎學管理局（在英國管理輔助生育技術的政府單位）都建議父母讓小孩知道捐贈者的存在，不過兩國都沒有以法律硬性規定不得隱瞞。

藉由對這些家庭做的第一個研究，我們對他們經歷輔助生育醫療的經驗有了更深入的了解。然而在這些研究對象中，極少數的孩子知道捐贈者的存在，因此我們無法得知孩子們的感想。到了二〇〇〇年，精卵捐贈變得更加普及，家長也更願意讓孩子知道自己誕生的來由，於是我們決定開始一輪新的研究調查。

這個新的研究多要歸功於瓦桑蒂．賈德瓦。九〇年代後期我在倫敦任教時，瓦桑蒂是我指導的大學生，她從一開始就參與了這個研究。二〇〇六年她跟我一起轉任到劍橋大學，至今她都是家庭研究中心的重要成員。瓦桑蒂參與了許多研究計畫，而在這個研究她是主導人。直到今天，受訪的孩子都已長大成人，她依然貫徹始終地領導著這個研究，沒有停止的打算。

不過，這個研究是從厄運中開始的。二〇〇一年五月二十二日晚上，我在家看著晚間十點新聞，突然的一則新聞讓我大驚失色。新聞中報導某棟維多利亞式建築發生火災，畫面中建築物的屋頂冒著濃濃黑煙，那正是我的辦公室所在！我創下最短時間的紀錄，火速從西堤區的家中趕到辦公室所在的克勒肯維爾區。當時大樓已被消防車圍住，有六十位消防員在現場救火。我看到副校長跟社科學院的院長也在，同樣一臉錯愕。不幸中的大幸是大樓的疏散很順利，火災發生時有學生正在做心理測驗，幸虧他們都安全撤離。但是建築物損害得很嚴重，甚至可能會倒塌。我以為我的研究資料沒救了，一九七〇年代以來所有的訪談紀錄都要付之一炬。消防人員與大火奮戰了一夜，結果我在同事之中算是幸運的。我的資料雖然被消防水管浸濕，但是最終都搶救回來了。

我總算鬆了一口氣，二十五年來的工作成果還在。轉換心情後，我們著手開始新的研究。研究計畫初期，我們的研究對象是知道自己誕生於精子捐贈的孩子，我們想知道這對他們有什麼影響。不過此時，卵子捐贈做為治療女性的不孕症方式也日漸普及。第一個由卵子捐贈而誕生的嬰兒於一九八四年出生在澳洲，前所未有地，這是第一次有女性生下跟她無血緣關係的孩子。於是我們擴大研究範圍，把卵子捐贈誕生的孩子也加入其中。我們很幸運地從惠康基金會申請到優渥的研究資金，也有幸得到英國各地九家生育診所的幫忙。我們一共找了五十個接受精子捐贈的家庭、五十一個接受卵子捐贈的家庭、以及八十個自然受孕的家庭做為對照組。所有的孩子都出生於千禧年，從嬰兒期到青春期，我們共訪問了這些孩子六次。

與我過去的研究所得的結果相同，這些家庭在孩子學齡前都調適得很好。我們分別在孩子一歲、兩歲及三歲時做了家庭訪問，我們發現經歷過輔助生育的家庭，親子之間的關係反而更良好。這個結果讓我們對之前在歐洲所做的調查更具信心。我們進行這個新的調查時，更多父母有考慮讓孩子知道精卵捐贈者的存在。當孩子一歲時，百分之五十六接受卵子捐贈的父母，以及百分之四十六接受精子捐贈的父母有打算跟孩子坦白。

當這些孩子七歲跟十歲時，我們再次去訪問他們。如果孩子跟父母沒有血緣關係，七歲是個重要的年紀；在那時，他們已經可以明白這代表什麼意義，也多少能了解基因遺傳的概念。被收養的小孩在這個年紀，通常已經知道自己的父母不是親生的，他們明白他們失去了親生父母，而得到一個不是由血緣關係建立的家。就算父母從小就對孩子的出身很坦誠，當孩子開始懂事了，要接受這個真相難免是項挑戰。在我們的研究中，在孩子七歲時，只有百分之四十一接受卵子捐贈的家庭，以及百分之二十一接受精子捐贈的家庭告訴孩子真相。有些接受卵子捐贈的家庭有告訴小孩他來自於體外受精，親朋好友也都知道體外受精的事情，但卵子捐贈卻是個祕密。例如克勞迪亞，她藉助於卵子捐贈生下兒子，當兒子七歲時，她說：「他有問不完的問題。他現在了解最基本的概念，我想再過不久，我們會跟他解釋什麼是體外受精。等他再大一點，我們會跟他解釋，我不是他遺傳上的母親。」我們的研究對象中，大多數的孩子都不知道父親或母親跟他們沒有血緣，而那些有對孩子坦白的父母通常在孩子四歲以前就說了。

如前所述，我們會訪問同一個家庭好幾次，這個做法有一個好處：當孩子在年幼時經歷了某些事情，我們可以持續觀察這如何影響他們日後的成長。例如，若小孩在很小的時候就知道自己誕生於精卵捐贈，我們可以追蹤孩子如何在童年及青春期逐步接受這個事實。即使我們無法將孩子的心理發展簡化為單純的因果關係，但是我們可以抓到發展的傾向。我們發現，總歸而言，對孩子坦誠是最好的選擇。父母或許會擔心，如果孩子知道了真相，他們可能感到困惑傷心，甚至從此拒絕父母的關愛，不過這些情況沒有發生。我們的調查發現，若孩子在學齡前就知道自己有個捐贈者，他們對這個消息的接受程度比我們想像的還要好。有些孩子對捐贈者漠不關心，有些則非常好奇，但是沒有人沮喪或難過。

孩子七歲跟十歲的時候，這些家庭都還是過得很好。不過相比之下，有告訴孩子真相的父母心理狀況更好，跟孩子感情也更好。這或許表示跟孩子坦白是有益的，也或許是因為這些家長更願意跟孩子溝通。早早告訴孩子實情有長期性的好處；根據我們的研究，在這些孩子十四歲時，與長大一點才發現事實的孩子相比，很小就知道自己出於精卵捐贈的孩子跟母親的關係更好。這個發現值得深思，因為在訪談中母親和孩子都分別表達提早坦白真相的重要。由這個結果可得知，孩子其實不會因為得知自己誕生於精卵捐贈而受傷，反而，他們可能會察覺到家裡藏著不可告人的祕密，因此受到負面影響。我們歸納出結論：除非這個家庭所處的文化中，精子或卵子捐贈是禁忌，不然在孩子很小時就讓他們知道真相是最好的做法。

嘉比一家是我們研究訪問的家庭之一。她是一名人力資源管理專員，而她先生史帝夫是辦公室經理。十六歲時，醫生告訴嘉比她已經停經，不可能自然受孕。五年後她與史帝夫相遇，兩人開始交往。她從一開始就沒隱瞞史帝夫她的生理缺陷，也說她希望能用其他方式成為母親。如今嘉比跟史帝夫有三個小孩，都是藉由卵子捐贈而誕生的。她先有了女兒安佳，後來又生下雙胞胎兒子馬丁和尼克。她的女兒和兒子是由不同捐贈者的卵子誕生的。

嘉比跟史帝夫的小孩從小就知道自己誕生的來由，嘉比說：「我們從來沒有隱瞞。我們的親朋好友都知道，早晚總會有人說漏嘴，而我不希望孩子用這種方式發現自己的祕密。我希望他們從一開始就知道，而不要等到他們十八歲時才來個晴天霹靂。」

在孩子小時候，嘉比會用說童話故事的方式來解釋，她跟孩子說：「從前從前，有一個姑娘沒辦法生小孩，所以另一個姑娘來幫忙她。然後『咻——！』的一聲，這個姑娘有了一個漂亮的小寶寶，那個寶寶就是你！」直到孩子上了小學，他們才開始問更多問題。嘉比記得安佳七歲的時候，母女有過這樣的對話：「她問我，她是不是從我的肚子裡生出來的，我說：『妳是從我的肚子裡生出來的，但是醫生得先把妳放進我的肚子裡，因為我沒有卵。一個我不認識的女人給了醫生她的卵，醫生再把卵給我。』她被勾起好奇心，繼續問我：『卵是用盒子裝著的嗎？』我說：『不是的，寶貝，不是那種卵。』然後她想知道卵多大。『這麼大？』她問，我回答：『不，它們很小很小，你幾乎看不到。』她說：『噢，是喔。』然後又跑走去玩了。」

嘉比跟史帝夫的孩子對自己的出身沒有芥蒂。我們猜想這是因為他們從來沒有「不知道自己是透過卵子捐贈誕生的」，不像路易絲．麥克羅林那樣，在發現她爸爸不是親生父親後，對自己的認知陷入懷疑跟混亂。其他從小就知道真相的孩子反應也類似，雖然有些孩子對捐贈者很好奇，希望能更了解捐贈者，但是他們都不覺得誕生於精卵捐贈是什麼大不了的事情。

＊＊＊

通常，父母想到要養育跟自己無血緣關係的孩子，難免心生畏懼。心理學家蘇珊．伊姆里曾任職國會研究員，她的經歷讓她對家庭研究特別感興趣。她跟瓦桑蒂．賈德瓦合作，開始調查接受卵子捐贈的家庭。從二〇一三年開始，她們訪問了八十五位接受卵子捐贈的母親，試圖了解她們的想法及感受。許多受訪者說，在懷孕期間，她們曾擔心自己是否能與孩子建立感情聯繫，是否能視孩子如己出。佛羅倫絲說：「我唯一擔心的是，孩子出生時我會對他有什麼感覺，我會不會覺得他是我的孩子。」艾米說：「孩子出生前我滿腦子都在擔心，萬一我們無法建立感情聯繫怎麼辦？」其他人，如羅蒂，則擔心孩子不跟她親近：「這些想法占滿了我的腦子：我是否能視他如我的孩子？而他是否會視我為母親？我最大的恐懼，就是孩子出生後看到我，然後想──你哪位啊？」

一旦孩子出生，大部分的母親就會發現這些擔心是多餘的。如妮娜描述：「從他出生的那一刻起，我就無條件愛上他。」喬吉雅說：「就算他帶著我的基因，我也不覺得我有辦法愛他更多。」不過有些人需要多一點時間，也有些人還是為缺少血緣連結而苦惱：「我沒辦法對她灌注百分之百的感情。我有盡我的義務，好好照顧她，但是我不覺得她真的是我的孩子。過了一陣子我才感到親情慢慢醞釀。」其實這也會發生在有血緣的母子身上，然而我們研究顯示，接受卵子捐贈的母親會自然地把原因歸咎於血緣問題。有少數的例子，孩子出生過了一年，母親卻還是為複雜的感情而苦惱，一對雙胞胎的母親溫蒂就是這樣的例子，她說：「生物學上來說，他們其實不是我的孩子。就算親身經歷了懷孕、生產，我還是難以消化這個事實。」不過我們訪問的八十五位母親中，大多數都在孩子一歲以前順利建立起母子間的感情。

潔絲是當地一個博物館的館長，她的丈夫山姆從事軟體開發工作。夫妻倆住在雪菲爾郊外優美的社區，兩人已結婚十四年，努力了八年卻仍未得一子。兩人於是求助於卵子捐贈，終於生下兒子傑克。潔絲一直都夢想成為母親，也自然地想像孩子會繼承她跟她丈夫的血脈。「很自然地，你會想像孩子將來長什麼樣子，」潔絲說，她在傑克一歲時接受了我們的訪問：「你會開始猜想，不知道在孩子的面容上會不會看到其他家庭成員的影子？我爸爸在我二十幾歲時就過世了，我會幻想，將來我的孩子或許會有哪裡像他，或許是眼神，或許是字跡，或許就是身影中有哪裡像他。」直到醫生跟潔絲說，卵子捐贈是她唯一的希望。那時潔絲已經用丈夫的精子做了六次人工授精，然後用她自己卵子做了四次體外受精，其中兩次以流產告終。潔絲經過一番思考掙扎，終於決定接受醫生的建議。用捐贈者的卵子，她試第一次就順利懷孕了。「懷孕最初的二十幾週很難熬。我感到很憤怒，用別人的卵子我竟然這麼容易就懷孕了，用我自己的卻怎麼也做不到。直到胎兒開始會踢會動，我才開始期待成為母親。大半夜，他會踢我的肚子，而我會戳戳他，然後他會踢回來……這是我們之間的小遊戲。就在那時，我告訴自己：『這是我的孩子』。」傑克出生後的頭幾個月，對潔絲而言又是新的挑戰。她說：「別人告訴你『妳會感到前所未有的愛充滿心中』，但最初幾個月我沒有這種感受。我們花了一年逐漸了解彼此，慢慢培養出感情。有時我跟寶寶雙目相對，然後兩人輕輕微笑；是那些寶貴的時刻，一點一滴地把我們慢慢拉近。」想到傑克長大以後可能會與卵子捐贈者相見，潔絲的心情很複雜，但是她還是希望這能發生。當我們問她原因，潔絲回答：「我想跟她說謝謝妳。我也想讓她見見傑克，讓她知道這孩子多棒多可愛。」

英國在二〇〇五年明文禁止匿名的精卵胚胎捐贈者，所以我們進行研究時，所有的孩子將來都有可能跟卵子捐贈者見面。因此透過研究，蘇珊跟瓦桑蒂還想了解，這些母親知道孩子長大後可能會跟卵子捐贈者見面，這會不會影響母子關係。雖然法律沒有規定父母到時候必須讓孩子知道他們誕生於精卵捐贈，多數父母還是傾向坦白實情，畢竟孩子有可能透過別的管道發現真相。

那麼，如果母親擔心將來孩子會跟卵子捐贈者產生某種聯繫，並感覺捐贈者的存在對她是個威脅，這會不會傷害母親的自信心，進而影響母子關係？為了解這個問題，蘇珊跟瓦桑蒂比較用自己的卵子做體外受精的母親，以及接受卵子捐贈的母親，詢問她們對孩子的想法及感受。她們也錄下母親跟孩子玩耍的影像，用以分析母子互動行為。研究發現，接受卵子捐贈的母親與體外受精的母親的結果很相近，她們都對孩子都溫情流露，鮮少有負面的感情。

＊＊＊

若夫妻接受體外受精療程而有多餘的胚胎，他們可將胚胎捐贈給其他夫婦。由胚胎捐贈誕生的孩子跟父母親都沒有血緣關係，這點跟收養相同。不同的是，藉由胚胎捐贈得子的夫妻經歷過懷孕和生產過程，孩子也不曾跟親生父母拆散。而即使到今天，許多等待收養的孩子仍在年幼時吃過苦，或許是身體、心靈上的虐待，或許是性侵害，也或許是被疏於照顧。因此跟胚胎捐贈誕生的孩子相比，被收養的孩子有更高的風險要面對心理問題。但是，即使孩子從出生就由父母養育，孩子畢竟跟父母雙方都無血緣牽絆，這會不會真的如反對人士所說，造成家庭不睦？二〇〇〇年代，當時在倫敦與我共事的心理學家菲歐娜．麥卡勒姆決心要尋找問題的答案。

如同其他受惠於輔助生育技術的家庭，菲歐娜發現，那些經歷胚胎捐贈的家庭狀況都很良好。不過他們有個特點——這些父母更不願意告訴孩子他們的出生來由。背後的原因跟其他接受精卵捐贈的父母相似，不少父母擔心，一旦孩子發現自己與父母無血緣關係，他們會很傷心，因此父母想保護孩子免於受傷。珍妮絲的兒子傑森今年五歲，珍妮絲說：「我想這會讓傑森很沒安全感，他會備受打擊，而且很難過。」也有些擔心孩子發現真相後會拒絕父母。艾米莉亞說：「孩子有可能會說：『你又不是我真正的父母，憑什麼管我？』」另外有些父母擔心孩子就算知道真相，也無法知道捐贈者是誰。伊莎貝爾的孩子出生時匿名捐贈者還未被禁止：「既然他無法知道捐贈者是誰，為什麼要讓他知道爸爸媽媽不是他真正的父母？」除此之外，父母也擔心其他家族成員會因此對孩子不同。瑪麗亞說：「我不想讓他覺得格格不入。我想讓他知道他的家人會永遠支持他，我希望他永遠是家族的一員，而不會被排除在外。」

若孩子誕生於精卵捐贈，則父母之中只有一方與孩子無血緣；但若是胚胎捐贈，則父母雙方都跟孩子沒有血緣關係。依研究結果看來，胚胎捐贈讓父母承受更大的壓力，難以對孩子告以實情。這些父母會害怕，如果孩子知道真相，他會拒絕父母雙方。而且孩子可能永遠無法得知自己的基因來自何方。不過近年來，越來越多接受精卵捐贈的家庭選擇告訴孩子真相，而胚胎捐贈的家庭也有同樣趨勢。

瑪雅・格羅貝爾跟她的先生住在加州，她是一名心理諮商師，而她的先生諾亞・莫斯金是電影製作人。他們接受不孕治療三年無果，於是決定接受胚胎捐贈，終於在二〇一五年迎接女兒的誕生。兩人把這個過程製成紀錄片《再試一次》（*One More Shot*），影片動人地記錄了他們一路經歷的考驗與磨練，以及最終迎接新生命的無限喜悅。

「胚胎捐贈絕不是一時興起就能做的決定。」瑪雅說。二〇一九年，我跟瑪雅相約於洛杉磯見面，我們在棕櫚樹下啜飲著咖啡，試圖驅走春日早晨的寒氣。「我們試過體外受精，試了好幾次體內人工授精，還試了用捐贈的卵子做體外受精。然後我們不得不停下來想想，我們還剩下什麼選項；在身體上、情感上、理性跟財務面上，我們還承受得起多少。起初我們對胚胎捐贈了解不多，而深入了解後，我們必須消化並接受這所代表的意義：我們的孩子跟我們不會有血緣上的聯繫。」

懷孕跟生產的經驗對瑪雅而言很重要：「過程中我可以感受孩子的成長，我保護她、孕育她，跟她產生某種特別連結。不管有沒有血緣，那種感覺很美好。」瑪雅說。「我們強烈地感受到，構成家庭的基石是愛，而不是血緣。為人父母，養育孩子的過程才是最重要的。」不少人先入為主認為，接受胚胎捐贈的父母因為跟孩子沒有血緣，會比較難跟孩子建立感情聯繫，但是瑪雅的狀況完全不是如此，她說：「我是這孩子的母親，她是我的心肝寶貝，我們彼此以親情相絆。我先生也跟我一樣，他跟女兒之間有很深的親情與牽絆。我毫不懷疑我們就是她的父母。」

不過，當初瑪雅接受的胚胎是由卵子捐贈產生的，瑪雅和諾亞不知道卵子捐贈者的身分，也不知道後來捐出胚胎的夫婦身分。瑪雅說：「在美國，如果夫妻或個人放棄對剩餘胚胎的所有權，把胚胎交給生育診所處理，受捐者往往無法得知捐贈者是誰。」這讓瑪雅憂心，她希望女兒能至少知道她的基因來自誰。「缺少這些資訊讓我覺得心裡很不舒服。然後我想到在診所有個人把守著這些資訊——或許是胚胎捐贈的協調專員，或許是護士——那個人可以知道有關我女兒的資訊，例如她有多少血緣上的兄弟姊妹，而我們卻無權得知任何消息。這更是讓我覺得不舒服。」瑪雅認為孩子有權知道他們從何而來，而父母親有義務盡量提供資訊。瑪雅已經跟女兒說，她有兩個很特別的捐贈者救星——他們把自己的一部分捐出來，幫助爸爸跟媽媽生下她。瑪雅也打算用小孩子能理解的方式跟女兒說，她有一個同血緣的哥哥，還有幾個半血緣的兄弟姊妹。現況之下，瑪雅知道的資訊也就只有這麼多。

胚胎捐贈還有更具爭議性的一面。二〇一二年，加州一家公司開始在實驗室製造胚胎。他們利用男性捐贈者的精子以及女性捐贈者的卵子人工授精，然後將胚胎出售。由此誕生的孩子不但與父母沒有血緣關係，他的生父生母甚至不曾相遇。若是孩子知道這個事實，他又會做何感想呢？我們還不知道答案。但是許多由捐贈而誕生的孩子非常在意自己從何而來，可以推想，這個事實恐怕不會是好消息。蘇格蘭的詩人賈姬·凱在她廣受好評的自傳裡描述被收養的孩子的心聲：「沒有人希望自己因憎恨而誕生，或是因為無聊、或是愚昧、或是粗心大意。我寧願相信，我因愛而生。」

＊＊＊

如果卵子或精子的捐贈者是自己的家人，那情況又更複雜了。這種情況稱為家庭內捐贈。最常見的是女性捐贈卵子給無法生育的姊妹或小姑，或是男性捐精子給自己的兄弟。雖然較少見，但精卵捐贈也可以是跨世代的，例如女兒捐贈給母親，或是父親捐給兒子。透過家庭內捐贈，捐贈者跟孩子會是家人，而接受捐贈的一方就算不是孩子的親生父母，還是可能跟孩子有血緣上的連結。然而這種情況也有令人憂心的地方，例如捐贈者可能是受到親情的壓力而不得不同意捐贈，而複雜的關係將來也可能損害家庭和諧。我們或許自然地認為，這些精子或卵子捐贈者是出於善心，想幫助受不孕症所苦的親人；但有沒有可能，他們只是難以開口拒絕親人的請求，或是覺得自己有非幫忙不可的義務，因此被迫成了捐贈者？因為多了一層血緣關係，孩子成長的過程中捐贈者會不會干預更多？而如果捐贈者是兄弟姊妹，或是姊夫弟媳，當孩子發現自己以為是叔叔或阿姨的人其實是自己的親生父母，他們會作何感想？而當他們發現自己的堂兄弟或表姊妹其實是半血緣的手足，孩子又會做何反應？如果女兒捐贈卵子給自己的母親，孩子又會如何接受自己的姊姊實際上是生母，而孩子的媽媽是血緣上的外婆？

世人對家庭內捐贈的了解微乎其微。我們對千禧年出生的孩子做的縱向研究（longitudinal study）中，有九個家庭接受家庭內捐贈，於是我們將他們的資料調出來重新檢視。這些家庭都是接受姊妹或兄嫂弟媳的卵子。雖然樣本的數目很小，但在這個未知的研究領域，這些資訊至少能讓我們初步了解隨著孩子成長，這些家庭過得如何。我們把焦點放在孩子出生後的前十年，調查結果沒有跡象顯示卵子捐贈者對孩子產生母性感情，捐贈者更覺得自己是阿姨或伯母嬸嬸。珍的女兒夏蓉在受訪時十歲，珍這麼形容自己的家庭：「她是我的妹妹，所以她是孩子的阿姨。她完全是一個阿姨的樣子，因為那就是她的角色。」母親們並不覺得捐贈者與孩子的血緣關係會威脅到她們的地位；九個家庭中，八個家庭跟捐贈者的關係依然很密切。不過值得一提的是，大多數的家長為了避免家庭關係變得複雜，都還沒跟孩子坦白他們出生的真相。有些母親擔心孩子跟捐贈者外貌相似會洩漏祕密，當捐贈者跟母親之間沒有血緣關係時（例如捐贈者是兄嫂或弟媳），這個問題特別棘手。

麗娜跟她的先生卡莫第一次接受訪問時，我跟他們相約到英格蘭萊斯特的家中拜訪他們。他們夫妻都來自印度系的大家庭，兩人計劃著要生三個小孩，所以當麗娜發現自己因為早發性停經而無法受孕時，他們的傷心失望可想而知。麗娜與嫂子安妮塔從小一起長大，兩人感情十分深厚。安妮塔知道麗娜有多想要有小孩，於是她自願捐贈卵子以幫助麗娜完成夢想。麗娜跟卡莫非常感謝安妮塔，欣然接受了她的幫忙，但是他們擔心卡莫的父母反對，因此未對兩老告知實情。卡莫的父母只知道孩子誕生於體外受精，卻不知道他們接受了卵子捐贈，然而麗娜感覺到婆婆心存懷疑：「昨天我去探視我婆婆，她看著寶寶說：『她跟妳姪女長得真像』。」麗娜說：「她看到我總是要嘲諷幾句，令我難以承受。」麗娜跟卡莫非常疼愛女兒黛娜：「雖然卵子來自我的嫂子，但黛娜屬於我們，屬於我跟卡莫兩人，她是我們的孩子。這不因為卵子捐贈而有所不同。」黛娜七歲時我們再次訪問麗娜夫妻，他們還是沒有告訴男方親屬黛娜的出生來由；他們也沒有告訴黛娜本人，不過他們有打算等她年紀夠大時讓她知道真相。

可惜我們還是無從得知，家庭內捐贈誕生的小孩在知道真相後（不管是父母終於坦承或是意外得知）做何反應——本來以為只是個親戚的人，竟然是親生父母，而他們的小孩跟自己是半血緣的兄弟姊妹。孩子的反應可能取決於他在知道真相之前跟捐贈者有多親近。孩子或許會感受到父母有多愛他多想要他，畢竟為了生下他，他們克服了無數的困難。但是也有可能如反對人士所說，孩子或許會感覺被父母，以及整個家族所欺騙。

***

直到近年，大部分的捐贈者都是匿名的，如同前述路易絲．麥克羅林的例子。這表示即使父母選擇告訴孩子有捐贈者的存在，這些孩子仍無法知道捐贈者是誰，也得不到關於他的任何資訊。有時候父母知道捐贈者的一些特徵，例如身高體重、眼睛跟頭髮的顏色，但往往他們所知僅止於此。

家長對精卵及胚胎捐贈的態度漸漸改變，越來越多人選擇不對孩子隱瞞，因此有越來越多孩子（包括已成年跟未成年者）知道自己有個捐贈者，並希望能跟捐贈者和捐贈者的其他子女聯絡——這些捐贈者的子女在不同的家庭中長大，但彼此是半血緣的兄弟姊妹。二〇〇〇年，十一歲的雷恩．克萊姆——同時也是由精子捐贈而誕生的孩子——跟他媽媽溫蒂一起創立了「捐贈者子女登錄系統（Donor Sibling Registry）」。透過這個網站，受助於同一個捐贈者的家庭可以彼此聯絡。如果這些家庭知道捐贈者專有的序號，他們可以輸入序號，搜尋這位捐贈者的其他子女。從設立開始，網站已有六萬七千人登錄，而其中一萬八千人藉此找到了自己的捐贈者或半血緣的手足。

我在二〇〇七年得知這個網站的存在。某個星期天早上，我正巧在報紙上讀到關於它的報導。當時我已轉任到劍橋大學的家庭研究中心，接受生殖細胞捐贈的家庭是我們注目的研究對象之一。我讀到的《星期日泰晤士報》（*The Sunday Times*）對「捐贈者子女登錄系統」網站做了一篇專題報導，他們還訪問了創辦人溫蒂．克萊姆。因為這個網站，在不同家庭中長大的半血緣兄弟姊妹能夠連絡上彼此，我覺得這代表的意義非常耐人尋味。在英國這樣的事情還是不可能的。英國才開始禁止匿名捐贈不久，禁令之後出生的孩子將來有權知道捐贈者的身分，但此時他們之中最大的也才兩歲。隔天早上，我把報導拿給瓦桑蒂跟塔比莎．弗里曼看（塔比莎是專門研究家庭關係的社會學家），她們兩人也都對此深感興趣。我們都很想知道，這些家長跟孩子找尋捐贈者與兄弟姊妹的動機為何？而找尋的結果又如何？我試著聯絡溫蒂．克萊姆，問她願不願意跟我們合作研究以尋找答案；很幸運地，她答應了。於是在二〇〇七年，我們跟「捐贈者子女登錄系統」合作，開始進行調查。

我們採訪受捐誕生的孩子以及他們的母親，他們大多很好奇自己的長相個性跟捐贈者及其子女有多少相似；他們想追溯自己的血統來源，也想藉此更了解自己。小孩最想知道的是：我長得像他嗎？我的個性像他嗎？他的家庭背景為何？我們也發現一個出乎意外的新現象：經由網路尋親，許多孩子跟捐贈者或兄弟姊妹產生了深厚的感情。更多時候，比起捐贈者本人，孩子對他的兄弟姊妹更感興趣。孩子們會想了解捐贈者，也有些會想跟捐贈者見面，但是他們通常不視捐贈者為父親。相對地，這些半血緣兄弟姊妹之間的連結往往更緊密而長久。想想這也是可以理解的，小孩子能找到兄弟姊妹總是很高興，何況這些兄弟姊妹們通常年齡相近。利用「捐贈者子女登錄系統」，透過孩子，各種不同形式的家庭產生了聯繫，這些家庭或許有兩個同志媽媽，或許是異性戀單親媽媽家庭，抑或是傳統雙親家庭。有時，這些家庭會視彼此為家人，而不只是新認識的朋友。另如珍妮，她對兒子半血緣的兄妹很有感情，連她自己都感到意外：「想到我兒子的哥哥跟妹妹時，我感到母愛滿溢。即使知道我跟他們毫無血緣關係，我還是把他們當成家人。他們在我心中占了一個位置，對我無比重要。」帕蜜拉說：「我原先只是好奇這些孩子的長相、個性會是怎樣。跟其他的媽媽交流後，我發現這個經驗出乎意料地美好。我們形成一個特別的大家庭，我們之間有一種特別的連帶感。當初我開始尋找孩子的兄弟姊妹時完全沒有預料到會變成這樣，但這是個美好的意外。」

受捐誕生的小孩（或是成人）在知道自己出生的真相後，反應往往各有不同。這差異通常取決於他們發現真相時的年齡；很小就知道的孩子接受的狀況反而好很多。愛蓮娜在受訪時十三歲，她很小的時候就知道真相了，她說：「我當時還很小，除了感到好奇外，我不記得有什麼別的感覺。」十五歲的奇拉說：「我從來沒有困難接受真相，因為從我有記憶以來事實就是這樣。」相較之下，像路易絲．麥克羅林的例子，年紀較大才知道的孩子往往難以接受，他們可能會感到傷心憤怒，認為父母說謊、隱瞞。十九歲的曼蒂是在青春期才知道的，她形容：「那是我人生中遇過最大的打擊跟痛苦。」另一位年輕女性說：「我感到很孤單。」有些受捐誕生的孩子說，他們一直都感覺得到有什麼不對勁。一位女性直到中年才知道自己是受捐誕生的，她說：「從我的童年到青春期，我問過好幾次，我是不是被收養的孩子，我爸媽都只叫我別傻了，但我就是知道。」當孩子開始試著尋找捐贈者及兄弟姊妹，許多誕生於異性戀家庭的孩子不敢讓父親知道，而女同志媽媽家庭中誕生的孩子則比較沒有這個顧慮，即使其中一個媽媽跟他沒有血緣關係。由此可推測，在異性戀家庭中，孩子更擔心會因此讓父親難過。

一九八〇、九〇年代，生殖科的醫生通常建議父母對孩子保密，不要讓他們知道捐贈者的存在。幸虧現在這種想法已經大大地改變。不過在法律上，直到近年受捐誕生的孩子才開始受到明文規定保障，有權知道捐贈者的身分。瑞典是第一個立法保障的國家，在瑞典相關法律成立於一九八五年，遙遙領先於其他國家。現在除了英國，禁止匿名捐贈的國家還有奧地利、德國、挪威、冰島、芬蘭、瑞士、荷蘭，以及澳洲的維多利亞州、新南威爾斯州跟西澳州。在這些地區的保護對象包括卵子、精子以及胚胎的受捐誕生者；如果他們知道自己誕生於捐贈，通常等到十八歲，他們有權要求得知捐贈者的身分，然後再選擇要不要跟對方連絡。不過，法律沒有要求父母一定要告訴孩子真相，所以只有知道自己受捐誕生（或至少心存懷疑）的人才能夠受惠於這些法律保障。

在這些保護受捐方「知的權利」的法律中，最激進也最具爭議性的屬澳洲維多利亞州的規定。在維州，輔助生育醫療行為由政府機構「維多利亞州輔助生育治療管理局」（維州生育局）負責管理。受捐誕生者本人或父母可透過此單位跟捐贈者聯絡。甚至有些捐贈發生在幾十年前，當初雙方已同意捐贈者保持匿名，但是當地法律可以強迫捐贈者公開身分。儘管這條法律引起爭議，但支持它的人仍相信：孩子擁有知道自己基因來源的權利，這項權利的重要性大於捐贈者保持匿名的權利。

出生於墨爾本的露依斯．萊恩就受惠於這條法律。父母離婚後她媽媽這麼告訴她：「別擔心，寶貝，他不是妳爸爸。」這句話改變了露依斯的人生。二〇一五年三月，露依斯的媽媽伊莉莎白被診斷可能患有乳癌，於是她終於告訴當時已經三十一歲的露依斯，她是經過捐精受孕而誕生的。伊莉莎白說：「我想要妳知道，妳是因為愛而誕生的，在期盼中而誕生的，不過妳的出生背後有這麼一個故事。」伊莉莎白原本打算讓露依斯在她的遺囑中發現真相。露依斯很慶幸事情沒有真的變成這樣，「我很高興她親口告訴我，不然如果我讀了她的遺囑才知道，我會非常生氣！她不該這麼對我。想像你剛失去一個至親，然後同時又發現，另一個至親其實跟你沒有血緣關係。」

伊莉莎白花了兩年，做了十五次體內人工授精，終於在一九八一年生下一對雙胞胎。兩年後，她用同樣的捐精者生下了露依斯。如同當時許多接受精子捐贈受孕的夫妻，醫生建議他們事後回家行夫妻之事，當作捐精一事從來沒發生。他們夫妻兩人沒有告訴任何人，連最親近的家人都不知道。日子一天一天過去，長年對孩子隱瞞著祕密讓伊莉莎白越來越難受。她開始覺得孩子有權知道真相；她擔心，萬一有一天孩子需要輸血，而找到親戚幫忙，卻發現自己跟親戚沒有血緣，她只能想像孩子會有多震驚。這些擔憂盤據了她的心，但她的先生卻反對向孩子坦白，他不覺得有必要告訴他們，那只會打開潘朵拉的盒子。露依斯從小就懷疑自己是被收養的，在青少年時期，她甚至要求要看自己的出生證明，而文件上她爸爸確實被標註為生父。但露依斯卻還是無法釋懷，她跟爸爸相處得很好，兩人甚至有點像，然而露依斯有種揮之不去的感覺，總覺得有那裡不對。

當伊莉莎白終於對露依斯吐露真相後，她感到一陣巨大的解放。她事後為維州生育局錄製了一段影片，影片中她說：「身為父母，你會不斷推敲孩子會做何反應；他們會不會生你的氣？你會不會毀了孩子的人生觀，逼得他們選擇逃避？這一切是不是都是一個巨大的謊言？」但是結果證明，這些擔心是不必要的。露依斯的第一個反應是一句「哇！」，而後伊莉莎白發現，女兒對自己誕生的真相沒有負面的情緒。

知道自己誕生於精子捐贈之後，不出幾個小時，露依斯就連絡上了促成她誕生的生殖診所，那個診所位於墨爾本，而露依斯欣喜地發現他們還留存著她的紀錄檔案。診所的負責人讓露依斯聯絡維州生育局，當局為她安排了一些諮商，然後開始尋找捐贈者。短短一週後，在期盼之中，露依斯接到了一通來自生育局的電話。他們找到了她的捐贈者。不僅如此，他們還告訴露依斯，經由精子捐贈，她有九個同父異母的兄弟姊妹，來自八個不同的家庭，另外她的捐贈者有兩個孩子，他們也是露依斯同父異母的手足！露依斯喜出望外：「我記得當我剛知道真相後，我會看著鏡子開始猜想，另一半的我是誰？這個鏡子中的人影，一半的她來自那裡？我的捐贈者是怎麼樣的人？他長什麼樣子？」露依斯迫不及待地想跟捐贈人和兄弟姊妹們見面，但因為她的哥哥姊姊還不知道真相，她不得不再等等。「我媽又等了十二個月才告訴他們。」露依斯說：「我幫哥哥姊姊把資料都整理好了——相關書籍，維州生育局的研究資料，還有一些關於捐贈者的非識別性個人資料——當媽媽終於告訴他們真相，他們需要的資料都在手邊。然後我開始了我的尋親之旅。」

過程中，負責單位讓露依斯寫下她想與捐贈者聯絡的理由，她寫道：「我在二〇一五年得知我是由精子捐贈誕生的，當時我三十一歲。我的第一反應是感激與欽佩！我感激這位慷慨的陌生人，因為他，我才能誕生於世。我也欽佩我的爸媽，他們花了近十年不斷地努力，創造了我們的家庭。我在錢包裡有一張紙，上面寫著一些你的基本資料，這些資料出自你在一九八〇年成為捐贈者時填寫的資料單。『FE』——這是你的捐贈者代碼——的資料裡包含你當時的身高體重、體型、眼睛顏色、宗教信仰跟家庭狀況。這些特徵不少跟我相同：我一百七十五公分高，中等體型，而且也有一對藍眼睛。我很好奇，有哪些其他的特徵是來自你的遺傳？例如，我最初的大學學歷是工程學與法律學，而你的職業列為「專業工程師」，這多巧！我真心希望有一天我們能相會，但如果不能，我希望你知道，你的善心捐助讓別人有機會享受家庭的喜悅；而因此誕生的我，有一天也會在喜悅中擁有自己的家庭。我希望能讓你知道，你的貢獻多麼意義重大，不管是對於我的父母、對我、對我的兄姊，或是對其他的家庭。我有時候會想像，你跟你的妻子一定是體驗過共組家庭的美好，所以希望讓其他人也能體驗這樣的奇蹟。我只想說，謝謝你。」

二〇一六年六月十八日，露依斯終於見到她的捐贈者羅斯。露依斯的母親伊莉莎白，羅斯的妻子卡洛琳，以及維州生育局捐贈者登錄服務處的經理凱特・伯恩也在當場。他們相約於墨爾本一個綠意盎然的社區，某間運動交誼俱樂部的會議室裡見面。要見這個幫助她成為母親的人，伊莉莎白覺得很緊張，她擔心萬一他不是好人，她的孩子會做何感想。不過露依斯卻很興奮。「一切都發生得很自然，」露依斯說，「他走進門的瞬間，我想：『喔，錯不了，那是我的親生父親。』」凱特幫伊莉莎白跟羅斯拍了一張合照，然後對露依斯說：「這是妳親生父母的第一張合影。」

維多利亞州的法規還有更具爭議性的一面。法律規定，不只受捐誕生的人可以聯絡捐贈者（不論捐贈者是否為匿名），捐贈者也可以尋找因他而誕生的小孩，而有些孩子在那之前根本不知道有捐贈者的存在。如果父母沒有告訴孩子他誕生背後的故事，而有天他突然收到來自捐贈者的聯絡，那無疑會是巨大的衝擊，一個可以把家庭關係擊碎的衝擊。見面之後，羅斯問露依斯她想不想見見其他的兄弟姐妹們，她的回答是毫不猶疑的「想」，但是現實卻沒那麼簡單。根據法律規定，只有羅斯能夠開始尋人的程序。羅斯得先去找維州生育局，然後會由生育局替他跟受捐誕生的孩子聯絡。但是如果可能，羅斯寧願先跟這些子女的父母親聯絡。有些當事人早已成人才知道自己誕生於精子捐贈，而有些父母隱藏了大半輩子的祕密就這麼被暴露，可想而知衝擊有多大。這正是蘇西跟安德魯所害怕的，他們擔心如果艾蜜莉有一天意外發現真相，情況會變成這樣。有些捐贈者子女不想跟兄弟姊妹們見面，也有人在經過一些時間消化感情後逐漸能夠接受，最終感到慶幸能知道真相——他們總算明白為什麼自己從小總覺得有那裡不對勁。露依斯覺得自己很幸運：「我以身為受捐誕生的孩子為傲，我的這段經歷是一連串的驚喜：從發現我的檔案還在，然後得到維州生育局的大力幫忙，最終成功找到我的捐贈者並跟他成為朋友，也有機會聽到他當初捐贈精子的理由。我很享受這個找尋的過程。然後我找到越來越多的兄弟姊妹，也有幸跟他們見面。我覺得自己很幸運，真的很幸運。」

很遺憾的，不是所有的故事都快樂收場。二〇一八年，澳洲首屈一指的生殖科醫師加布・科瓦奇教授收到了一封信，這封信來自一位他在一九八〇年代看過的病患，加布描述：「信中寫道，她三十六歲的女兒突然收到一封來自維州生育局的通知，說她的精子捐贈者想要聯絡她。來信的母親沒有告訴女兒精子捐贈的事情，在過去，大部分父母都選擇隱瞞。你可以想像她女兒收到通知時有多震驚。而這位母親從女兒的來電得知此事，她也感到非常震驚跟氣憤。」加布接著說：「這位母親不反對女兒有權利知道真相，但是這種揭露的方式讓她難以接受，她形容這種作法『殘酷不仁』。她身為母親，維州生育局卻沒有先通知她，沒給她機會自己跟女兒說，這讓她感到很不滿。她說，能夠擁有女兒，她每天都心懷感謝，但是她希望其他受惠於生殖細胞捐贈的家庭能免於這樣的經歷。」

＊＊＊

生殖細胞捐贈的技術在一九八〇及九〇年代迅速普及。在此之前，大家理所當然地認為男女結婚才能組成家庭，家庭中自然會有一個母親、一個父親、以及與父母血緣相繫的小孩。人們也認為，如果孩子跟父母沒有血緣，他們的成長過程中會有更多困難。確實有研究顯示，在其他種類的家庭中（例如收養，或是父母再婚），跟父母沒有血緣的孩子有較高的比例產生心理問題，這使得人們臆測，認為缺少血緣的聯繫是問題的原因。但是以接受生殖細胞捐贈的家庭為研究對象後，我們得到的結果卻並非如此：要養育快樂、調適良好的孩子，血緣關係其實不如想像的重要。被收養以及父母再婚的孩子往往經歷過一些波折，他們在被收養或是適應新的繼父繼母之前，通常得面對複雜的家庭狀況，這很可能是造成心理問題的原因。被收養的孩子在找到新的家庭前，有可能經歷過多年的忽視或虐待，也有不少孩子在被收養之前輾轉於多個寄養家庭，這讓他們難以找到歸屬感。父母再婚的孩子得面對跟其中一個家長分離的情緒負擔，然後得建立跟繼父母之間的新關係，這往往並不容易。而有時，孩子也必須適應跟繼父母的孩子一起生活。

受捐誕生的孩子一般而言適應得很好，但這不表示捐贈者對他們不重要。有些被收養的孩子對自己的親生父母毫無興趣，而有些受捐誕生的人也是如此，他們不想了解捐贈者，也無意跟捐贈者見面。然而也有許多人會上網搜尋捐贈者的資訊，或試圖利用網站（如「捐贈者子女登錄系統」）與捐贈者聯繫。科技越來越進步，我們的生活也日益電子化，加上更多捐贈者願意公開自己的身分，想必將來利用網路尋親會越來越容易。不少受捐誕生的小孩和被收養的小孩很想知道自己的親生父母是誰，有的時候他們會對自己的身分認同感到不確定，這種現象叫做「譜系困惑（genealogical bewilderment）」，此現象首先在一九六〇年代由心理醫生桑特（H. J. Sants）命名。受捐誕生的孩子該不該被告知他出生的來由，至今仍是輔助生育醫療領域中最具爭議的議題之一。二〇一二年，為了探討這個議題，英國的納菲爾德生物倫理委員會（Nuffield Council on Bioethics）成立了一個由八名成員組成的工作小組，而我也是小組成員之一。我們理解每個家庭的狀況不同，做決定時他們必須權衡考量許多因素，例如文化、倫理及宗教背景。不過我們總歸的結論是：在理想的情況下，孩子應該被告知自己出生的實情，而且越早知道越好，最好讓孩子在成長的過程中一直都知道真相。

***

二〇一七年十一月，在那個撼動她人生的祕密被揭露後十三年，路易絲·麥克羅林經由網路找到她同父異母的姊姊，潔絲。最初路易絲希望能找到她的捐贈者，但認識了其他受捐誕生的孩子後，她發現大家都比較有興趣找尋兄弟姊妹。在尋親網站 Ancestry.com 做登錄之後四個月，路易絲收到一則訊息，其中寫道：「我不想驚擾妳，因為妳或許不是受捐誕生的，不過我是。如果這則訊息令妳震驚，我真的很抱歉。但是我們的基因比對結果非常相近，所以我想試試看能不能多了解一點什麼。」一開始兩人猜想她們可能是遠親，但是傳訊息反覆聯絡幾小時後，她們發現，她們很可能是同父異母的姊妹。「她用 WhatsApp 傳訊給我，所以我看到了她的頭像照片，那是我第一次看到她的臉，這位誕生於同一個捐贈者的姊姊。我心中充滿難以言喻的驚喜。」路易絲說，「那種感受無法用言語形容。我開始哭，全身顫抖，完全被感情所淹沒。」

兩個月後，她們相約在倫敦一個繁忙的車站見面。「我緊張死了，」路易絲回憶道，「我們約好在車站中央的大鐘底下會合，那是世界上最忙碌的車站，每個人看起來都在向你衝過來。如果你不知道你在等的人長什麼樣子，那狀況真的讓人害怕。於是我把背著靠牆，試著躲起來。當然了，她就是在那時看到我，蹲在一個看板後面的我！感謝她的善良，她假裝沒看到我，在周圍多繞了一圈，然後再自然地向我打招呼。相處幾個小時後，她說：『我有看到妳躲在看板後面。』我說：『妳又怎麼知道我在躲。』她回答：『太明顯了，我一眼就看穿了！』」

路易絲跟潔絲第一次見面，兩人在車站的餐館裡花了幾個小時暢聊彼此的人生。潔絲有兩個媽媽，她從小就知道自己由精子捐贈而誕生，但她還是很想找到其他的兄弟姊妹。跟路易絲一樣，她也很想見見這些跟她血緣相繫的人。現在她們兩人天天通話，然後盡量每個月至少見面一次。跟潔絲見面為路易絲帶來意想不到的喜悅：「我不會說認識她像是填補了我心中的空洞，畢竟我的童年還是充滿了愛。但我們是那麼地意氣相投，我真的很慶幸，能夠跟她相遇。」

Chapter 3

精卵及胚胎捐贈者
失落的連結

「我開始想，我死後會有誰記得我呢？誰還會談起我？誰會是我的繼承人？……我會不會有一百個〔小孩〕……甚至更多？」

——精子捐贈者路易斯，來自荷蘭，受捐誕生的子女成群。
他於 2018 年接受《衛報》的訪問。

「這是我做過最棒的事。我跟這個剛相認的女兒之間建立的關係讓我萬分雀躍。我跟她媽媽成了好朋友，我父母也很興奮有這個孫女。這個經驗充滿正面意義，大家都是贏家。」

——精子捐贈者阿德里安，2007 年。
他因精子捐贈誕下的女兒欣蒂找到了他。

一九八一年，歐萊．蕭（Ole Schou）做了一個夢，一個關於精子的夢。他夢見的不是普通的精子：他的夢境鮮明、奇異、超乎現實。夢中的精子被凍結在冰中，完全靜止，連時間也為之凝結。「我知道這個夢很怪異也很特殊，因為在夢中什麼事都沒發生。沒有任何動作，完全是靜止畫面。這個夢太奇怪了，所以我不曾忘記它。」我到丹麥奧胡斯訪問歐萊時，他跟我提起這三十六年前的夢。三十六年前，歐萊還在奧胡斯商業學院唸企業管理，同時抽空維修一個鄉間的農舍。他對精子沒什麼研究；他的興趣是乘滑翔翼、滑雪、騎摩托車、登山和深海潛水——越是挑戰極限的運動他越喜歡。

但是這個夢注定要改變歐萊的人生。那個凍結的精子的畫面在他腦中盤旋不去。他開始好奇，想要了解更多。「我去圖書館，問了坐在櫃台後的女性館員有沒有什麼關於冷凍精子的文章，我記得我當時還覺得挺尷尬的。好在她非常專業，幫我列印了一張清單，上面列著一百六十八個文章標題。這些記事或是報導都是關於生殖醫學、生育及不育，還有些是關於低溫生物學——我還是第一次讀到這個名詞。我對精子或是不育治療毫無概念，但我越來越好奇——簡直像著了魔一般——我想要讀更多，了解更多生命誕生之謎。一個全新的世界在我眼前展開。就是當時，我腦中浮現了一個絕妙的點子：我要創立精子銀行。」

首先，歐萊必須學習關於精子的知識。他用十三歲時父母買給他的兒童用顯微鏡開始研究自己的精子。被顯微鏡、書籍跟一台舊式電腦圍繞著的他，花時間坐在鄉間的農舍裡研究精子如何運作，並實驗各種冷凍技術，每每直到深夜。他沒有專家可以諮詢，所有的知識都來自書籍和學術論文。「我每天會研究到凌晨四點。我其實很喜歡那一份寧靜。我去弄來一台義式濃縮咖啡機，不時抽根菸以保持精神集中。那一段光陰很美好，我是如此地全神貫注。」

一九八六年二月，歐萊下定決心要創立精子銀行公司，然後在一九八七年十一月，用他母親借他的一點資本，Cryos 正式開張了。這名字取自古希臘字「cryo」，意為冰霜。歐萊的事業沒有立即成功，不到一年公司就因收入不足而關門。「不過在那之後不久，丹麥的第一家私人生殖診所開張了——它名叫人魚診所（Mermaid Clinic），位於埃伯爾措夫特。」歐萊回憶。「我登門拜訪他們，然後迅速接下一筆大訂單。我馬上著手重整公司；因為買不起車子，我騎著腳踏車在城市中穿梭，到處貼海報來募集捐贈者，當時是一九九〇年。一週後，我聽說有人順利懷孕了，過了兩週，又有五個人懷孕了。然後其他診所的醫生開始打電話給我。我總回答他們：『今天就可以出貨，我可以派出快遞員，或是直升機。』。他們對我印象深刻。」

如今，Cryos 是世界最大的精子銀行，配送冷凍精子的範圍超過一百個國家，而 Cryos 送出的精子促成了超過六萬五千名嬰兒的誕生。其中一位捐贈者是個畫家，他把歐萊那奇異的夢境畫了出來。那幅畫現在掛在公司大廳，它述說著這間公司誕生的故事，也述說著無數生命誕生的故事。我在二〇一七年拜訪了 Cryos 公司，它看上去意外的普通，明亮、寬敞、很有設計感，就像任何一個成功的公司機構。但踏進實驗室後我才感受到，在這家公司裡面發生的事情是多麼的意義重大。實驗室裡有許多不鏽鋼桶，它們冒著白煙、閃爍著冷光，這些鋼桶裡裝著上千管冷凍精子——這些精子藏著無窮的可能，將來可能創造出成千上萬的生命。而現在它們密密實實地擠在鋼桶裡，彷彿在吶喊著：「選我吧！選我吧！選我吧！」

***

因為有這些精子捐贈者，原本無法生育的夫妻、單身人士或同性戀女性也有機會能為人父母。然而這些捐贈者是些什麼樣的人呢？他們是因為什麼原因決定捐出自己的精子？從一九四〇年代開始，精子捐贈就被用來治療不育症，而一九五三年第一個使用冷凍精子的嬰兒誕生於美國。儘管如此，一直到一九九〇年代，社會工作者和生育諮詢師才開始改變態度，提倡捐贈者不該保持匿名。在此之前，精子捐贈一直都隱藏在祕密的帷幕之後；年輕男性有些是看到學生公告欄的廣告，或是經由口耳相傳而得知徵求捐贈者的消息。大部分的捐贈者都是從大學裡找來的，其中很多是醫學院的學生。許多人自然地猜想，他們一定都是窮學生，只想藉此賺點「啤酒錢」。但是，這個猜想究竟是否屬實？

一九九三年，在所有的捐贈者都還是匿名的時候，英國的人類受精與胚胎管理局（Human Fertilisation and Embryology Authority，後簡稱胚胎管理局）委託我調查精子捐贈者的心態及捐精經驗。當時我就快要完成我首次以借精受孕的孩子為對象的研究，而我確實很想進一步了解這些捐精者；畢竟，他們是促成許多家庭形成的幕後功臣。胚胎管理局擔心，在不久的將來會有精子捐贈者不足的問題。有鑑於不孕不育的治療越來越普及，可以預想精子捐贈的需求會越來越大。而那時已有團體在施壓，主張政府應該禁止匿名捐贈。因此當局擔心，這個趨勢會使精子捐贈的短缺現象更加嚴重。所以胚胎管理局希望能了解精子捐贈者的動機，由此說不定能找到方法鼓勵更多男性捐精。

我們發現，酬勞其實只是誘因之一，助人之心也是重要的動機。雖然近乎三分之二的受訪者回答，如果沒有酬勞，他們當初不會去捐精，不過大部分的受訪者也說，他們確實想要幫助這些渴望有孩子的家庭。他們對受捐出生的孩子沒有太大的興趣，有一半的人不想知道是否有孩子藉由自己的精子誕生。三分之二的人說，如果知道這些孩子將來有可能找到他們，那他們當初不會選擇捐精。在丹麥，一位名為比約恩．貝的生殖醫療醫生和他的同僚也做了類似的研究。他的調查對象為一九九二年、二〇〇二年及二〇一二年在 Cryos 捐精的匿名捐贈者。他的研究結果與我很相近，不過他也發現，經過三十年，越來越多男性願意提供非特定性的個人資訊，例如教育背景、職業、個性及興趣等等。比約恩歸結，這是因為人們逐漸意識到，對受捐出生的孩子而言，這些資訊可能很重要。

越來越多國家明文禁止匿名的精子捐贈；有人擔心男性會不會因此而不願意捐贈精子。不過我們發現這擔心是多餘的。確實，在禁止匿名捐贈的法令生效後，單身的年輕捐贈者減少了；但是精子銀行和醫療機構將目標轉向另一個族群：年紀較大、已婚也有自己的小孩，而且不介意能不能保持匿名的男性。它們成功地募集到更多的捐贈者。自從歐萊・蕭創立了 Cryos 後，許多其他的精子銀行相繼成立。到了今天，不論是夫妻、同性伴侶或是單身女性都可以上網瀏覽詳盡的資料，然後按下幾個按鍵；很快地，精子銀行就會跨過半個地球，把你中意的捐贈者的精子送到你家門口。在二〇〇〇年，Cryos 售出的精子中，有百分之八十的買家是異性戀伴侶。僅僅十五年後，到了二〇一五年，只有百分之二十的買家是異性戀伴侶，百分之三十是女同性戀伴侶，而其餘一半的買家是單身女性。一部分的原因是有越來越多的女同性戀伴侶及單身女性利用精子捐贈組成家庭；另一部分的原因則是自一九九〇年代起胞漿精子注射（Intracytoplasmic Sperm Injection，ICSI）的技術日益成熟，醫生可以直接將精子注入卵子內受精，就算精子異常或量少的男性也有機會成功生育。許多男性受惠於這項技術，而不用求助於精子捐贈。

班傑明・詹森在二〇一二年第一次試著申請成為 Cryos 的捐贈者。然而他的申請沒有通過，因為他的精子數量未達標。他當時十八歲，是個明星足球員，有著豐富的社交生活。二十二歲時，他又再次試著申請，當時他已有一個一歲大的女兒，名叫克莉絲汀娜。這次，他通過了一連串嚴格的審查，包括詳細的身體檢查，分析血液、精液和尿液，以確定他健康狀況良好，而且不會遺傳疾病給下一代。班傑明當時是個學生，正在受訓成為老師。他會去捐精，一部分是經濟因素；不過另一部分的原因，是因為他朋友的兒子誕生於精子捐贈，班傑明跟他的妻子瑪伊目睹了一個孩子的誕生為母親帶來的喜悅。

班傑明知道至少有一個孩子誕生於他捐贈的精子，但卻不知道確切的數目。二〇一九年五月，我在Cryos位於奧胡斯的公司總部採訪班傑明。「我跟瑪伊常常討論精子捐贈的事情。」他告訴我，「我們認為傳下基因並不會讓你成為一個父親；要成為父親，必須要扮演應有的角色，給孩子應有的照顧。我並不把他們視為我的孩子。」班傑明跟瑪伊現在有三個年幼的孩子，而兩人還沒決定將來要不要告訴他們關於其他兄弟姊妹的事情。班傑明選擇做匿名捐贈者，這表示Cryos不會讓受捐者知道他的身分，他的精子也只會在允許匿名捐贈的國家販售。班傑明的一大擔憂是：有些國家沒有限制每位捐贈者能有多少小孩，他擔心他會有太多後代。「那是我最擔心的事情。」班傑明說，「我知道在丹麥，最多只能有十二個家庭使用同一個捐贈者，但在世界上其他地方，我會不會有更多小孩？這些小孩有一天會不會經由網路找到我？」

在禁止匿名捐贈的國家，選擇捐精的男性心裡已有準備，將來有一天受捐出生的孩子可能會跟他們聯絡。詹姆斯．庫珀就是其中一個例子。詹姆斯在二〇一七年成為精子捐贈者，當時他四十歲。他的童年很快樂，他在英格蘭西南部長大，家裡有父母還有一個姊姊。他從小成績很好，進到一流的大學攻讀政治跟經濟學，然後成為一名律師。但是詹姆斯有個遺憾，他過去的感情都沒有開花結果，而他很可能不會擁有屬於自己的孩子。「到了這個年紀，身邊的朋友不是已經有孩子，就是因為某些原因沒有孩子。我有朋友面對不育問題，也有朋友有同性的伴侶，或是沒有伴侶。這讓我開始考慮去捐精。我想要有小孩，卻沒有這個機會，我覺得去當精子捐贈者是個好選擇。」

經過一連串的檢查，詹姆斯被倫敦精子銀行（London Sperm Bank）錄取成為捐贈者，在那之後的幾個月他每週會去捐精。依法規定，如果有孩子借助他的精子而誕生，詹姆斯有權知道孩子的性別以及出生年分，不過他還未去申請取得這個資訊。他打算十年後去申請。十年後，或許很快就會有受捐出生的孩子開始試著連絡他。根據英國的法律規定，任何藉由精卵及胚胎捐贈出生的人，若是其出生日期在二〇〇五年四月一日之後，他們在年滿十八歲後有權得知捐贈者的姓名、生日以及最新的可知地址。因此，最快在二〇三五年，詹姆斯就可能會聽到命運來敲門的聲響。

詹姆斯成為精子捐贈者後兩年，我在倫敦精子銀行採訪他。我詢問他身為捐贈者的感受，他回答：「我希望有孩子因此誕生。然後如果真的有孩子誕生，我希望那孩子過得很快樂，我希望他們的父母也很快樂。我很歡迎將來他們跟我聯絡。那時，他們應該已經搞清楚他們真正的父母是誰；而對我，我猜他們只是好奇我們是否興趣相投。」

不過詹姆斯也是有些憂慮：「我擔心事情可能不會那麼順利。世界上有許多不快樂的家庭，也有許多不快樂的小孩，我真的不希望我造就這些不快樂。我擔心他們會認為我不該捐精，或認為自己的父母不該有小孩。我擔心他們對自己的人生不滿，或是我在不知情的情況下傳給了他們什麼遺傳疾病。」

在捐贈者的錄用過程中，捐贈者候選人都會被安排參加諮商。詹姆斯發現這些諮詢很有幫助；經過諮商，詹姆斯察覺到自己的動機其實不如原先所想的單純。他說：「我半開玩笑地對自己說，我去捐精完全是助人為樂。但是跟諮商師交談後，我承認其中有自私的成分，我也承認沒有自己的孩子讓我難過。做這些諮商讓我想得更深，然後真正明瞭，做為一個捐贈者，你不是孩子的父母。這些對話對我真的很有幫助，讓我釐清想法，歸納出正確的結論。

＊＊＊

在美國，政府對捐贈者匿名與否沒有特殊的規定。捐贈者的身分是否公開，由精子卵子銀行自行決定。許多藉由匿名捐贈者誕生的人會利用專門網站來尋親，例如雷恩・克萊姆及母親溫蒂所創辦的「捐贈者子女登錄系統」。對於許多受捐誕生的人，尋親的經驗非常美好。不過捐贈者本人又怎麼想呢？事隔幾十年，當藉由精卵捐贈而出生的子女找上自己，他們心裡作何感受？

如前述，我在二〇〇七年做了一項同捐贈者兄弟姊妹的研究。在進行這項研究的同時，我們也對捐贈者做了調查。我們的調查對象為：當初在匿名的條件下捐贈，日後卻在「捐贈者子女登錄系統」網站上公開身分的捐贈者。這些捐贈者大多想知道自己有多少子女，有些想進一步了解那些因自己而誕生的孩子。當受捐誕生的孩子主動聯絡上捐贈者，捐贈者大多很高興，也願意跟孩子保持聯絡。菲爾在「捐贈者子女登錄系統」網站上提供身分後，他受捐誕生的女兒凱羅琳聯絡上他。「雖然我們只是通了幾封電子郵件、信件跟照片，但這個體驗卻讓我感情翻騰，出乎我意料之外。這個受捐誕生的女兒竟然比我兒子還要像我。雖然我們找到彼此才一年，我們發現彼此的喜好出奇地相似，例如我們喜歡同一類型的書籍、音樂及舞蹈。真的很耐人尋味。」

不過，事情並不總是這麼順利。尼爾說，連絡上受捐誕生的女兒珠莉之後，一開始一切都很友善，但後來珠莉的媽媽斷絕了他跟珠莉的聯繫，這讓尼爾很難接受。許多男性在多年後開始擔憂，當初成為精子捐贈者是否是正確的抉擇；在捐贈當時，他們沒有充分考慮這影響有多深遠。馬克說：「我過了好一陣子才真正明白，藉由我的精子誕生的孩子真的如字面上的意義——他們是藉由我的精子而誕生的孩子。想到在某處，有這麼一個人對我一無所知，我感覺很糟。他們甚至可能覺得我遺棄了他們。」保羅也表達類似的擔憂：「多年後，我多少後悔當初所為。我終於理解到，在世界上可能有些孩子因我存在，卻毫無辦法知道我是誰。」

若男性在還年輕、單身時成為精子捐贈者，他們往往要等到有穩定的對象，甚至有了自己的孩子，才能體會到精子捐贈的意義有多重大。更不用說，藉由精子捐贈誕生的孩子會是捐贈者自己孩子的同父異母兄弟姊妹。這對一些捐贈者而言是個難題。榮恩說：「我太太對此備感威脅。

當我告訴我的孩子他們有同父異母的兄弟姊妹時，她非常生氣。」不過對於其他人，例如肯尼，這不是個問題：「我想要跟受捐誕生的孩子聯絡，不是為了有一天能見到他們，或是為了讓他們認識我這個遺傳上的父親。我這麼做是為了我十歲大的女兒，讓她有一天能跟兄弟姊妹們見面。」這對捐贈者的父母也有重大的意義。有些父母感到震驚和難過，他們有血緣上的孫子，卻沒機會認識他們；也有一些父母則感到很高興，特別是那些沒有自己的孫子的人。佛雷迪說：「我媽把他們視作家族的一員，她為此雀躍不已。除了這些受捐誕生的孩子之外，她沒有其他的孫子。我姊姊也很高興能當上姑姑。我很高興能認識這些孩子，我覺得自己非常幸運。」

* * *

我跟露依斯・萊恩相約於澳洲墨爾本。她接受我的訪問，分享她發現自己誕生於精子捐贈的經歷。而隔天，我又與她的捐贈者羅斯，以及羅斯的妻子卡洛琳見了面。他們也住在墨爾本，跟露依斯的家只相距幾英里。我不禁開始猜想，有沒有可能露依斯跟羅斯曾經在街上擦肩而過？或是在咖啡店、電影院並肩而坐卻不自知？他們兩人經過三十多年才終於找到彼此，而我卻在兩天內很輕易地見到他們，這種感覺非常不可思議。

羅斯和卡洛琳在一九七九年從廣播的廣告得知有人在募集精子捐贈者，兩人一致決定羅斯應該去捐贈。他們夫妻有兩個年幼的兒子，而他們想幫助那些無法這麼幸運得子的人。「我們有些朋友試了很久想生小孩，卻遲遲無法如願。」卡洛琳說：「我們對他們的傷心失望感同身受。」羅斯通過篩選，在一九八〇年成為精子捐贈者。當時募集單位對他保證，他會是完全匿名的，受捐出生的孩子永遠不會知道羅斯是他們的親生父親。

在那之後羅斯夫婦忙於自己的生活，養育兩個兒子，沒有再多想精子捐贈的事情。直到二〇〇九年，維多利亞州訂定新法的消息傳到他們耳中。從此受捐出生的孩子有權知道自己的捐贈者是誰，就算當初說好是匿名捐贈也一樣。「我們是有點震驚。如果有孩子連絡上我們怎麼辦？我們該怎麼對應？」卡洛琳說。「羅斯去捐精時我兒子都還很小，而且又是匿名捐贈，所以我們從沒告訴兒子們這件事。我們從沒預期會聽到來自受捐誕生的孩子的任何消息。這情況讓我有些緊張，我焦慮地猜想，不知道這些來認親的孩子對我們有什麼期待。」

最初幾年什麼事都沒發生。直到二〇一五年的某天，電話鈴聲響起，當時羅斯不在家，是卡洛琳接起了電話。那通電話是出生死亡及婚姻登記處（office of Births, Deaths, and Marriages）打來的，對方想跟羅斯說話。懷著不安的心情，羅斯回撥了電話：「辦事人員問我，我願不願意讓受捐出生的孩子知道我的個人資訊。我想：『如果那孩子發現自己的爸爸不是親生父親，我得去填補這個空缺。』我很樂意這麼做，於是我毫不猶豫地說『願意』。」不久後，羅斯受到一封信，來自某個他幫忙創造的生命。「信裡她寫了許多關於她自己的事情；關於她的種種，以及她經歷的人生。而在信裡她清楚地表達，她沒有期待從我這裡得到什麼。她就是露依斯！」

在尋根這件事上，露依斯非常幸運。羅斯是業餘的系譜學者，他寄給露依斯一串非常長的祖先列表——溯及兩千多位祖先。露依斯也告訴羅斯，她知道至少有十二個孩子誕生於羅斯捐贈的精子，其中有兩對雙胞胎。露依斯跟羅斯持續保持聯絡一陣子，但羅斯和卡洛琳自己的小孩卻還不知情。夫妻兩人知道不能再這樣拖下去，終究得讓兒子們知道。「我們決定把兩個兒子找來，同時告訴他們兩人。」羅斯說「我們跟他們說：『我們要舉行家庭會議，你們都得參加。』這一定讓他們心裡警鈴大作，因為他們毫無頭緒。或許他們以為爸媽要離婚了，或是中了彩券。那天我們把事情的原委告訴他們兩人，我們還跟他們說，他們有十二個同父異母的兄弟姊妹。」

自然地，我非常好奇羅斯兩個兒子如何反應。「老大變得很安靜，他沒有多說什麼。老二卻很興奮，他說：『噢！你們幫我找來了一個妹妹！我一直想要一個妹妹。』老二很快地接受這個新事實，毫不擔心，他太太也不特別介意。而幾天後，老大又跟我們聯絡，他說他不介意爸爸曾經去捐精，但不想參與這些尋親認親的事情。」

一旦羅斯夫妻跟兒子們坦白後，他們做好準備要見露依斯。「我們不斷思考見面時該說什麼，也擔心到時候大家會不會震驚到說不出話來。但是這沒有發生。」卡洛琳回憶道，「第一次見面時，我們溫暖地互相擁抱。」

很可惜，認親不一定總是充滿感動和喜悅。「維州生育局又去連絡了另一個受捐出生的孩子，但事情的發展卻很糟糕。」羅斯說，「那孩子接到生育局的電話時是中午休息時間，她坐在停車場的車子內。直到接起電話的那一刻，她對自己受捐出生的事毫不知情。」另一個家庭中，受捐出生的孩子和他哥哥是利用不同的捐贈者生下的，有一天別人送他哥哥尋根網站 Ancestry 的基因測試盒為禮物，這卻迫使他們的母親必須對兄弟倆坦承精子捐贈的事情。路易絲在維州生育局舉辦的活動中一眼認出這個半血緣的弟弟，姊弟關係發展得很順利。但另一個同捐贈者的妹妹情況卻不同，發現自己受捐出生對她的打擊很大，也把她的家庭攪得天翻地覆。

***

多數的捐贈者是透過精子銀行或是生殖診所捐贈精子，因此他們不知道接受這些精子的對象是誰。不過近幾年，透過專門網站徵求捐贈者的例子日益增加，在這個情況下，捐贈者可以直接跟受捐者連絡。找尋捐贈者的女性之所以會利用這些網站，通常有幾個理由：她們可能希望在小孩出生前或出生後能跟捐贈者保持聯絡；她們也有可能住在禁止匿名捐贈的地區，卻想要找匿名的捐贈者；她們也有可能是為了省錢而選擇這個方式。

二〇一四年，我的兩位同僚塔比莎．弗里曼和瓦桑蒂．賈德瓦，與網站「驕傲天使」（Pride Angel）開始一項合作調查。此網站是全球最大、最知名的捐贈者配對網站。塔比莎跟「驕傲天使」的經理在同一個委員會擔任委員，兩人因此認識。這個委員會由英國人類受精與胚胎管理局設立，目的在於檢視英國國內精卵及胚胎捐贈的實際狀況。而正好，兩人都有興趣想更加了解精子捐贈者：這些男性都是些怎麼樣的人？他們的動機是什麼？為什麼他們要用配對網站，而非其他傳統方法？配對、捐精後的結果又如何？如同去精子銀行捐精的男性，絕大部分在「驕傲天使」捐精的人都回答，捐精是為了幫助想要孩子的父母；其他的動機包括：想要留下自己的子孫；因為有認識受不育之苦的人；以及想要藉此了解自己的生殖能力如何。調查結果再次證實，金錢上的報酬不是主要動機。然而配對網站不像有執照的精子銀行和生殖診所，網站受到的規制較少，因此我們無從得知利用網站捐精的酬勞是多少。另外網站也有個骯髒的一面：在網站上幾乎半數的異性戀男性都寧願用所謂「自然受精」的方式捐精，不過大部分的女性都遵從網站建議，選擇用自我體內受精的方式，而拒絕動機不純的男人。

能夠從孩子一出生就保持聯繫，對一些捐精者而言是很大的誘因。特別是一些沒有自己孩子的男性，例如同性戀男性。我們採訪「驕傲天使」網站的捐精者時，許多同性戀男性說這是他們選擇這個網站（而非精子銀行）的主要原因。透過網站捐精的同性戀男性中，順利有孩子誕生的人半數以上與受捐家庭保持交流。

法蘭克是一名四十四歲的醫院職員，他和他的伴侶已登錄民事伴侶關係。他同意捐贈精子幫助一對女同性戀擁有孩子，雙方達成共識：他一年可以探視孩子一次，且一年兩次他會透過電子郵件收到孩子的近況報告和照片。法蘭克說：「我希望我能去他們家，多花一些時間跟孩子相處，讓孩子認識我，讓他知道他有個父親——或是類似父親的角色——在他的生命裡。這樣當他開始問：『我爸爸是誰？』的時候，至少事情不會太尷尬。」在法蘭克的幫助下，那對女同性戀伴侶生下了一對雙胞胎女兒。孩子誕生後過了一年，法蘭克花了比預期還多的時間與孩子相處：「我可以看著她們長大，我知道她們長什麼樣子，我會在背後守護著她們，而有必要時我會挺身相助。如果有一天孩子需要有人捐腎，她們知道要找誰。」

喬恩是一名醫護人員，他三十三歲，也是一名單身的男同性戀者。跟法蘭克相比，他參與更多孩子的生活。他時常去探視因他的精子捐贈而誕生的孩子，他會幫忙照護孩子，也會在各方面提供協助。我們問他，他如何看待與孩子的女同志媽媽們的關係，他說：「我們會自稱為『我們的小家庭』，所以我想，我們像家人吧。」如同法蘭克，喬恩認為孩子需要知道他是誰：「不是把嬰兒生下來就功德圓滿了。」喬恩說，「孩子的童年時光很短暫，而等他們長大，他們有權知道自己是怎麼來的。」

許多「驕傲天使」網站上的捐贈者抱持著相同想法。比爾說：「我認為，能知道自己的父親是誰對孩子比較好。等孩子長大一點，最好這個父親能誠實地回答他們的問題。」吉姆覺得孩子能從小跟生父接觸，對雙方都有好處：「我覺得當孩子到了一定的年紀，他們有權知道親生父親是誰。而捐贈者最好也能知道孩子是否平安健康地長大。」

然而，利用配對網站對捐贈者也是有風險的。如果透過精子銀行或生殖診所捐精，捐精者對孩子沒有法律或財務上的責任；而透過網路私下跟受捐者見面的男性則不受這樣的保護。而且，捐贈者跟孩子的母親有可能因為意見不合而鬧翻，之後就算捐贈者希望繼續跟孩子交流，母親也可以全面拒絕。網路上購買精子的女性也承擔著不少風險，其中幾個主要的風險包括：這些捐贈者沒有被要求做健康篩檢，而就算孩子母親對捐贈者幾乎一無所知，捐贈者將來不無可能要求成為孩子的法定父親。我們還不知道這些由網路配對而形成的關係長期上會如何發展；更重要地，我們也還不知道這種形式的精子捐贈會對孩子造成什麼樣的影響。

***

精子捐贈一直有一大隱憂：在沒有法律限制的國家，同一個捐贈者可能產生大量的後代。這會造成許多問題，例如同父異母的兄弟姊妹可能在不知情下結婚生子，因此意外造成近親結婚。在美國，美國生殖醫學學會的導則建議：在每個有八十五萬人口區域中，同一名捐贈者不該有超過二十五個小孩。但這項建議不具法律效力。根據我們及其他學者做的調查，實際的數字往往遠高於此。在二〇〇七年與「捐贈者子女登錄系統」合作的調查中，我們發現有一名捐贈者竟多達五十五名子女。在那之後我們還證實，擁有超過一百名子女的捐贈者案例存在。在英國，每位捐贈者最多只能有十個小孩，除非父母已經受捐生下了孩子，之後又希望再利用同一個捐贈者為孩子添弟弟妹妹，那才可以破例。但政府只能透過精子銀行和生殖診所追蹤孩子的數目；如果受捐者透過網路徵人，或是找熟人幫忙，那就無從追蹤管制。

在荷蘭有個出名的極端例子。一位醫生「路易斯」在二十年間到過三家精子銀行捐贈精子。由他的精子，至少誕生了兩百個孩子，甚至有人推測實際數目高達上千人。這位捐贈者現在已六十八歲了，他在三十幾歲時覺悟他恐怕不會有自己的孩子，他開始擔心在他死後沒有人會記得他。他長年獨居，並相信自己有自閉症，因此無法正常地與女性交往。二〇一八年《衛報》訪問路易斯時，路易斯說他刻意透過精子捐贈創造許多小孩，他希望有一天有孩子能找到他。二〇一一年在荷蘭的電視節目《誰是我爸爸？》的錄製過程中，他找到了第一個孩子，那之後的七年中他一共找到五十七個。路易斯很高興地接納了所有的孩子，不過不是所有的捐贈者都如此。許多捐贈者接二連三地收到子女的聯絡之後開始感到無所適從；或許最初幾個孩子聯絡他時他還很高興，但我們發現在「捐贈者子女登錄系統」網站上，子女的數目越多，捐贈者越傾向移除自己的帳號，或不再回應訊息。

＊＊＊

從一九八〇年代開始，體外受精技術逐漸成熟，不再只有男性能捐贈精子，女性也可以捐贈卵子。在早期，冷凍卵子的存活率低，體外受精通常只能使用新鮮的卵子。不過在二〇〇五年，玻璃化冷凍技術（vitrification，一種急速冷凍卵子的方法）有了重大突破，大大改善冷凍卵子的存活率。時至今日，凍卵技術已非常進步，用新鮮的卵子跟冷凍的卵子懷孕，兩者成功機率幾乎沒有差別。而世界各地開始建立卵子銀行，將卵子冷凍儲藏，待需要的人來使用。

近年來卵子捐贈的需求急遽上升，部分原因是由於晚婚的趨勢；女性很常到三十歲後半或四十歲以後才結婚，那時她們的卵子品質已經開始下降。也有些女性罹患早發性停經，或因其他原因導致不孕；也有同性戀或單身男性選擇利用卵子捐贈來擁有孩子。

卵子捐贈的過程比精子捐贈更複雜，對身體負擔更大，因此捐卵的報酬比捐精高出許多。在允許商業性卵子捐贈的國家，例如美國，捐卵的報酬在五千到一萬美金之間都算常見；有時，取決於捐贈者的外貌及條件，報酬甚至還能更高。在英國，每次捐贈的酬勞是七百五十英鎊，所有捐贈者一律同價。

在捐卵的過程中，捐贈者需要施打賀爾蒙以增加卵子數目，然後醫生會將取卵針穿過陰道，刺進卵巢，取出卵子。蘇珊娜．葛雷姆在二〇一〇年加入家庭研究中心的研究團隊，她是一名醫生，同時有人類學和生物倫理學背景。她在二〇一四年的研究中訪問了幾位在倫敦某生殖診所捐卵的女性，藉以了解她們的動機及捐卵經驗。她發現捐卵的主要動機是為了幫助不孕的女性擁有自己的孩子，報酬並非主要的原因。

普莉亞捐贈卵子時二十三歲。她從收音機知道這個消息，如同許多其他的卵子捐贈者，她周遭有親朋好友為不孕症所苦。「我親眼目睹兩個阿姨心力交瘁地想要懷孕。」普莉亞說，「我一直都夢想著以後要有小孩，我試著想像如果有人告訴我我不能有小孩，那會多令人心碎。」當時普莉亞還不想要有小孩，但是她想要幫助不孕的女性，讓她們有機會成為母親。

普莉亞說，就算沒有任何金錢上的報酬，她也願意捐卵。「我從收音機上聽到這個消息後，我開始查詢有關卵子捐贈資訊，原先我還不知道捐卵有報酬，所以我真的很驚訝！不過，我承認，去做一件你本來就願意免費做的事，還有錢可拿，這是挺好的。」

當克萊兒聽說卵子捐贈的消息時，她單身，而且正在受訓成為助產士。「為了檢察卵巢的狀況，許多病患來診所做掃描或做手術，這些女性往往已經試了好幾年還未能生下孩子。於是我想：『我三十歲、單身，我目前不需要我的卵子，而且我想要幫助別人，為何不試試呢！』」克萊兒擔心朋友們不支持她，所以她決定不跟朋友說，但她有跟家人說。她妹妹跟爸爸很支持這個決定，她媽媽卻很震驚：「我猜我媽的腦袋裡在想：『以後是不是會有一堆長得像妳的小寶寶在外面亂跑？』好在她後來想開了，也同意這是好事一件。」

第一次約談時，診所讓克萊兒填寫很多表格，之後診所又約她做進一步的篩檢、填更多表格、驗血，還有跟醫生約談。約談中，醫生跟她解釋捐卵的流程，並說明過程中會使用哪些藥物，以及如何自我注射。當掃描結果顯示時機已到，克萊兒回到診所接受取卵手術。因為有麻醉，克萊兒對手術沒什麼記憶，她只知道手術時間很短，而且不會痛。她一共取出了十四顆卵子。

如同精子捐贈者，卵子捐贈者也無從得知受捐對象是誰，他們頂多只能知道孩子的出生年分跟性別。但是克萊兒忍不住好奇：「我想知道受捐者是誰，他們長什麼樣子，做什麼工作，他們有沒有其他的小孩。我完全不知道我的卵子的下落，我真希望我能知道。」雖然克萊兒希望她能見見受捐者，不過對於可能由她的卵子誕生的孩子，她沒感受到特別的牽絆：「我相信這個牽絆應該存在於孩子與懷孕生下他們的母親之間。將一個卵子養育成人，然後繼續照顧他、愛他——這才是真正母親。如果我沒有捐卵，這些卵子也只會浪費掉。對我而言那只是一顆卵子，沒有更重大的意義。」

克萊兒和普莉亞一樣，她當初沒料想到會有酬勞，而即使沒有酬勞她也會選擇去捐卵。對克萊兒而言，捐卵的報酬是更個人性的：「我真的覺得這是在做好事，這讓我感覺很好。與其讓我的卵子白白浪費掉，我把它們捐給需要的人。這讓我覺得我是個很好的人。」

克萊兒的身分將來是可以追蹤的，因為她捐卵的時間在二〇〇五年之後，那時英國已禁止匿名捐贈。這表示受捐出生的孩子在成年後可以取得她的聯絡方式。我們問她，將來這些孩子有可能跟她連絡，她做何感想？克萊兒回答：「我很樂意跟他們見面聊聊，或許場面會有點尷尬，但我沒那麼擔心。我想我會跟他們見面，解釋我捐卵的前因後果，就這樣。我的重點會放在回答他們的問題上，而不是建立友情親情或是其他關係。」

由於捐卵對身體的負擔很大，卵子捐贈者總是不足；特別是在捐卵報酬很低的國家，例如英國。一九九八年，倫敦女性診所開始採用一個創新的方法來增加卵子捐贈，同時也可以幫助需要體外受精治療的女性。這個方法其實很簡單：接受體外授精治療的女性可以捐贈部分卵子；做為回報，診所會降低醫療費用，這稱之為「卵子分享（egg sharing）」。這方法看似雙方互惠，不過它也招致批評聲浪。英國醫學會反對這個方法，他們認為經濟狀況較差的女性為了做體外受精治療，會別無選擇地捐出卵子，這變相是榨取窮人為富人提供卵子。

卵子分享還有更大的問題：如果患者捐出部分卵子以接受體外授精治療，但療程卻失敗了呢？如果她們當初沒有捐出部分的卵子，成功的機會是不是更大？如果她們的受捐者順利產下孩子，她們自己卻失敗了，這些患者在感情上是否能接受看著自己的子女被別人扶養長大？根據人類受精與胚胎管理局的數據，大約百分之二十選擇卵子分享的不孕症患者面臨了這樣的情況。二〇〇八年《星期日泰晤士報》報導：「許多女性為了減低不孕治療的費用，而捐出自己一半的卵子。接受治療後，有上百人依然沒有孩子，卻有別的女人用她們的卵子生下小孩。」報導中引述一位生殖科醫生所言：「十八年後，其中有些女人可能還是沒有小孩，由別的女人生下的她們的親生孩子卻找上門來。我相信這些沒有孩子的女人會因此產生心理問題，這都是因為她們當初捐出了一半的卵子。」

目前英國依然允許卵子分享。為了了解這些選擇卵子分享的捐贈者真正的想法和感受，家庭研究中心的社會科學家則納普．古登與倫敦女性診所合作展開調查。調查對象為二〇〇七到二〇〇九年之間參與卵子共享的捐贈者。由於當時英國已經不允許匿名捐贈，這些捐贈者都知道，如果有孩子誕生於她們捐贈的卵子，孩子滿十八歲之後可能會跟她們聯絡。

一共有四十八位卵子捐贈者參與這項調查，其中三分之二在接受體外受精治療後成功生下了自己的孩子。調查發現，捐贈者參與卵子分享不只是為了節省不孕治療的費用，她們也想幫助身處同境的人。薇薇安的一席話代表了許多捐贈者的心聲：「出於兩個原因，卵子分享對我而言是最佳選擇：首先是我領悟到，那些連卵子都無法製造的女人肯定比我更加痛苦；其次是這能夠減輕我金錢上的負擔。」從許多捐贈者的發言中，可以看出她們對受捐者的同情。珍說：「我對受捐者感同身受。我們都渴望成為母親，我萬分樂意幫助另一個女人實現做母親的夢想！」

不管接受體外受精治療後有沒有成功得子，並不是每個參與卵子分享的捐贈者都想知道受捐者有沒有生下小孩。不過，大部分的捐贈者都歡迎受捐出生的孩子跟她們連絡。雖然有人臆測捐贈者跟受捐者之間會有很大的貧富差距——捐出卵子的一方較窮，而接受的一方則較富有，社會地位也較高——但事實卻並非如此。調查結果發現，捐贈及接受的雙方教育程度相當，而且大多擁有高專業性的職業。

調查中，我們特別關注那些自己的不孕療程沒有成功、受捐者卻生下孩子的案例。在我們的調查對象中只有五個這樣的案例，而且當事人不一定都知道捐贈卵子的結果。五位捐贈者中，沒有任何人對受捐者抱有負面的感情；甚至其中有三位，雖然自己的療程沒有成功，但對受捐者成功得子的事實非常豁達：「一開始我覺得有點難過，但是現在我想開了，我為別人做了非常了不起的貢獻。」另一位捐贈者說：「由於併發症，我的不孕治療沒有成功，但是我真心為她和她的家人感到高興。」

本次調查是對卵子分享的第一個研究。我們不否認，拒絕參與調查的捐贈者有可能對卵子分享抱有更負面的看法，但是根據調查結果，四十八位捐贈者中百分之九十二回答，她們很高興自己當初決定參與卵子分享。我們還不知道等到受捐出生的孩子長大了事情會如何發展——孩子們是否會聯絡捐贈者？而捐贈者，特別是如果她沒有自己的孩子，又會作何感受？——不過我們的研究確實顯示，至少在參與卵子分享之後的幾年，絕大多數的捐贈者都還沒有後悔。

＊＊＊

今天在美國，越來越多接受卵子捐贈的家庭知道捐贈者是誰，而捐贈者也或多或少參與了孩子的成長過程。因應這個趨勢，我們不禁提問：隨著受捐出生的孩子日漸長大，他們跟捐贈者之間的關係會如何發展？捐贈者跟孩子的父母之間會不會產生摩擦？而當孩子開始能理解他們跟捐贈者之間真正的關係時，他們作何感想？

二〇一三年，二十八歲的凱莉．哈格曼決定去捐贈卵子。當時她沒多想自己對受捐出生的孩子會有什麼感情。凱莉住在聖地牙哥，當時她正在受訓成為護士。平凡的生活中，某天她正巧看到一則募集捐贈者的廣告，於是她決定去試試。凱莉有個朋友去做過卵子捐贈，所以她多少有些概念，六千美金的報酬也非常吸引她：「聖地牙哥到處都是募集卵子捐贈者的廣告。」凱莉說，「所以我想，何不去試試看？如果一切順利，那或許是命中注定；如果沒有下文，那也無妨。」

於是凱莉寄了一份申請書給捐贈機構，其中包含凱莉的學歷、家庭背景、醫療紀錄以及照片，然後等待對方的回應。不出兩個禮拜，凱莉就接到捐贈機構的電話，他們說一對來自義大利的男同性戀伴侶選中了她，下一步她需要做全面檢查，包括基因檢驗。對方問她是否願意繼續，而凱莉同意了。她通過檢查，然後將生理期調整到跟代理孕母同步，這些步驟完成後，她在之後的十二天每天給自己注射賀爾蒙，然後在第十三天接受採卵手術。採卵手術比凱莉想得簡單，不過她在手術前開始有併發症，她有卵巢過刺激症候群，造成腹部積水。凱莉回憶：「情況很快地變嚴重，還挺嚇人的。醫生立刻給我麻醉，進行手術，他們清除了腹部的積水，四十八小時內我就恢復正常了。」

凱莉對選中她卵子的人幾乎一無所知，只知道他們是一對男同性戀。如果有可能，凱莉希望能至少見見他們，求個安心。不過對方沒有要求見面，所以凱莉猜想她永遠見不到他們。後來凱莉聽說，用她捐贈的卵子，代理孕母順利懷上一對雙胞胎，不過孩子出生時卻沒人通知凱莉。出乎凱莉意料之外，兩個禮拜後她收到一張卡片。「那是來自孩子的爸爸們的感謝卡。卡片裡有提到兩個孩子的名字──他們是龍鳳胎──以及他們的生日。他們還問我想不想見見孩子。」當時他們一家人還待在聖地牙哥，凱莉當天就訂了機票，兩週後去拜訪他們。「我待了一個週末，花了兩天跟他們相處。一年後我飛去義大利看他們，然後去年我們在巴黎相會，所以我每年都能見上他們一面。我們有加彼此的 Facebook，也會用 WhatsApp 聯絡。」凱莉感覺她跟那對雙胞胎的感情牽絆很深，她希望在他們成長的過程中雙方能一直保持聯絡。「我真的很喜歡他們！我愛他們，他們在我的心裡占了很重要的位置。」

幾個月後，凱莉又接到一通來自捐贈機構的電話，說又有人選中她當卵子捐贈者，這次對方是一名異性戀的單身男性，名叫亞當。凱莉有點猶疑要不要再捐卵，她擔心會再發生卵巢過刺激症候群，這個病症嚴重時可能致命。她也想在下決定前跟這位想成為父親的男人見個面，對方同意了。他住在洛杉磯，於是凱莉飛過去拜訪他，他們花了一天相處，好讓凱莉了解他的背景，了解他是怎麼樣的人。「他結過一次婚，但他的前妻不想要小孩。他一直夢想成為父親，真心想要孩子。」凱莉說，「於是我想，好吧，他看起來沒問題，那我就再試一次吧！」

凱莉第二次捐卵又產生了一對雙胞胎，而且又是一男一女，孩子們現在已經四歲了。這次她從一開始就跟孩子的父親保持聯絡，而且一年見這對雙胞胎四次。不過目前孩子還不知道她是誰：「他們只知道我是凱莉。小男孩都只顧著玩他自己的，不過我想小女孩知道我有哪裡不同。我對她的愛跟別人不同。我們之間有著很強烈的牽絆，即使她還不知道我是誰。她總是希望我多來看她，而每當我要離開時，她會問我何時再來。我想她很快就會發現我是她的什麼人。」

從凱莉第一次捐卵已過了五年，她現在三十二歲了。她不曾後悔捐卵，但是她承認，跟這些與她血緣相連的孩子們相處會引發一些複雜的情緒：「我絕對沒有後悔，我真的很高興我這麼做了。不過有時候，因為我們之間的牽絆，要面對這些狀況並不容易。一部分的我想要跟他們在一起，而另一部分的我單純地因他們的存在而快樂，能夠看著他們長大就感到滿足。只要他們健康快樂，我就很快樂了。」凱莉認為，與受捐者的家庭相識是正確的選擇。「不然我會開始猜想：他們在哪裡？他們是誰？是怎麼樣的人？我會不停地猜想。」凱莉說，「我會渴望得到答案卻求而不得，我想那是很折磨人的。」我問凱莉，她是否希望有一天能有自己的孩子，她回答：「當然了。或許我會只生一個，畢竟我年紀也不小了。不過我真的希望能有個孩子，一個我自己的孩子！」

當捐贈者捐出精子或卵子幫助別人生下小孩，這個小孩會是捐贈者的基因與受捐者的基因結合的結果。受捐者可能是捐贈者認識的人，或是全然的陌生人；不論如何，他們不是捐贈者的伴侶。但胚胎捐贈情況就不同了。捐贈的胚胎通常來自於接受體外授精治療的夫妻，他們在療程中產生了多餘的胚胎，於是將之捐給其他需要的人。藉由胚胎捐贈誕生的孩子，當初是有可能成為捐贈者夫婦的孩子的。

二〇一七年一月，一個下雪的寒冷夜晚，珍妮佛．維斯比躺在她奧瑞岡州波特蘭家中的床上，她先生湯姆正在她身旁熟睡著。同一時刻，在相隔三千多英哩的紐約，愛麗莎正要臨盆。在基因上，愛麗莎的孩子是珍妮佛跟湯姆的子嗣；珍妮佛夫婦有一對四歲大的雙胞胎，血緣上他們跟這即將出生的孩子會是同父同母的兄弟姊妹。「晚上十點我收到愛麗莎的簡訊，紐約那邊當時已經是半夜。」珍妮佛事後回憶，「因為暴風雪，原本計畫要陪愛麗莎生產的人都到不了，她獨自一人躺在紐約某家醫院的病床上，而我在波特蘭的家中，全無睡意。我專心回覆她的簡訊，希望她能感受到我的心與她同在。這一切感覺非常不真實。」

隔天早上，愛麗莎傳來她新生兒子的照片，「他跟我兒子剛出生時看起來一模一樣。」珍妮佛說，「但愛麗莎傳的是群組簡訊，所以我看著大家紛紛回覆『多漂亮的小嬰兒』、『他太完美了』……不是我不替愛麗莎感到高興，我是真的很高興，但當大家都在恭喜她時，我覺得自己像個隱形人。當別人都在誇獎她的兒子多漂亮多完美時，我覺得有些什麼哽在心裡；我只是希望有人也想到我。我毫不後悔，但當一個胚胎捐贈者比我想像得要難多了。」

珍妮佛和湯姆成為胚胎捐贈者的故事始於二〇一二年。那年他們生下了一對雙胞胎，在那之前夫妻倆嘗試懷孕已經五年，二〇一〇年還心碎地經歷了流產。「那是我人生中最難過的一天，」珍妮佛說，「我從沒忘記當時的感覺，我不知道我能這麼傷心。」經過許多心理調適，夫妻兩人決定再試一次體外受精。這次他們成功製造了三顆胚胎，兩個植入珍妮佛體內，順利產下雙胞胎。剩下的一個胚胎則暫時冷凍保存。

每年珍妮佛都會收到診所的來信，問他們打算如何處置這顆冷凍胚胎：要銷毀，還是捐作研究用？捐給別人？或是繼續付費保存？頭幾年珍妮佛忙於照顧孩子，無暇思考，於是兩人繼續付保管費，讓胚胎待在冷凍庫裡。直到孩子們四歲了，夫妻兩人終於有空開始思考這個問題。湯姆不想有更多孩子，他傾向於將胚胎捐去做研究。珍妮佛卻很猶疑。因為只有一顆胚胎，她實在難以決定：「我想，當只有一顆胚胎時，反而更難決定要怎麼做。很像那顆胚胎是一個人，而他應該有活下去的機會。所以要不我來生下他，不然就捐贈給別人來生下他。」珍妮佛有些擔心，藉由胚胎捐贈誕生的孩子會不會在那個家庭格格不入，或甚至覺得珍妮佛的家庭拋棄了他？但是，同時她也明白胚胎捐贈能給另一個家庭帶來多少快樂。經過長考，珍妮佛和山姆決定不生第三個小孩，也不把胚胎捐作研究，他們決定把胚胎捐給另一個家庭。

他們夫妻兩人非常慎重地為這顆珍貴的胚胎尋找理想的家。珍妮佛發現一個名為「等待奇蹟

（Miracles Waiting）」的網站，這個網站專門幫胚胎捐贈者與受捐家庭做配對。她感覺這個網站很適合他們，於是兩人在網站上發布了訊息——內容包括夫妻的資訊、照片以及對受捐者的期望——然後等待回應。每當有人表示有興趣，他們會回覆一份事先準備好的問題，請對方回答。「一對來自明尼蘇達州的夫妻最先給我們回答。」珍妮佛說，「幫胚胎找家有點像網路約會配對，感覺還真有點奇怪。那對夫婦喜歡打獵，我實在無法想像我的胚胎住在明尼蘇達州成天打獵！」

後來愛麗莎找上他們。她是一名單身女性，住在紐約。「開始讀她的回答時我正在廚房裡，讀著讀著我竟然哭了。我忘不掉當時的心情。」珍妮佛說，「當時我想：『就是她了，她是正確的選擇。』那完全是直覺反應。在我的眼前彷彿可以看到將來，我的胚胎長大成人，我們會保持聯繫，同時保有一定的距離；我感覺這是一個理想的未來，彷彿是命定的機緣巧合。」於是珍妮佛跟山姆進行下一步，跟愛麗莎約著用 Skype 面談。然後，從夫妻兩人在「等待奇蹟」網站發布訊息那天算起不出三個禮拜，兩人對愛麗莎說：「就是你了！」

珍妮佛收到愛麗莎懷孕的喜訊時，她正在波特蘭參加一個「聽媽媽說故事」的母親節活動。「那又是個令我終生難忘的一天！」她說，「收到消息時我正坐在台下，聽別的媽媽分享她們做母親經驗，那一刻我百感交集。」聽到愛麗莎懷孕的消息後，珍妮佛的心情很複雜：「我真的非常高興，但也感到害怕；老實說，我也有一點忌妒。我想我心裡有一小部分覺得，雖然捐贈是好事，但如果對方沒懷孕，我可以告訴自己：『好吧，我試過幫助別人了，現在我可以回去過我的生活。』一旦我知道愛麗莎懷孕，一切就真實了起來。我開始想：『我們決定了這個人的命運；我們決定了誰要成為他的母親，決定他要住在哪裡。從此，我們的人生中將多出這麼一個人。』」

***

生殖細胞捐贈技術的進步一日千里，現在不只精子可以冷凍保存，卵子和胚胎的保存跟捐贈也日漸普及。自從歐萊・蕭做了那個預言般的夢後，我們已經踏入過去所無法想像的世界。過去幾十年，捐贈技術趨於成熟的同時，我們也看到捐贈者的心態逐漸改變：最初幾年精子捐贈者對捐精造成的結果大多漠不關心，而至今許多精卵及胚胎捐贈者願意跟受捐出生的孩子保持聯絡，甚至有不少人選擇積極參與孩子的生活。許多國家對捐贈沒有管制，也有些國家雖然試圖管制，但是越來越多人透過配對網站徵求捐贈者，政府很難掌控這些捐贈者是誰、他們產生了多少小孩，以及小孩是否有他們的資訊。缺乏管制可能造成許多弊端；例如在一九七〇、八〇年代，有一名生殖科醫生偷偷地替換精子，將自己的精子用在患者上，至少有四十九個孩子因此而誕生。二〇一九年在加拿大又有一個類似例子，一名生殖科醫生用自己的精子或來源不明的精子讓患者受孕，這名醫生因此失去了他的醫師執照。這種欺騙的行為對受害家庭的傷害很大，而且影響深遠。我們迫切需要建立管理生殖細胞捐贈的機制；我們不只需要防止某一捐贈者產生大量的後代，我們也必須保護受捐的父母，以及保護捐贈者自身。

二〇一七年七月，珍妮佛．維斯比一家第一次與愛麗莎跟她的兒子相見，當時愛麗莎的兒子六個月大。珍妮佛一直在腦中想像著這一天，並給自己做心理建設：「我憂心忡忡地想：我會不會覺得他是我的孩子？當我抱起他，我會不會感到難以抗拒的牽絆？我會不會後悔？——我預期那場面會很情緒化。然而當我們到達約定的地點，在公園裡看到他們，我只覺得他是愛麗莎的孩子。那一天，我最大的收穫是一份心靈上的平靜。」

在那之後又過了兩年，兩個家庭同意持續保持聯絡。愛麗莎每個月會寄電子郵件給珍妮佛，讓她看看兒子的照片並分享近況，他們每一年也會見兩次面。「幾個月前，愛麗莎托我們照顧一下孩子，於是我、我先生還有孩子們跟那孩子共處了一陣；這番光景本來有可能是屬於我的人生。」珍妮佛說，「然而等到愛麗莎來接孩子，小傢伙看到她開心極了，而我也很高興把寶寶物歸原主。我心裡再清楚不過，她才是孩子的母親。」

Chapter 4

代理孕母
另一個母親

「女性為了經濟利益，而把自己的子宮當成別人小孩的培養器，這是違反人類尊嚴的行為。」

——《沃諾克報告書：關於人類受精與胚胎學的調查》，1984 年

「我覺得這是很棒的事。一個女人要把自己生下的孩子交給別人很不容易，我媽能夠做到，然後為別人帶來快樂，我覺得她很了不起。」

——凱特，當時十六歲，2013 年。
她的母親是一位傳統型代理孕母。

一九八五年一月四日，二十八歲的金・卡登（Kim Cotton）即將臨盆，她肚子裡的孩子將是英國史上第一個代孕寶寶。當她準備生產時，記者將這間位於倫敦北部的醫院層層包圍，而記者的人數還在持續增加。醫院內，在陣痛之間，社工連珠炮似地質問金：關於孩子父母的身分，以及與她合作的美國代孕仲介公司的資訊。這些問題金都不知道答案。孩子的父母已抵達英國等待孩子的誕生，但金不知道他們的名字，也不知道他們確切在哪。金是利用她的卵子以及孩子父親的精子人工授精受孕的，她跟孩子的父親從未見過面。她以為仲介公司把事情都處理好了，但現在仲介公司卻撒手不管，讓金以及那對來自歐洲的夫婦去面對種種複雜的法律問題。

社工固執地質問金，讓她備感壓力。她無法集中精神面對陣痛，疼痛變得難以忍受。在多年後，二〇一八年她接受訪問時，回憶當時的心情：「最令我難以接受的是，那些社工早就知道了。從八月他們就知道我是代理孕母，他們有好幾個月的時間可以來問我這些問題，或了解代孕的計畫。但他們非要等到我在陣痛了才來質問我。後來我逼不得已，只好把自己鎖在廁所裡，試著集中精神，適應陣痛。」

當天晚上，「卡登寶寶」終於誕生到這個世界上，她是名健康的女嬰。金只感覺大大鬆了一口氣，她很高興孩子總算平安無事出生了。她不覺得自己跟孩子之間有什麼感情牽絆，她也不覺得孩子是自己的。但金不知道，當她生產時，政府給卡登寶寶發了兒童保護令（place of safety order）。這表示孩子不能離開醫院，也不能交給真正的父母。這個消息讓金大受打擊。經過這麼多努力，這對夫妻這麼渴望這個孩子，金卻無法把孩子交給他們。金和她的先生傑夫在醫院陪了寶寶一晚，然後隔天早上她從後門偷偷離開醫院。離開時她窩在車裡，用毯子蓋住自己，以躲避守在醫院外面的成群記者：「我只能把寶寶留在醫院，自己離開，這是我做過最艱難的決定。我不知道什麼樣的命運等著她，我也不知道她能不能跟她的父母團聚。」

金回到她倫敦的家中，接下來她只能透過媒體報導得知卡登寶寶的消息。卡登寶寶出生四天後，一月八日星期二，她成了法院的受監護人。她的父母要獲得監護權，只有向高等法院提出訴訟。三天後，約翰．雷蒂大法官判定孩子的雙親是「一對充滿溫暖、關懷，而且明理的夫婦」，並將監護權判給他們。那個週末，卡登寶寶總算跟她的父母搭上飛機離開英國。他們順利躲開了記者耳目，回到歐洲，回到她的家。至今金都不知道卡登寶寶後來怎麼樣了，她甚至不知道她是誰。這麼多年以後，她還是覺得很遺憾，她被剝奪了親手將孩子交給她父母的機會：「我沒機會分享那份喜悅，感受我應得的成就感——畢竟我做了一件史無前例的大事。但沒有，當時的慘況只給我留下創傷。」

金的童年很快樂，她在倫敦北部長大，有兩個哥哥跟一個妹妹。她從小熱愛芭蕾，立志成為古典芭蕾舞者。十七歲時，她只差一點就被英國首屈一指的皇家芭蕾舞學院錄取，於是她放棄了這個夢想。十八歲時她與交往三年的男友傑夫訂婚，十九歲時結了婚。到了二十四歲時，她是一位全職家庭主婦，也是兩個孩子的媽媽。這時金在電視上看到報導，得知一個美國的商業代孕介紹所將在英國開分店，於是她對代孕產生了興趣。她覺得當代理孕母是件一舉多得的好事：她可以在家照護年幼的小孩，同時賺些外快，而且也可以幫助那些無法生小孩的夫妻。她可以得到六千五百英鎊的報酬，而為沒有小孩的夫婦生個孩子也是善事一件。金當時認為，除了她身邊最親近的家人朋友，其他人沒必要知道這件事。

但是後來一切都變了。仲介公司的負責人將消息發布給媒體，於是全英國都知道：英國的第一個代孕寶寶就要來了。報章雜誌的標題如〈出租子宮〉、〈嬰兒買賣〉，頓時輿論譁然。怎麼會有女人願意為了錢放棄自己生下的孩子？我們該容許仲介公司藉此獲利嗎？大眾開始急切地想知道這位代理孕母是誰。金知道她幾乎不可能繼續隱藏身分，因此她接受鄰居建議，在鄰居的幫忙下跟《每日星報》簽下合約。該報擁有獨家報導權，做為交換條件，他們會保護金的安全，並支付她一萬五千英鎊。自始至終《每日星報》都信守承諾。金生下卡登寶寶後，也是報社職員全盤策劃，幫助她從醫院脫身。

卡登寶寶事件在英國爆發後沒幾年，也就是一九八六年，美國又發生了轟動一時的「M寶寶」事件。在這起事件中，代理孕母瑪莉．貝絲．懷海德（Mary Beth Whitehead）拒絕把孩子交給威廉．斯特恩與伊莉莎白夫婦。斯特恩夫婦已支付了一萬美金，雇用瑪莉為代理孕母。雖然瑪莉事先簽署了合同，同意將小孩交給斯特恩夫婦，但是後來她轉變心意，發現自己無法放手。於是眾所矚目的斯特恩夫婦對瑪莉．貝絲．懷海德的訴訟戰開始上演。這是美國的第一件代孕糾紛，大家的焦點集中於：究竟誰該擁有孩子的監護權？跟英國的金．卡登女士一樣，M寶寶是利用父親的精子以及瑪莉的卵子，透過人工授精懷上的。因此在監護權訴訟中，瑪莉的律師強調，與親生母親分開不符合孩子的最大利益。而斯特恩夫婦一方則將訴訟的焦點集中於代孕合同的法律效力。

在紐澤西的下級法院，法官判定瑪莉必須遵守約定。法院將監護權判給斯特恩夫婦，並命令瑪莉必須將孩子交出來。瑪莉繼續提出上訴，最終紐澤西最高法院判決：委託者與代理孕母的金錢交易「潛在地污辱女性。此行為不合法，甚至該被視為犯罪」，因此代孕合約無效。瑪莉．貝絲．懷海德和威廉．斯特恩於是成為M寶寶的法定父母。法官同意孩子跟斯特恩夫婦一起生活比較好，因此將孩子的監護權判給威廉；而瑪莉身為孩子合法的母親，則擁有探視權。M寶寶真正的名字是梅麗莎．斯特恩。一旦梅麗莎年滿十八歲，她開始申請終止與瑪莉的親子關係，並將法定母親改為伊莉莎白．斯特恩。二〇〇七年，梅麗莎二十一歲生日的前夕，她接受了《紐澤西月報》的採訪：「我很愛我的家人，跟他們在一起我很幸福。我很高興我最終能跟他們在一起。在這個世界上，他們也是我最好的朋友。我想說的就只有這些。」

這兩樁極具爭議性的事件接連發生，引起國際上對代理孕母的反對聲浪。一個主要的爭議點在於，代理孕母受到的待遇令人擔憂（許多代理孕母希望被稱為「代孕者」，因為她們不認為自己是代孕寶寶的母親）。許多人將代孕視為剝削：窮困、社會地位低的女性為了賺錢而幫沒有小孩的有錢人生小孩，幾乎是變相販賣嬰兒。許多人對代理孕母抱著這種看法，甚至許多不同領域的學者也支持這個論調——其中有些是女權主義者，也有些是傳統家庭的擁護者——媒體更是大肆宣傳報導這種剝削之說。只有少部分女性主義學者持不同的意見；這群學者主要來自美國，他們相信，是否要為人代孕，女性應該有權利自己決定。一九八四年，影響重大的《沃諾克報告書》（*Warnock Report*）中論及代孕，也傾向認為代孕是對女性的剝削：「多數調查委員同意，就算在良好的醫療環境之中，代孕做為人對人的剝削的危險遠大於它帶來的利益……由於涉及金錢利益，代孕雙方之間的關係毫無疑問是剝削。」因為代理孕母的付出「更多、更個人、而且更私密」，比起精子捐贈，代孕面臨了更多的反對意見。

各報也都強調代孕的危險性，主張代孕不應該被用以做為獲得孩子的方式。一九八五年《星期日郵報》刊登了一篇文章，標題為〈別人的孩子〉。文章將代理孕母描述為婚姻中的第三者，聲稱她們會威脅代孕寶寶父母的婚姻。代孕的反對者表示，懷胎九月後，到了代理孕母得將孩子交出來時，她們很可能會後悔；而一旦孩子交到父母手上，孩子的父母就會切斷一切跟代理孕母的聯繫。

經歷M寶寶事件後，美國一些州完全禁止代孕，另一些則禁止商業代孕。只有少數州（例如加州）繼續允許有償的代孕以及代孕仲介。在英國，卡登寶寶事件發生後，國會加速通過《代孕協議法》（*Surrogacy Arrangement Act*），禁止商業代孕，但允許委託方支付代理孕母懷孕和生產的實際開銷。這個法規是西歐國家之中最寬鬆的，因此英國獲得了一個綽號，被稱為「歐洲的代孕首都」。直到今天，與其他國家相較，英國都還算是對代孕比較寬容的國家之一。

金．卡登跟瑪莉．貝絲．懷海德都是利用自己的卵子受孕，所以她們事實上是卡登寶寶及M寶寶的親生母親。這種形式的代孕稱為「傳統型代孕」（traditional surrogacy），也有人稱之為基因型代孕、直接代孕或部分代孕。體外受精技術成熟之後，醫生可以利用父母或捐贈者的精子卵子在體外製造胚胎，然後植入代理孕母的子宮裡。這個方式稱為「妊娠型代孕」（gestational surrogacy），又稱為宿主型代孕或完全代孕。

雖然金．卡登的第一次代孕經驗實在很難稱得上美好，但她沒有因此放棄當代理孕母。卡登寶寶事件後，無數信件湧進金的郵箱；有些是來自不孕的父母，希望能透過代孕擁有孩子，有些是來自其他想要成為代理孕母的女人。一九八八年，她創立了一個名為「COTS」（Childlessness Overcome Through Surrogacy, 代孕得子仲介所）的機構幫忙牽線，替想找代理孕母的人以及願意當代理孕母的女性做配對。三年後，一位代理孕母的候選人突然決定退出，於是金順勢頂替了她，再度成為代理孕母。一九九一年她生下一對雙胞胎，艾莉絲和奧利佛。她這次的經驗與前次全然不同。這對雙胞胎是用妊娠型代孕生下的，金覺得這讓事情容易很多。而她也有機會認識孩子的父母，他們在懷孕過程中一直互相保持聯繫；這次她也終於可以親手將寶寶們交到他們的父母手中。

「第二次的經驗跟之前完全不一樣。」金說，「當雙胞胎出生時，整個房間裡滿溢著喜悅，超乎我所能想像。那對夫妻第一次抱起孩子們時，他們臉上的表情永遠刻印在我的心中，那是無與倫比的一刻。這一次我能夠全程參與，親眼目睹這段超凡經歷的成果，那種感覺真的太棒了。」

***

一九九七年七月，我剛發表完一個以受過輔助生殖醫療的家庭為對象的研究結果，這項研究是在歐洲進行調查的，而研究的第二階段剛完成。此時，我收到英國政府來函，邀請我加入一個由三人組成的委員會，檢視代孕的相關法規。團隊主持人是曼徹斯特大學的法律學教授瑪格麗特·布拉澤，另一位團員是布里斯托大學的醫療倫理學教授阿拉斯特·坎貝爾。那幾年，社會上有不少引起紛爭或輿論的代孕案例，其中包括母親為親生女兒代孕，或是女兒為母親代孕的例子；也有一些委託者以「開銷」為名目，實際上在試圖提高代孕的報酬。政府希望我們加以探討，檢視現行的法規是否因應時局。

一九八五年制定的法律禁止商業代孕，本來的意圖是要降低女性成為代理孕母的誘因。然而我們發現，法律實施後，英國的代理孕母持續增加。我們訪談的對象中，許多代孕的女性不覺得自己受到剝削，她們反而覺得能幫助不孕的夫妻是一件值得驕傲的事。確實有少部分人僅把代孕視為解決財務問題的方法，不過更多人認為代孕是非常可貴的經驗。在美國，即使代孕只在部分的州合法，但從八〇年代中期到九〇年代後期，代孕的案例仍然持續增加。當時幾乎所有的代孕都是妊娠型代孕，即利用父母雙方的精卵製成胚胎，再植入代孕者體內。如此有機會減少代孕者想留住孩子的狀況發生，或當這樣的糾紛真的發生時，孩子的親生父母在訴訟中更站得住腳。

加入檢視代孕法規的委員會後，我訪談了許多代理孕母，以了解她們代孕的理由和她們的感受。這促使我用新的眼光來看待代孕。究竟，代理孕母是否都是些被經濟壓力逼得毫無選擇的女人？她們是否覺得把孩子交出來很困難？而一旦孩子被生下來然後交給父母，代理孕母是否有產生心理問題的風險？為了找尋這些問題的答案，在我的同僚瓦桑蒂·賈德瓦的帶領下，我們決定組成一個團隊，對代孕展開研究。二〇〇〇年，我們對由精卵捐贈誕生的孩子的家庭做了研究，當時我們也順帶對代孕寶寶的家庭做了一些調查。為了這項新的研究，我們需要募集更多研究對象，而以先前的研究為基礎，我們順利地募集到許多願意參與訪談的代理孕母。我們也求助金·卡登創立的COTS，當時它是英國唯一的一家代孕仲介公司。最終我們募集到了三十四位代理孕母，她們都在大約一年前有代孕生產的經驗。二〇〇二年，我們終於能夠正式開始研究調查。

我們的團隊親自登門拜訪這些代理孕母，詢問她們有關代孕的經驗，並試著了解與孕育九個月的孩子分離是否讓她們更容易罹患產後憂鬱症。三分之二的受訪者做的是傳統型代孕，如同金・卡登第一次的代孕；三分之一則是做妊娠型代孕，如金・卡登在第二次代孕時所做的。我們發現，她們成為代理孕母的理由各有不同。有一位受訪者說她完全是為了錢。其他人的理由則混雜著經濟因素和個人因素：為了幫助沒有孩子的夫妻完成想當父母的夢想、想要做一件有意義的事來獲得成就感、甚至有人是因為想要享受懷孕的過程，卻不想要再有更多小孩。沒有任何一位代理孕母在把小孩交給父母時有所遲疑，或是覺得很困難。她們都讓自己在心理上保持一定的距離，也不把代孕寶寶視為自己的孩子。就算是跟寶寶有血緣關係的傳統型代孕者也不例外。

我們請受訪的代理孕母回憶生產後的情形，大約三分之一的受訪者回答，把寶寶交出去後的頭一星期她們會感到情緒低落，不過情況並不嚴重，而且也很短暫。海登說：「老是有人問我會不會想念那孩子，我不會，因為他從來就不是我的孩子。我會懷念那九個月間所享受的友情：當你肚子裡有別人的孩子，他們會殷勤地打電話關心你，也會常常來看你。小孩出生後，這些人也會隨之疏離。你可能不特別想念小孩，卻會想念那份友情。以我來說，我是覺得有那麼點空虛。」一年後我們再度訪問這些代孕者，其中只有兩位受訪者面臨心理問題，而沒有人有產後憂鬱症。雖然許多人臆測，使用自己卵子的代孕者會更難與孩子別離，然而我們發現，與妊娠型代孕者相較，與孩子有血緣關係的代孕者並沒有面臨更多的心理問題。

不同於大眾所猜想，代孕的委託者——也就是孩子的父母——並沒有在接手孩子後就跟代理孕母斷絕聯絡。在懷孕的過程中，這些代理孕母跟孩子的父母建立起親密的友誼，而一年後我們採訪時，大部分的受訪者都還跟代孕寶寶的家庭保持聯繫。海登說：「當代理者最大的收穫，是可以看到寶寶出生那天父母臉上的表情。直到今天他們還是會擁抱我，跟我說『謝謝妳』。」

反代孕人士強調，代孕可能造成長期傷害。代孕者是否會在幾年後後悔？是否會在未來面臨心理問題？代孕的經驗是否會對代孕者的家庭，包括她自己的小孩，造成不良影響？一九九〇年，一份英國醫學會的報告中寫道：代孕寶寶出生後被帶走，這可能會對代理孕母自己的孩子造成傷害。《時代雜誌》在報導中也寫道：「關於代孕，其中幾個問題包括：代理孕母可能會想留住孩子；委託代孕的父母可能拒絕接收孩子（例如當發現孩子有先天障礙時）；交出孩子後，代理孕母有可能感到喪子般的痛苦；而代理孕母自己的孩子可能會有類似失去弟弟妹妹的感受，因此大受打擊。」

為了實際了解這些問題，瓦桑蒂．賈德瓦和蘇珊．伊姆里的研究團隊在近十年後再次訪問當年參與研究的代理孕母。團隊順利連絡上許多當年受訪者，同時他們也募集了一些新的受訪者；所有的受訪者都在十年前與代孕寶寶分離。除了訪問代理孕母，如果代理孕母有十三歲以上的小孩，團隊也訪問了這些孩子，以了解他們對母親參與代孕的想法。

瓦桑蒂和蘇珊發現，大部分的代理孕母都還跟委託家庭保持聯絡，一年見面一兩次。她們大多對現狀很滿意，只有極少數代理孕母覺得自己跟代孕寶寶的聯絡不夠多。談到與委託家庭（代孕寶寶以及父母）的關係，她們的反應都很正面，表示與委託家庭相處得很愉快。幾乎所有的代理孕母都說代孕寶寶的父母是她們的朋友，他們之間的關係很親密也很真誠，相處狀況自然輕鬆，而且能夠感受到彼此的信任與支持。傳統型代孕與妊娠型代孕的代孕者對寶寶的感覺沒有太大差別。確實有較多（但不是全部）的傳統型代孕者感覺跟寶寶之間有特殊的連結。露西形容道：「她對我而言很重要。我不感到母性本能，但是我很愛她。她永遠是我心中特別的小女孩。」凱說：「我想她對我永遠都會是特別的，也會在我的生命中占重要的一部分。」

代理孕母自己的小孩中，大約一半跟委託家庭有接觸。他們通常把代孕寶寶當作弟弟妹妹，或是半血緣的弟弟妹妹，不論他們跟代孕寶寶是否真的有血緣關係。由於缺乏適當的詞語來稱呼他們的關係，有些代孕者的小孩會自創新詞，例如「代孕妹妹（surrosister）」「同肚妹妹（tummy-sister）」。莉莉的母親做過傳統型代孕也做過妊娠型代孕，她這麼形容跟代孕寶寶的關係：「我跟他們很親近，但我們的關係真的蠻特殊的。他們不是我的弟弟妹妹，更像是表弟妹，我總是很興奮能見到他們。」

我們的研究是首次有研究者訪談代理孕母的小孩，並試著從他們的角度來了解代孕的經驗。即使有不少人擔心母親代孕的經驗會給孩子帶來創傷，但在瓦桑蒂和蘇珊訪問的對象中，沒有人對這個經驗感到不滿。相反地，大部分的孩子都很支持母親的決定，他們認為母親能幫助其他不孕的女性是值得驕傲的事。瑪莉受訪時十六歲，在她小時候母親做過妊娠型代孕的代理孕母：「我覺得幫助別人是很好的事。可以想像，如果有人真的很想要小孩，卻無法生小孩，那一定很難過。所以如果有人願意幫助他們、代替他們懷孕，那真的是充滿慈悲心的表現。」克洛伊同樣是妊娠型代孕者的女兒，今年也是十六歲。她跟瑪莉的想法很相像：「我覺得這是件很棒的事。我媽為了給別人帶來快樂，經歷了這麼多；我覺得一個人願意為別人付出這些，真的非常讓人佩服。」

***

很遺憾，有些代孕的故事卻演變成理不清的爛帳。有時代理孕母會改變主意，不願意把寶寶交出來（例如前述的M寶寶事件），這個狀況對代孕者及委託者而言都是非常痛苦的。有時是在懷孕過程不幸發現胎兒有缺陷，而代孕者跟委託者無法同意是否要終止懷孕。或是有時代孕者懷上多胞胎，而代孕與委託雙方無法達成同意是否減少胚胎的數目。幸好，此類的爭議很少見，而且通常這些產生問題的情況，都是代孕者與委託者想靠自己來解決問題，雙方之間缺乏第三方做調解。若代孕過程中有可靠的代孕組織或仲介協助，讓雙方受到嚴格的規範保護，大部分的情況下，代孕的經驗都是充實美好的。

莎拉．瓊斯是單親媽媽，有個六歲大的女兒夏綠蒂。莎拉在兒童之家工作，她們母女住在英格蘭北部的一個小村莊，就近有許多家人及朋友。二〇〇三年，二十五歲的莎拉懷上了她的第一個代孕寶寶蘿絲。起初莎拉在報紙上看到的是募集卵子捐贈者的廣告，她好奇地上網查詢「卵子捐贈」以了解更多，然後她很快地發現，除了捐贈卵子，她還可以成為代理孕母。如果莎拉去捐贈卵子，依據當時英國的法律限制，她無法知道卵子的受捐者是誰；但如果她成為代理孕母，只要雙方同意，她跟委託方可以持續保持聯絡。這比卵子捐贈更吸引她。莎拉越理解，越覺得代孕才是她想做的事。她放棄捐贈卵子的想法，決定成為傳統型代孕的代理孕母。「我想傳統型代孕其實跟捐卵很像，只是你參與的更多！你會知道受孕的結果，也會跟委託家庭保持長期聯絡，這些在我看來都是好處。」

莎拉在英國代孕機構（Surrogacy UK）主辦的午餐會上認識了麗莎和東尼。英國代孕機構創立於二〇〇二年，它的目標是以建立長久的友誼關係為前提，讓代理孕母跟委託家庭互相認識。這場相遇改變了三人的命運。莎拉說：「我在麗莎旁邊坐下，一坐就是好幾個小時——我們一聊起來就完全停不下來！我們甚至沒有聊到代孕的事，只是聊著彼此的家庭，還有生活體驗。通常我有點怕生，能跟陌生人這樣閒聊好幾個小時，表示我跟她相處時心情很放鬆。我跟麗莎的先生東尼也處得很好。」那次會面後，莎拉真的很想幫助這對夫妻，於是她跟英國代孕機構聯絡，表達她的意願。而她很快地得到回音，麗莎跟東尼也同樣覺得跟莎拉非常投緣。

接下來的幾個月，他們每兩個禮拜見面一次，以便多認識彼此。莎拉也會帶著女兒夏綠蒂一起參加這些聚會。「我們真的很投緣，每次見面聊天都像是見到認識多年的老朋友，我甚至覺得，他們是我最好的朋友。」莎拉如此回憶。然後，雙方終於下定決心開始代孕療程，用東尼的精子給莎拉做人工授精。當發現莎拉順利懷孕時，所有的人都雀躍萬分。懷孕的過程中兩家人依然保持每兩週見一次面；而蘿絲誕生時，麗莎和東尼都在場。「生產的過程挺容易的，因為我感覺有點像旁觀者，彷彿在看著別人生產。」莎拉說。「我的朋友終於得到他們的寶寶了，我覺得很滿足。我不覺得蘿絲是我的孩子，對此我毫無疑慮。」莎拉完全不覺得後悔。相對地，她說她感覺到巨大的成就感。

在那之後過了十五年，兩家人依然很要好。「他們一直把夏綠蒂跟我當作家庭中的一分子，懷孕過程中是如此，之後也沒有改變。」莎拉說，「從一開始我們就知道，我們會從此在彼此人生中占據重要的一部分。時至今日，他們依然是我最好的朋友。」雖然夏綠蒂和蘿絲的年齡有些差距，她們的感情卻一直很要好。她們從很小就了解兩人是什麼關係，現在即使沒有父母介入，她們也會互相聯絡。

首次代孕的經驗令莎拉非常振奮，甚至在蘿絲出生之前，她就決定要做第二次。她對這項新使命充滿熱情——幫助那些無法生小孩的女性成為母親。對莎拉而言，代孕不只帶來金錢報酬，她還感到一種使命感。有些夫妻伴侶除了借助代孕，沒有其他能成為父母的方法，莎拉想為這些人帶來快樂，帶給他們期待已久的孩子。蘿絲出生後三個月，她聯絡了另一對夫妻，表達願意當傳統型代孕者的意願。她跟這對夫婦也是透過英國代孕機構相識，彼此認識已有兩年之久。於是在二〇〇五年，莎拉的第二個代孕寶寶潔西卡誕生了。如同莎拉的第一次代孕，她跟潔西卡一家至今依然保持著聯絡。

潔西卡出生後一個月，莎拉的人生有了意想不到的轉變。在某個宴會上，她認識一位男士，而日後他成了她的先生。莎拉結婚後跟她先生又生下兩個孩子，一個女兒，一個兒子。不過雖然莎拉有了先生，還有三個孩子，她對代孕的熱情依舊不減，而莎拉的家人都很支持她當代理孕母。同樣經由英國代孕機構，莎拉認識了一對男同志伴侶，查理和麥特。二〇一三年莎拉為他們生下兒子裘德，三年後又為他們生下女兒珍妮佛。「我前兩次代孕的經驗都非常美好。代孕不是我的全部，但它無疑是我人生中重要的一部分。所以當我不想要再有自己的孩子後，繼續做代孕是很自然的選擇。」

莎拉是參與我們的研究的代理孕母之一。二〇一八年，當我再聯絡上她時，她有三個自己的孩子，並為三對不同的委託者生了五個小孩；這些代孕寶寶都是用她的卵子受孕的。此時莎拉四十歲，我以為她的代孕生涯已經告一段落，但一問之下，我發現我錯了。「我以為珍妮佛會是我最後的代孕寶寶，生下她之後，我已經很滿足了。」莎拉說，「但後來，我聽說有一對多年的好友在找代理孕母；他們透過代孕已有一對雙胞胎兒子，而正打算用同樣的方法再生一個孩子。他們今年一月在英國代孕機構登錄了資料，我想：『等到六月，如果他們有找到代理孕母，那就太好了，但如果他們到時候還沒找到，那我會來認真考慮看看。』然後事情就這樣發生了。我們下個月要開始代孕的療程。這絕對是我最後一次代孕了！」

莎拉不是唯一一個多次代孕的代理孕母。瓦桑蒂和蘇珊的訪談對象中，有三分之二的代理孕母不只代孕一次，而幾乎三分之一代孕過三次以上。代孕創造的不只是孩子，它同時也造就友誼與感情的聯繫，莎拉說：「我大部分的朋友都是代孕者或代孕的委託者。我確實也有在學校，或是在職場認識的朋友，但最多還是透過代孕認識的。」

代孕在英國受到嚴格的規範，政府也強力鼓勵代孕者與委託者之間建立穩固的友誼。或許是這個政策的功勞，促成莎拉幾次美好的代孕經驗。不過近幾年，越來越多委託者轉向海外尋找代理孕母，主要的原因是這些低所得國家代孕費用較低，法律限制也少。幾個熱門的國家包括亞洲的印度、泰國、柬埔寨、尼泊爾，以及東歐的波蘭、烏克蘭、喬治亞。這個趨勢再次引起世人的疑慮，擔憂代孕會變成對貧窮及弱勢者的剝削。

***

二〇一四年四月一日早上十點半，在孟買郊外的一家醫院，拉克希米・帕特爾剖腹產下一名女嬰。她懷孕的過程很辛苦，寶寶還早產了一個月。從醫院的綠色遮簾後面，她可以聽見寶寶的哭聲，她卻不被允許見到她懷胎九月產下的孩子。醫護人員很快地把孩子交給她的父母——一對為不孕症所苦的澳洲夫妻。他們專程來到印度，就是為了能經由代孕擁有自己的孩子。拉克希米只希望她能親眼見到寶寶，然後把她抱在懷裡一次。她並不想要把寶寶留下來，她已經有兩個自己的孩子了。「我知道她是他們的孩子，一旦出生，寶寶就屬於他們。我已經有兩個自己的孩子了，這對我而言不成問題。我只是想要一張寶寶的照片，只要一張照片，那會讓我多快樂啊。」那對澳洲夫婦將啟程返國的那天，他們來探望拉克希米，卻沒有帶著寶寶。因為語言隔閡，雙方無法直接溝通，不過拉克希米感覺得出他們是好人，這讓她放心不少。不過很遺憾地，她沒能把寶寶的照片留下來。「他們只給我看了照片。」拉克希米說，「如果他們把照片給我，我會把它裱起來好好保存在家裡。」她常常想起她在二〇一四年生下的小女孩，她從未停止希望有一天能與她相會。

拉克希米出生在孟買，她跟她的父母、兩個姊妹以及弟弟住在戈爾岡區一個擁擠的貧民窟內。他們的房子是磚造的，這跟鄰居們相比算好的——在貧民窟中大部分的人都住在泥造、或是塑膠板拼湊成的房子裡。拉克希米的父母製作甜點維生，她跟她的兄弟姊妹都有上學，這跟其他家庭相比已經很不錯了。但是厄運接二連三地襲來，先是拉克希米的母親驟逝，而後父親也跟著過世了。拉克希米和她的兄弟姊妹從此孤苦無依。於是拉克希米的外婆把她帶回故鄉，卡納塔卡邦的某個村落，然後幫拉克希米找到結婚的對象。拉克希米結婚時十二歲。十八歲時，丈夫跟她離了婚，拋下她和兩個年幼的孩子，跟別的女人結婚。

拉克希米二十三歲的時候第一次聽說代理孕母這回事。透過她阿姨的介紹，她認識了一位代孕仲介公司的員工。當時拉克希米為了養家苦苦掙扎。她在戈爾岡的購物中心工作，一天工作十二小時；每當有機會時，她會為婚宴做外燴貼補家用。拉克希米當代理孕母的酬勞可以讓她付孩子的學費，也可以讓弟弟去上大學，學習如何修理冷氣跟冰箱。有這筆錢，她也可以租到更好的房子。生下代孕寶寶後過了五個月，拉克希米回到購物中心工作，她的工作是推銷麵粉，一天工作九小時。她對代孕的感覺很複雜：一方面，代孕的報酬對她的家人是莫大的幫助，她為此覺得很滿足；但另一方面，她覺得不被尊重。代孕仲介要求代理孕母們有幾個月必須住在公司安排的代孕之家，拉克希米不喜歡那個地方。代孕仲介答應拉克希米會給她一張寶寶的照片，這個承諾也沒有實現。「代孕給我帶來好的影響，但也有壞的影響。」拉克希米說，「我有一整年不能工作，這段時間他們每個月給我的錢不夠我養活兩個小孩跟付房租。因此我必須離開代孕之家去照顧孩子，就因為這樣，他們扣了我一部分的代孕報酬。我跟他們說我想跟負責人談談，但他們拒絕了我的要求，說負責人沒時間見我。」

我們的團隊成員妮希塔・蘭巴與科里恩生殖診所合作，二〇一五到二〇一七年間在印度進行了首次對代理孕母心理狀況的研究；拉克希米是其中一位受訪者。妮希塔在德里長大，她在德里及紐約接受教育，成為心理學家。她在二〇一四年以博士生身分加入我的團隊，接受瓦桑蒂・賈德瓦和我的親自指導。當時，外國伴侶到印度借腹生子的潮流逐漸引發爭議。二〇〇四年，國際媒體大肆報導一則故事：一位住在古加拉特邦阿南德市的女性為她住在英國的女兒和女婿代孕，順利生下一對雙胞胎。在那之後印度很快地成為國際代孕的熱門地點。印度只允許妊娠型代孕。對許多夫妻而言，要生下親生孩子，妊娠型代孕是他們唯一的希望，但在他們自己的國家不是受到法律禁止，就是他們無法負擔療程費用。如此一來，去印度尋找代理孕母是最佳的選擇。就算在英國不允許商業代孕，但體外受精的手術費、法務費、代孕者的開銷等等加起來，費用還是相當可觀。目前在印度，代孕的費用相較之下還是便宜許多，法規限制也少，而且代孕委託者的名字可以被記在孩子的出生證明上；加上當地有許多女性生活赤貧，代孕的報酬堪比她們十年的收入，成為代理孕母的誘因可想而知。印度代孕產業的商機高達數十億美元，但相關機構中卻鮮少有人關心代理孕母可能受到的傷害，或是貧富差距造成的倫理問題，以及代孕者與委託者之間的種族、社會階級跟文化差異。

妮希塔和瓦桑蒂注意到世人對代孕的擔憂，知道許多人將代孕視為有錢的外國人對貧困甚至不識字的印度女性的剝削。兩人希望能了解這些代理孕母本身的想法，並了解代孕是否對她們造成心理傷害。妮希塔透過孟買的一家生殖診所訪問了五十位代理孕母，她們都已懷孕，而且委託者都是來自國外的夫妻伴侶。她同時利用公立醫院訪問了六十九位孕婦作為對照，她們不是代理孕母，懷的是自己的孩子，卻與受訪的代理孕母有相似的社會經濟背景。藉由比較這兩組受訪者，研究者可以更清楚了解，如果受訪者有一些心理健康上的問題，那是否由代孕造成？或者這其實是經濟及社會上的弱勢造成的普遍性問題？

妮希塔第一次訪問這些代理孕母及孕婦時，她們都在懷孕的中期或晚期。她檢視受訪者的焦慮、憂鬱及壓力指數，也詢問她們與胎兒情感牽絆的情形。她訪談代理孕母決定代孕的原因、她們的感受，以及她們的經歷。等到受訪者生產後四到六個月，妮希塔再次訪問她們。這次她把焦點集中在回顧她們的經歷，以及檢視她們的心理狀態。妮希塔發現，在懷孕期間，代理孕母比普通的孕婦更感憂鬱，直到生產過後依然如此；但是出乎意外地，跟普通孕婦相比，生產後代理孕母的憂鬱程度沒有特別加重，這顯示她們的憂鬱或許源自於生活環境中的種種不如意，而非與寶寶分離。一位受訪的代理孕母妮塔說：「我們都是遭遇生活上的困境才會來這裡，沒有人是開開心心地來的。這裡的每個女人都有她自己的問題，她們被那些問題逼得不得已才來。要是家庭美滿，為什麼要來做這個？」這些女性成為代理孕母都是為了金錢報酬。這筆錢可以為她的家庭買個房子，或供應她的孩子上學。

許多媒體特別關注印度的代孕中心，代理孕母在懷孕期間通常會被要求住進這些設施。二〇一六年四月，《衛報》刊登了一篇對印度代孕中心的報導：「這些女性住在擁擠的環境內，什麼時候吃飯、喝水、睡覺都被嚴格控制。」然而在我們的研究中，有不少代孕者表示，她們不討厭在代孕中心的生活。在那裡代理孕母們會互相照顧，她們可以帶著自己的孩子一起入住，也交到不少朋友。另一個好處是，住進代孕中心可以避人耳目，隱藏身孕，免得遭受親朋好友、左鄰右舍的反對或流言中傷。所有的代理孕母都或多或少隱瞞代孕的事情；有些人假裝去鄰鎮做家庭幫傭，以解釋為何幾個月不見蹤影。其中一位代理孕母帕爾芬說：「我媽媽會幫我隱瞞，說我出去工作，去看岳父母，或是有事去其他地方；我們說了上百個謊言，就為了隱藏一個事實。」

跟我們在英國做的調查結果相同，印度的受訪代孕者跟代孕寶寶沒有特別的感情連結，與寶寶分離也不特別困難。但沒有任何一位印度的代理孕母能在生產後親眼看到寶寶；大部分受訪者在生產之後跟寶寶完全沒有聯絡，這跟富裕國家對代孕者的待遇截然不同。在富裕國家，這樣的待遇無疑被視作違反人道。如同拉克希米，許多代理孕母希望她們至少能有一張寶寶的照片，但是只有四分之一的人能夠達成這個願望。這讓她們非常傷心失望。「我只見過委託父母一次，他們甚至沒有讓我看一眼寶寶的照片。」帕爾芬說。「他們連這一點事都不願為我做，我為他們生下這個他們盼望了十八年的孩子。他們一定認為我會帶著寶寶逃跑。如果我要逃跑，我大可在孩子還在我肚子裡的時候這麼做。他們不想讓我見孩子沒關係，但是至少給我一張照片吧。」

少部分的代孕者有機會見到委託父母跟寶寶。這些人比起其他代理孕母快樂很多，這顯示委託父母擔心代理孕母會想留住寶寶完全是多慮了。我們發現，讓代理孕母跟寶寶見面其實有相反的效果：這會讓孕母感到滿足，幫助她們為懷孕、生產以及分離的一連串過程畫下句點。莎莉塔代孕生下一對雙胞胎後，很幸運能親眼看到寶寶們，她說：「在見過孩子之後，我覺得我可以接受跟他們分離了。不然我會不斷猜想他們的模樣、他們的長相。現在我覺得內心很平和，畢竟我孕育了這兩個寶寶九個月，我至少有權利看一眼他們的小臉。」

二〇一五年夏天，我跟瓦桑蒂偕同妮希塔造訪孟買。我們此行想了解她研究進行的狀況，並訪問代孕診所的負責人和職員。我們在炎炎夏日中一路顛簸，跨過半個城市來到一棟建築物前，這棟三層樓高的房子看起來很現代化，但卻有些隱蔽；它離喧囂的大街有些距離，連大門都不太醒目。我們拐個彎踏上二樓，將腳伸進一個機器裡，讓它用塑膠套包住我們的鞋子，然後更上一層樓找到代孕診所的入口。跟外面繁忙吵鬧的孟買市街相比，診所內宛如平靜又有效率的綠洲。看似委託者的訪客耐心地等待看診，他們大多是外國人或是住在海外的印度人；還有幾個代理孕母進進出出。這裡看起來幾乎與世界上的任何一個生殖診所無異。要說有什麼不同，或許只有代理孕母們穿著鮮豔的紗麗，以及擺設在角落可帶來好運的象頭神像，牆上還有一張海報說明性別選擇在印度是違法的。在這裡發生的事情——代孕——是如此的非比尋常，但診所卻看似如此平凡，平凡得讓人覺得不可思議。

＊＊＊

當提到國際代孕，許多人或許首先會想到印度這樣的狀況：有錢的西方人到低所得國家，委託者與代孕者之間有巨大的不平等。但不是所有的情況都如此。國際代孕日漸普及，有些人到海外尋找代理孕母不是為了省錢，而是因為自己國家對代孕的法律限制。在這樣的情況下，委託者找到的代理孕母通常是自主選擇做代孕，而非因經濟情況所迫而勉強為之。

二〇一六年春天，生下她的第三個孩子後不久，三十歲的蘿拉正在考慮要不要回歸職場，繼續當社區雜誌的編輯。此時她在地方報紙上看到徵求代理孕母的廣告。蘿拉住在美國馬里蘭州郊區的小鎮，丈夫馬歇爾是影音設備的配裝師，與她同住的還有她的父母、她剛出生的小男嬰，以及與前夫所生的十二歲女兒和九歲兒子。蘿拉從小生長在多代同堂的大家庭裡，小時候是被外公外婆帶大的。她跟家人之間的感情很要好。蘿拉曾開玩笑地跟馬歇爾說，她要去當代理孕母，這樣可以在家照顧小孩。但玩笑歸玩笑，她當時沒有真的去多想。然而報紙上的這份廣告卻吸引了她的注意：「我老是看到這份廣告，好像我到哪都會看到它。」蘿拉說。二〇一八年，經由她生殖診所的諮詢師牽線，我有機會在蘿拉真的成為代理孕母後訪問她。「你知道，有些人會覺得，如果有個東西重複出現在你的生活裡，你最好多留意它一下——我就是這樣的人。我老是看到這家代孕仲介的廣告，所以我想：『或許我該連絡他們。』」

代孕仲介首先以電話訪談蘿拉，然後蘿拉同意讓預定施行代孕療程的生殖診所調閱她的健康紀錄。一旦診所確認她的健康沒有問題，代孕仲介就將蘿拉的資料發布到網站上。發布內容包括她的照片、她跟她家人的詳細資訊，以及她對代孕的期待跟要求。代孕仲介的配對過程如下：委託者先從所有的代理孕母中挑出幾名候選人，然後仲介會把委託者的資料交給這些被選中的代孕者。「委託者先挑！他們挑中我之後，我再決定要不要選擇他們。」蘿拉說。蘿拉和馬歇爾第一次收到委託者的資料就配對成功了。對方跟他們年齡相當，跟家人感情也很要好，他們自營出口生意，喜愛旅遊。他們試過九次體外受精都未能成功；代孕時他們希望能植入兩顆胚胎。他們來自中國。

兩家人第一次見面是透過 Skype 視訊。委託夫婦名叫麗麗和陸寧*，由於他們英文不太流利，還有一位翻譯陪同出席。雖然有語言的隔閡，但這次會面後，蘿拉對麗麗和陸寧頗有好感，她也很快地跟翻譯熟悉起來。他們的翻譯李西寧是一位來自深圳的心理醫生，代孕過程中他會全程協助他們。雙方第二次見面是在紐澤西的生殖診所。所有參與代孕療程的人都做了詳盡的身體與心理檢查；他們也更深入地了解彼此的家庭，交換了一些照片，並討論彼此對代孕進行方式的想法。不像許多其他的委託者，麗麗和陸寧對於蘿拉在懷孕期間可以做什麼、不可以做什麼沒有特別要求。「我跟他們見面的感覺很好。」蘿拉說，「我給他們看了我小孩的照片，我有三個健康的小孩，讓他們很放心。他們不覺得需要告訴我在懷孕期間該怎麼吃、怎麼運動、怎麼照顧自己。我很高興他們信任我。」那天見過面之後，診所又做了蘿拉和馬歇爾的身家調查，包括調閱

* 中文名皆為音譯。

有無犯罪紀錄，還讓社工去做家庭訪問。通過重重檢查，蘿拉終於正式合格，可當代理孕母。接著由雙方律師擬定合約，兩方簽名同意，所有的準備工作總算大功告成。

雖然麗麗嘗試多次依然無法懷孕，但她的卵子是正常的，所以他們夫妻決定做妊娠型代孕。他們之前做的體外授精療程還剩下四個胚胎，三個女孩一個男孩；於是夫妻決定植入一個女孩胚胎，以及唯一一個男孩胚胎。不久後蘿拉發現她懷了雙胞胎，她非常興奮也很緊張。她竭力祈禱至少要有一個胚胎成功，但不是真的希望兩個都存活下來，即使她明白那也是有可能的。幸好懷孕過程很順利。二〇一七年四月，她平安產下一男一女。蘿拉生產時，馬歇爾在產房裡陪她，麗麗和陸寧則在產房外焦急地等待。「我有親眼看到寶寶們，他們一出生，醫護人員就把他們拿給我看。」蘿拉說：「他們把寶寶抱到布簾前給我看，讓我知道他們都很健康。兩個小寶寶都漂亮極了！他們有好多頭髮，而且比我想得還要大。聽著他們響亮的哭聲，我真的很高興。這個體驗太美好了！」蘿拉回到病房後，麗麗和陸寧把寶寶帶來讓蘿拉抱抱，蘿拉的父母跟她兩個年紀較大的孩子也在場。所有人一起照相留念，大家都很興奮。

兩家人一起走過代孕的歷程，等到該說再見了，蘿拉心裡難免有些依依不捨。蘿拉一家先離開了醫院：「一直到我們離開的那天，我都沒有覺得特別感傷，但在我們離開的瞬間，我意識到，我恐怕再也不會見到他們了。我跟麗麗變得很要好，雖然她英語說得不太好，但是她可以打字；我們天天互傳簡訊閒聊、了解彼此。跟她道別像是失去一個朋友。」

比起寶寶們，跟麗麗失去聯絡讓蘿拉更難過。好在，雖然雙方原先同意離開醫院就不再聯絡，但麗麗和陸寧後來提議，他們以後願意寄寶寶的照片給蘿拉。看到照片時蘿拉很高興，她很欣慰能夠知道寶寶們健康快樂地成長著。不過對她而言，這無異於收到一個遠方的朋友寄來的孩子照片，她不覺得跟寶寶們有特殊的感情牽絆。「我想這是因為在懷孕過程中我沒有做一些會加深父母跟孩子間感情的事，像是幫寶寶買衣服，或是替寶寶想名字。我甚至沒有去想像寶寶的長相，因為我想像不出來。我們也沒有親手組裝嬰兒床。我們會跟寶寶們說話，但我們只稱他們為『女寶寶』、『男寶寶』，因為我不知道他們的名字會是什麼。我們沒有做那些會跟寶寶加深牽絆的事情。」

＊＊＊

當初卡登寶寶跟M寶寶出生時，全球媒體掀起軒然大波。不過在那之後，過了幾十年，在許多國家代孕已更廣泛地被接受，許多人藉此圓了當父母的夢。幾十年前，英國政府成立了一個委員會來檢視代孕相關的法律，而我也是委員之一。一九九八年，該委員會遞交了一份報告書，建議立法更加嚴格管制代孕，而且支付代理孕母的費用應該僅限於實際開銷。這個提議是為了保護參與代孕的各方。經過了二十年，二〇一八年，英國大眾對代孕已經沒有這麼多的疑慮，政府也接受代孕為建立家庭的合理方法，於是政府開始重新審視這些現行法規。這次的委員會是由「英格蘭及威爾斯法律委員會」以及「蘇格蘭法律委員會」共同組成，其目的在於讓代孕的相關手續變得更簡潔易懂，讓民眾更容易得到代孕治療，並降低到海外尋求代孕者的必要性。順應代孕者跟委託者雙方的願望，這次委員會所提議的變更事項之中，有一個重點：變更現行規定，讓寶寶的父母從寶寶出生起就為法定父母，除非代理孕母在一定的時間內向法院起訴才有例外。依照現行法規，代孕寶寶的父母必須在孩子出生後，才能向法院申請成為法定父母。法律委員會提出的報告中指出，代理孕母不把自己視為孩子的母親，而孩子的父母希望孩子從出生就是一家人。變更後的規定顯然比現行法規合理。一九八四年，以沃諾克女爵為主持人，英國政府組成的「人類受精與胚胎審視委員會」提出《沃諾克報告書》，其內容深深影響了日後的生殖技術相關法規。而在二〇〇三年，沃諾克女爵出版了一本書，名為《自然與死亡》（*Nature and Mortality*）。她在書中承認，由於她對美國式的商業代孕心懷憂慮，她當初對代孕的態度過於嚴厲。

今天在美國，有些州允許代孕，另一些卻不允許；有些州允許妊娠型代孕，不允許傳統型代孕；而有些州則沒有任何法規管制。二〇一六年，「美國生殖醫學會」的倫理委員會認同妊娠型代孕的好處，並對實行方式提了一些建議。在歐洲本土，許多過去強烈反對代孕的國家近年來開始重新審視這個議題。二〇一六年，瑞典曾提案讓代孕合法化，但由於女性主義者和保守派聯合反對，該提案沒有通過。二〇一九年，法國議會組織的生物倫理委員會提出報告書，認為代孕應該在法國繼續被禁止。澳洲的情況則類似美國，對代孕的規定各州不同；在新南威爾斯州，到海外尋求商業代孕是犯罪行為，與之為鄰的維多利亞州卻無此限制。二〇一六年印度的「代孕法案」被送交國會，此法案企圖限制代孕行為，讓只有已婚、沒有小孩的印度夫妻可以委託代孕。泰國及其他東南亞國家也已禁止外國人簽訂代孕契約書。柬埔寨對代孕的抵制最為激烈，在二〇一八到二〇一九年間，政府將四十三名代理孕母逮捕入獄，她們必須保證將來親自撫養代孕寶寶，才得以被釋放。這些代理孕母其實是被非法代孕仲介欺騙的受害者，這樣的嚴厲懲罰相當不公平。

女性主義者對代孕的看法依然相當分歧。有些女性主義者認為，代孕本質上就是對女性的剝削，應該徹底立法禁止；代孕讓他們聯想到瑪格麗特．愛特伍（Margaret Atwood）的小說《使女的故事》（*The Handmaid's Tale*），故事中的女性被強迫成為生產工具。另一些女性主義者則認為，禁止代孕是剝奪女性對自己身體的自主權。根據瓦桑蒂和蘇珊的調查結果，對代理孕母而言，代孕可以是非常正面的經驗，它帶來巨大的成就感，也可為代孕者跟委託家庭帶來美好而長久的友誼。在印度，即使代孕者與委託者之間經濟及社會地位差距很大，一些代理孕母仍對社會科學家洛帕穆拉．哥斯瓦米表示，她們並不覺得被剝削；當代理孕母改善了她們的生活，因此她們反對二〇一六年的代孕禁令。

倒是有一個議題，幾乎所有人的看法都一致：我們必須竭力避免代孕寶寶在出生時沒有明定的法定父母或親生父母。二〇〇〇年，〈惡夢泥沼中的雙胞胎〉、〈沒有人的孩子〉以及〈『外賣寶寶』的醜聞〉等標題躍上報章媒體。故事的焦點是一對雙胞胎女嬰；她們在希臘的一家生殖診所受孕，用的是來自美國的匿名精子以及來自英國的匿名卵子，代理孕母也是英國人。代孕的委託者是一位義大利人和他的葡萄牙籍妻子。夫妻兩人在代孕中途反悔，決定不要孩子，引發軒然大波。最後這對雙胞胎被一對加州的女同志伴侶收養，事情才終於落幕。這樣的情況令人震驚，而且毫無疑問地對孩子相當不利。但很可惜，以現況而言，我們很難管制跨國經營的不肖業者；這些人非常擅長利用國家之間的法規差異以及法律漏洞。要建立國際法規來管制生殖醫療，那有多困難，大家可想而知。不過至少聯合國以及海牙國際私法會議等組織正在積極面對這個問題，將來情況還是有望改善的。

＊＊＊

二〇一八年我與金．卡登見面時，她創立的COTS已經促成了一千零五十名代孕寶寶誕生。她在退休幾年之後，又回來親自經營仲介所。她一如往常地對代孕充滿熱情，她也很興奮她能在英國法律委員會擔任顧問，參與制定新法。她在一九九一年代孕生下的雙胞胎這時已經二十七歲了，彼此還是保持著聯繫：「他們現在住在紐西蘭，不過常常回英國，所以我們還是經常碰面。我們都有上Facebook，他們生日時我會說：『代孕媽媽祝你們生日快樂』，我生日時他們也會跟我說：『祝我們的代孕媽媽生日快樂』。我們會一起聊天開玩笑，他們很討人喜歡。這兩個孩子的成長以及我們之間的關係都讓我很開心。他們對我而言很特別，就如同家人。」回顧當年的「卡登寶寶」事件，金忍不住想，如果她當年可以跟委託夫妻見面，事情會有多麼不同。與第二次代孕比較後，她更清楚她第一次的經驗有多糟糕。現在，光是想像匿名代孕就讓她心生抗拒。如今有許多尋根網站（例如AncestryDNA）幫人追蹤親屬的DNA，金或許可以藉此找到卡登寶寶，但她覺得這麼做是不對的。不過如果有一天卡登寶寶來找到她，她說，那就再好不過了。

Chapter 5

代孕家庭

並非意外

「代孕寶寶注定是次等的。」

——英國醫學會會員約翰．道森醫生，1987 年

「我覺得這很酷。我挺喜歡談論這個話題的，這是關於我的一件有趣的事實。」

——克里斯，當時十四歲，2015 年。
克里斯誕生於傳統型代孕。

琳恩和彼得夫婦住在英國利物浦；一九九六年，他們的代理孕母蘇珊娜的肚子裡懷著他們的兒子亞歷克斯，而孕期已經進入了第五個月。琳恩和彼得決定，這是該告訴家人的時候了。在一九九〇年代，人們對「M寶寶事件」和「卡登寶寶事件」還記憶猶新，代孕依然頗受爭議。但琳恩夫婦不想隱瞞家人，於是他們慎重地計畫要如何宣布這個消息。「我們有好消息要宣布，」琳恩說完停頓一下，然後宣布：「我們有寶寶了。」然後再停頓，等祝賀的聲音消停：「不過我們沒有懷孕！」

琳恩七十二歲的父親觀念保守而且口直心快，說話常常得罪人。出乎意料地，他只是說：「喔！是代孕嗎？是不是曼蒂（琳恩的妹妹）？」這反應讓琳恩很驚訝，她以為父親連代孕是什麼都不知道。原來她父親在電視的晨間節目上看過相關報導，而且對代孕毫不排斥。「那個週六下午我爸爸說，他想跟蘇珊娜講話。」琳恩告訴我，「他們聊得很愉快，我爸爸熱淚盈眶地跟蘇珊娜道謝，說他很感謝她讓他的女兒這麼快樂。」當時琳恩怎麼也沒想到這通電話的意義有多重大。在那之後的禮拜一，琳恩的爸爸在開車時心臟病發，不久後就過世了。失去了父親讓琳恩傷心不已，但是她非常慶幸父親在去世前知道她要當媽媽了，而且還跟促成這樁好事的人說過話、道過謝。

亞歷克斯是用蘇珊娜的卵子受孕的，所以在血緣上他是蘇珊娜和彼得的孩子。亞歷克斯出生後，別人偶爾會有些不經意的發言讓琳恩覺得被質疑，例如：「哇，妳簡直像個真正的媽媽。」

或是：「如果以後妳有了自己的孩子，要怎麼跟兒子說？」為此，儘管琳恩能夠自然懷孕的機率非常小，她還是開始吃避孕藥，以免意外懷孕。她不想讓盼望多年得來的愛子被視為不得已或妥協的結果。

琳恩在英格蘭北方的一個煤礦小城長大，她在五個孩子中排行第二。她很愛她的父母以及三個兄弟，當她妹妹出生時她更是高興；她們姊妹倆感情一直很好。畢業後，琳恩受訓成為一名護士。一九七九年，二十五歲的琳恩遇見了未來的先生彼得：「我當時想學開飛機。父親節時，我帶著父親一起去試飛，試飛後我想：『我挺喜歡那個飛行指導員的！』於是我開始跟他學習駕駛，後來我們結婚了。」兩人結婚時，琳恩是製藥公司的品牌經理，而彼得正在受訓成為客機駕駛員。

琳恩一直到三十幾歲才開始打算生小孩。她來自一個大家庭，也一直理所當然地認為自己會有小孩。她以為懷孕不是難事，只可惜事與願違。經過八年的不孕治療，六次體外受精失敗，琳恩和彼得開始尋找代理孕母，把代孕視作他們的最後機會。他們透過COTS代孕仲介認識了蘇珊娜。然後，在琳恩四十二歲時，她終於迎接了亞歷克斯的到來，他是夫妻倆的「完美小天使」。

琳恩還記得，她曾經害怕蘇珊娜會改變主意，不願交出亞歷克斯。在當時，婦產科醫院對代孕的態度往往很不友善。「我們在產房外焦急地等候，像是妻子臨盆的丈夫。」琳恩說，「蘇珊娜被迫跟亞歷克斯一起在醫院待一夜——現在的代孕生產都不鼓勵這麼做——；醫護人員不斷問她：『妳真的不後悔嗎？』」隔天早上，琳恩和彼得提心吊膽地等著電話，他們不知道蘇珊娜會不會反悔。「我們如坐針氈，那種感覺真的很糟。」琳恩說，「不過幸好，蘇珊娜有打給我們，她說：『琳恩，快來把他帶走，現在快來。』」當琳恩和彼得趕到醫院，因為他們不是家屬，護士不讓他們進病房。但琳恩鼓起所有的勇氣，堅定地說：「我是孩子的媽媽。是你的病患叫我進去的，這裡不是監獄，我要進去。」琳恩描述當時的情形：「我們越過護士走進去，然後蘇珊娜說：『琳恩，來把他放進安全座椅裡，帶他走，快走！』於是我們照做，帶著寶寶奔出醫院，一群護士追著我們一路咒罵。那場面簡直不堪回首。」

亞歷克斯現在已經成年，他從事航運業，有一份很好的工作和穩定的感情關係；琳恩也很喜歡兒子的女朋友。從小亞歷克斯就知道自己誕生於代孕。琳恩和彼得有教他，萬一有人因此找他麻煩時該怎麼面對。琳恩告訴他：「如果你在學校談起代孕，可能會有人嘲笑你，但是你可以轉身面對他們說：『那又怎麼樣？我有兩個媽媽不好嗎？』」他們也跟亞歷克斯談過，什麼是「真正的」媽媽。琳恩說：「你只有一個真正的媽媽，那就是我。」她跟亞歷克斯的感情很好。「我覺得自己非常幸運。」她說：「幾個月前，有一次他突然到我身旁說：『我很高興妳是我真正的媽媽！』」

琳恩一家一直跟蘇珊娜和她的家人保持著連絡。他們也透過蘇珊娜認識了吉依，她是蘇珊娜的另一個代孕寶寶，比亞歷克斯小兩歲。他們會在生日和聖誕節彼此祝賀，而且一年會至少見面一次。琳恩對蘇珊娜的感謝之情難以言表：「她給了我夢想中的家庭，她所做的事情真的很偉大，我永遠也表達不完我對她的感謝。」

琳恩和彼得始終不知道他們不孕的原因，但在另一個故事中，故事的主角瑪莉從小就知道她無法孕育自己的孩子。瑪莉有先天性的生理缺陷，造成她無法懷孕。但這並沒有改變她想要成為母親的心願。在瑪莉三十九歲，而她的伴侶傑克二十九歲時，兩人終於有了他們的第一個孩子。經過了一番研究查詢後，他們決定尋求代理孕母的幫忙，於是兩人透過英國代孕機構，認識了珍。他們使用瑪莉的卵子和傑克的精子體外受精，再將胚胎植入珍的子宮，就像蘿拉為莉莉跟陸寧所做的妊娠型代孕。九個月後，珍生下了瓦萊麗。在血緣上她是瑪莉和傑克的親生女兒。三年後，珍又代孕生下瓦萊麗的妹妹卡蘿。

瑪莉跟珍感情很好，瑪莉很高興他們兩家人時常有交流。珍現任的先生是透過瑪莉介紹的，他們兩人之間已有兩個小孩。「如果我有什麼煩惱，我第一個會去找珍商量。」瑪莉說，「她是我最好的朋友，像是我失散多年的姊妹。」瓦萊麗和卡蘿與珍的關係也很要好，「瓦萊麗叫她珍阿姨，她非常喜歡她，也知道珍是她的『代孕媽媽』。」瑪莉說，這時瓦萊麗七歲。「女孩們也很喜歡珍的小孩，她們每個月會聚在一起玩。」一直到瑪莉的女兒步入青春期，她們跟珍的關係還是很好。「她真的是個很好的人。」卡蘿說，「她跟我媽媽有點像，很風趣，又讓人平靜放鬆。她甚至比我媽更有個性一點！她非常關心別人，我都叫她珍阿姨，她對我而言就像是家人。」

瑪莉和傑克從沒隱瞞女兒們出生的真相。他們很慶幸從最初就選擇誠實坦白，這樣女兒們就不會認為出生於代孕是件羞恥的事。「打從瓦萊麗開始會說話，我們就跟她說，媽咪的肚子有些問題，所以珍阿姨把肚子借給我們。我們也跟她說，從她一出生就在我們身邊，她是我們的女兒。」瑪莉說。珍也有跟女孩們解釋為什麼是她生下了她們。瑪莉和傑克的近親都知道代孕的事情，而除了近親之外，瑪莉覺得應該由孩子自己決定要告訴誰。

或許有人會猜想：如果代理孕母跟孩子感情要好，孩子的母親或許會感到地位受到威脅。但是瑪莉絲毫不為珍跟孩子的關係感到困擾：「她是一個很棒的人，我覺得我很幸運能認識她、有她參與我們的生活。我完全不覺得受到威脅。」瑪莉只擔心有一天她的女兒會說她不是真正的媽媽：「我想我會非常受傷，不過這還未發生，而且我跟女兒們的感情很好，我不覺得她們會有這個念頭。」瑪莉說，「但是這個念頭卻在我的腦海裡盤旋不去，不管它到底是對或錯。」有時候瑪莉會懷疑，自己有沒有資格藉由代孕成為母親：「偶爾我遇到一些不如意的事而感到心情低落，我會想：『我是個糟糕的家長，我不該擁有這麼美好的結果。』」不過大部分的時候，瑪莉心裡只有感謝。「有時候我會覺得一切美好得難以置信。」瓦萊麗十四歲時，瑪莉說：「我得掐自己一下說：『這不是夢，她們真的是我的女兒！』」

***

不管是琳恩和彼得做的傳統型代孕，或是瑪莉和傑克做的妊娠型代孕，這兩家人都不是如媒體所想像的——有錢人剝削窮困的弱勢女性，或雇主在代理孕母「交貨」後從此跟她一刀兩斷。然而即使在今天，代孕依然是輔助生殖技術中最受爭議的議題。在代孕相關的許多議題中，我最感興趣的是：它會如何影響這些因代孕而產生的家庭？當代孕出生的孩子得知他們打從出生前就注定跟孕母分離，這會不會帶來心理傷害？他們會不會覺得被孕母拋棄？他們會不會覺得代理孕母才是「真正的」母親？當代理孕母同時是孩子血緣上的親生母親時，情況又如何？若是商業代孕，孩子會不會感覺更糟糕？而如果代理孕母在孩子出生後繼續保持聯絡，這會不會弱化孩子跟母親的關係？許多人臆測，經過代孕，因為孩子的母親沒有經歷懷孕的過程，她會比較難跟孩子建立感情牽絆。這些母親或許還要擔心代理孕母改變心意，不願交出孩子，她們承受的心理壓力可想而知。因為代孕打破了傳統的懷孕生子方式，有時代孕寶寶的母親還要面對親朋好友及他人的譴責。透過代孕得子的母親沒有經過懷孕階段，所以不像精卵及胚胎捐贈，她很難隱藏孩子出生於代孕的事實；往往她別無選擇，只能坦白讓別人知道。

在一九九〇年代後期，我們對這些問題的答案還毫無頭緒。許多人會把代孕跟收養相比。

《獨立報》在一九九七年的一篇報導中寫到：「代孕是否會傷害女性和孩子的心理健康？畢竟，許多把孩子送人收養的女性在多年後依然被罪惡感纏身，而被收養的孩子往往無法擺脫被親生父母拋棄的失落感。歷經代孕的女性以及代孕出生的孩子不都一樣嗎？」

我在英國政府的「代孕審查委員會」任職的經驗讓我了解到，在討論這些極具爭議又牽扯到感情的家庭議題時，可靠的證據有多麼重要。參與委員會的期間，我聽了許多專家證詞，其中有很多相信代孕對孩子是有害的；但在當時，並沒有任何研究能夠證明或推翻這些說法。我們不知道誕生於代孕的孩子會不會受到情感傷害；不知道他們的母親會不會因此缺乏成為人母的自信；也不知道母親因為沒有經過懷孕生產的過程，會不會因此對小孩比較冷淡。於是，我們只能就當時所知的事實做決定：委員會認為應該要擬定一份關於代孕的守則來管理代孕行為，這守則必須將孩子的福利置於第一優先。不過我們的建議從未被採用，我猜是因為當時政府不認為這是個迫切的問題。

在那之後，雖然已經來不及提供政府的審查委員會之用，但我開始著手研究代孕家庭。當時我們正要開始一個針對精卵捐贈誕生的孩子的研究，於是我們把代孕寶寶的家庭也納入研究對象，以進一步了解代孕帶來的影響。許多人臆測，以非傳統方式形成的家庭（如同性戀母親的家庭、體外受精得子的家庭、或接受生殖細胞捐贈的家庭等等）注定面臨許多問題；但根據我的研究結果，這個臆測是錯的。或許藉由代孕而形成的家庭也是如此。不過另一方面，代孕出生的孩子必須與生下他們的女性分離，有時候這名女性還是他們血緣上的親生母親。從這點來看，代孕跟收養是有相似之處，而代孕出生的孩子確實有可能與被收養的孩子面對相似的問題。當研究開始時，我毫無概念會得到什麼結果，我只有給自己做好心理準備，保持開放的心態。

很幸運地，進行這項研究時，我們得到國家統計局的協助。該機關負責將委託代孕的父母登錄為法定父母，我們藉由這些資料開始募集研究的參與者。我們邀請國家統計局資料庫中全部有一歲小孩的代孕家庭參加研究，同時也透過COTS募集到一些還沒登錄為法定父母的委託父母。我們總共募集到四十二個代孕家庭參與研究，至今我們還在對這些家庭做持續追蹤調查。

當孩子一歲時，跟自然懷孕的父母相比，藉代孕得子的父母親在育兒過程中流露更多溫情、也更快樂；他們對寶寶投入更多感情，但還不至於到過度保護的程度。等孩子兩歲時，代孕寶寶的母親與孩子的感情牽絆還是很強。比起自然懷孕的母親，她們對自己擔任母職的能力更有自信，更享受跟孩子相處的時光，也較少有憤怒、失望和罪惡感等負面情緒。比起自然懷孕得子的父親，代孕寶寶的父親對父職感受較少的壓力。當小孩三歲時，與自然懷孕的母親相比，代孕寶寶的母親與孩子更親暱，互動更多。如同藉由精卵及胚胎捐贈得子的家庭，代孕家庭與孩子的關係較好；因為他們經歷重重困難才終於得到這個孩子，光是能擁有這個孩子就很快樂了。

當小孩七歲時，我們再度訪問這些家庭。此時，大部分的孩子都知道自己是經由代孕而誕生的。父母跟孩子的關係依然很好——他們對孩子流露溫情，能敏銳察覺孩子的情緒，積極參與孩子的活動，而且很少對孩子顯示批評、敵意或衝突的態度。但是他們的親子關係不再比自然懷孕的家庭更好，也有一些代孕出生的孩子在這個年紀開始顯露情緒或行為上的問題。不過等到孩子十歲，我們再次訪問時，這些心理問題已不復見。值得一提的是，在荷蘭曾有學者對跨國收養的孩子做過調查，而他們的研究結果中也發現類似的現象。荷蘭的研究者菲米．朱佛和馬力努斯．凡．艾傑森東試著對這個現象作出解釋：或許是因為比起其他的小孩，這些孩子需要更早面對自我認同的問題。

我們在孩子們步入青春期後再度造訪，此時他們十四歲了。我們發現這些代孕出生的孩子都適應得非常好；不只母親和老師給他們肯定的評價，透過問卷，我們評估孩子們的自我價值、心理健康、心理狀態（包括他們對快樂、連帶感、樂觀度及親子關係的感受），得到的結果非常出色。我們也詢問他們對代孕的想法，只有一名受訪者對自己出生於代孕表示不滿，多數受訪者不以為意，而少數受訪者覺得這是件好事。西蒙說：「有次我跟我同學聊天，他說他是父母不小心懷孕生下來的。我知道我不是意外，我爸媽真的很想要我，這讓我感覺很特別。」另一名受訪者海倫則說，雖然她出生於傳統式代孕，但這不影響她跟父母的關係：「我不覺得困擾，我媽還是我媽，我爸還是我爸。」大部分有跟代理孕母有保持連絡的孩子都對她們抱著正面的想法，但是他們並不把代理孕母視為母親。「我們的關係很好。」安吉拉說，「但我不把她當媽媽看待，她也不把我當女兒看待。」

這些十四歲的受訪者中，也有人跟代理孕母已經失聯。這些孩子之中有些人對代理孕母很好奇，他們想要知道代理孕母是誰，甚至希望能跟她見面。這個反應跟精子捐贈誕生的小孩很像。艾倫是經由妊娠型代孕誕生的，她很希望能多了解生下她的女人：「我真的很想知道她是誰，然後或許見見她。」莎莉也是經由妊娠型代孕誕生的，她說她很想謝謝她的代理孕母：「我有時候會想著……想要見見我的孕母，謝謝她生下我。」孩子們想知道，為什麼她們決定成為代理孕母？她是否很高興做了這個決定？她還生下幾個其他的代孕寶寶？不過也不是所有的孩子都對代理孕母感興趣，將來他們的心態是否會改變，我們只有繼續觀察才能知道。

大部分代孕誕生的孩子在很小的時候就知道自己是代孕寶寶了。不過，用代理孕母的卵子誕生的孩子可能不知道全部的真相。如同經由卵子捐贈生下孩子的母親，這些孩子的母親會擔心母子關係因此受損。我們發現，當受訪的孩子七歲時，傳統型代孕誕生的寶寶中，只有四分之一知道代理孕母是他們血緣上的母親，這個比例比受捐卵子的家庭更低。所有的父母都表示打算告訴孩子真相，但是到孩子十歲，還是有幾乎一半的孩子不知道代理孕母是他們血緣上的母親。看來，血緣的問題比代孕更敏感，也比代孕更容易隱瞞。

關於代孕，另外還有一個備受注目的問題：委託父母跟代理孕母是否在孩子出生後就逐漸疏遠，甚至斷絕聯繫？我們的研究長年追蹤代孕家庭，藉此可以深入了解這個問題。代理孕母懷孕的期間，對不少委託父母而言是很難熬的；他們會擔心寶寶出問題，或代理孕母改變心意決定留下寶寶。珍妮絲是一位心理諮詢師，她在二十七歲時因故切除子宮，失去了懷孕的能力。她後來找到了佩特當她的代理孕母；他們第一次嘗試受孕沒有成功，而第二次嘗試總算成功之後，整個懷孕期間珍妮絲都擔心害怕會失去胎兒。母親與代理孕母之間的情誼通常會隨懷孕的過程而加深，委託母親常常會陪著代理孕母去做產前檢查和超音波，一同分享寶寶成長的喜悅。一起做這些檢查也可加深母親跟寶寶的感情牽絆。米莉安是一名醫生，她有個一歲大的女兒貝絲，談起委託代孕的經驗，她說：「COTS不只幫我找到代理孕母，它還幫我找到一個可貴的朋友。每次產前檢查、掃描，我都跟她一起去。我們每一兩個禮拜會見面一次。隨著她的肚子越長越大，我們聯絡變得更頻繁，幾乎天天通電話。生產時她希望我在場，然後貝絲出生時我們一起喜極而泣。」

代孕寶寶出生後的一年，百分之九十的家長還繼續跟代理孕母保持聯絡；其中三分之二的家庭一年跟代理孕母見面超過四次。可想而知，如果代理孕母本來就是親戚或朋友，見面的頻率會更高。大部分的家庭都跟代理孕母相處得很好，只有不到百分之十的母親對代理孕母感到有些抗拒，或對代理孕母與寶寶的關係感到不自在。不過沒有任何家庭與代理孕母有嚴重的衝突。與其把代理孕母視為威脅，相反地，多數的母親希望孩子能跟代理孕母保持聯絡。「貝絲出生後，我們一個月會見面一次。我們的友情比過去更加牢固。」米莉安說。有少數代孕家庭跟代理孕母斷了聯絡，這通常是出於雙方同意，或是代理孕母自己的意願；沒有任何個案是代孕家庭拒絕跟代理孕母聯絡的。

隨著時間經過，委託與代孕雙方連絡的頻率會漸漸減少，這個現象在雙方原本不認識的傳統型代孕個案中更加明顯。不過出乎意料地，在我們的研究中，孩子滿十歲時還有百分之六十的家庭依然跟代理孕母有聯絡。而不論委託父母與代理孕母原本是否認識，也不論是傳統型或妊娠型代孕，這些因素並不會影響代孕家庭跟代理孕母的實際相處狀況。

我們的研究是全球第一個追蹤代孕寶寶成長的研究；我們也是第一個在這些孩子步入青春期後訪問他們，並傾聽代孕寶寶自己對代孕的想法的研究。雖然我們還需要做後續研究以便確定，不過目前為止的證據顯示，這些代孕家庭都適應得很好。不管是否有血緣相繫，代孕出生的小孩並不把代理孕母看作「真正的」母親，這一點他們表達得很清楚。儘管如此，這些孩子都能接納自己的代理孕母，而且大部分的孩子都很高興在他們的人生裡有代理孕母的存在。

***

吉依．羅伯茲出生於一九九八年，她是經由傳統型代孕出生的代孕寶寶。在求助於代孕之前，她的父母試過五次體外受精，其中三次未能懷孕，另外兩次則以早期流產告終。那時她父母的年紀已經在四十歲中期了，他們覺悟到，再試體外受精恐怕也沒有用了；如果他們想要一圓為人父母之夢，那就只有走上代孕這條路。他們最後兩次體外受精用的是捐贈的卵子，所以要使用代理孕母的卵子，心理上的門檻相對起來還沒那麼大。

吉依從有記憶開始就認識她的代理孕母蘇珊娜。「在我的人生中，她永遠扮演重要的角色。」吉依說，「不是母親的角色，而是另一種完全不同的角色。她對我很重要，因為如果沒有她，就不會有我。但是我永遠不會拿她跟我媽媽做比較。蘇珊娜跟我處得很好，我們有許多地方很相像，我們見面聊天都很快樂，但是比起像母親，她更像我的阿姨。」蘇珊娜有兩個自己的孩子，也替其他委託者做過代孕。因此吉依有幾個血緣上同母異父的兄弟姊妹，其中一個是琳恩和彼得的兒子亞歷克斯。這三個家庭一年會相聚幾次。吉依說：「能跟他們見面對我而言很重要，我們藉此確認彼此的存在，確認我們一直以某種形式彼此陪伴，互相守望。我沒有其他的兄弟姊妹，這些同母異父的兄弟姊妹在我心中是非常特別的。」

吉依認為，父母需要讓代孕寶寶從小知道自己誕生的真相。她自己從有記憶起就知道了，在小時候她甚至不知道她的出生過程並不尋常。「我大概四、五歲的時候，在學校老師叫我們畫『我的父母』，」吉依回憶：「我畫了兩個媽媽跟一個爸爸，結果我爸被叫到學校來解釋狀況！」很巧的是，吉依的導師自己是被收養的孩子，這讓他們師生之間建立起一份特殊的情誼，至今她還跟那位導師保持著聯絡。在整個求學階段，吉依的朋友都很支持她，她覺得自己很幸運：「從來沒有人在我面前表示不支持或不尊重，真的從來沒有。當我跟別人說我出生於代孕，他們總是想要了解更多。我對此毫不隱瞞。如果我認識了新朋友，然後他們開始問我有沒有兄弟姊妹，我會告訴他們代孕的事。」

吉依從小跟爸爸感情很好，跟媽媽的關係卻有一些障礙。吉依認為，她媽始終無法完全接受擁有一個無血緣關係的孩子。「我長得很像我爸，我想這是好事，」吉依說，「但是我跟我媽在各方面都不像：我個子很高，有著褐色頭髮跟褐色眼睛；我媽個子很小，有著一頭紅髮跟一對藍眼睛。我想她很難接受我們如此不同。」吉依父母的婚姻後來也出了狀況，他們在吉依十五歲時離了婚，這讓情況變得更加複雜：「我跟爸爸這麼相像，當我爸媽的婚姻遇到困境時，我想這讓事情更棘手。我就像我爸爸的翻版，這一定讓我媽更難面對。」

不過對於母女間的關係，吉依有她自己的看法：「雖然她可能覺得我不是她夢想中的孩子，但對我而言，不管是過去或是將來，她一直都是我媽媽。一個透過代孕而形成的家庭，我們有很多方法可以傷害彼此，例如說出『你不是我的』這種話，但我永遠不會對我媽這麼說，甚至想都不會想。因為我一直是她的，她的女兒，從我出生那天開始就是如此。」現在吉依覺得，她跟母親已經從最困難的那幾年走出來了，她們的關係比過去好多了。她對代孕的感覺還是很正面的：「我覺得代孕是一件很特別的事，我很幸運能夠參與其中。對我而言，代孕是很美好的，我的父母也很高興他們選擇做代孕，因此有了我。因為代孕，我有更多家人。我跟代理孕母、她的家人、以及同母異父的兄弟姊妹們都處得很好。如果我沒有在某種意義上有兩個媽媽，就不會有這麼多人圍繞在我身邊。所以我很高興我出生於代孕。就算我有權選擇如何出生，我也絕不會做別的選擇。」

我們在二〇一八年訪問吉依，當時她是醫學院三年級的學生，她將來想要選擇小兒科，或是生殖醫療。我問她，她選擇醫學專業是否有受到個人經驗的影響，她說：「當然！我個人經驗的影響很大。如果沒有醫學技術，就不會有我。所以能做一些回饋是很重要的。」

＊＊＊

CSP代孕中心（Center for Surrogate Parenting）是全球第一家代孕仲介公司，一九八〇年創立於加州，創立者為比爾．亨德爾。當比爾剛從法律系畢業沒多久，有一位生殖科醫生找他諮詢法律問題。那位生殖科醫生有一對病患為不孕的夫妻，他們找到一位朋友願意幫忙代孕，但醫生卻不清楚這樣這對夫妻能不能成為孩子的法定父母。於是醫生找到比爾，委託他研究代孕的法律問題。在一九七九年，代孕的方式就只有傳統型代孕，也就是說孩子血緣上的父母會是代理孕母跟委託父親。當時比爾對代孕毫無概念，但他還是接受了委託，開始研究這個問題。

比爾回到母校，向法律系上所有的教授請教，其中也包括精通倫理學的教授。他一位一位地去請教他們該如何處理這個問題，以及可能遇到哪些障礙。教授們的一致共識，收養——委託母親在代孕寶寶出生後辦理收養手續——是最佳的做法。首先，他們得做基因鑑定，證明委託父親跟代理孕母是孩子的親生父母，而基因鑑定要等孩子出生後才能進行。有了基因鑑定結果後，他們接著得去法院要求在寶寶的出生證明上追加父親的名字，如此一來，出生證明上會有父親跟代理孕母兩人的名字。這些步驟完成後，代理孕母要再去法院，要求把親權全部委讓給父親。法官允許後，委託母親再來要求收養自己丈夫的孩子。用這個方法，法院確實順利地將親權轉給委託父母，因此加州成了美國熱門的代孕地點。

一年後，在南非開普敦，十八歲的凱倫．西尼蘇剛從高中畢業。某天晚上，她跟父母一起在家看電視，電視上播著美國著名的新聞專題節目《六十分鐘》（*60 Minutes*）。當晚的節目主題是代孕；節目中提到美國的代孕產業如何發跡，並介紹了比爾．亨德爾的故事。凱倫跟我說，當時她父母很震驚，他們覺得代孕等同於把孩子從親身母親身邊奪走，交給另一個沒有血緣關係的女人撫養，這樣的行為非常惡劣。但凱倫的看法卻不同，她說：「這些故事啟發了我。身為女人，我們可以選擇去幫助其他人。我覺得這很棒，彷彿我們被授予某種特別的力量。」

在那之後十年間，凱倫在開普敦唸完大學，到英國修得法律學位，然後搬到了美國。抵達加州的第一週，她正巧在《洛杉磯時報》上面看到CSP代孕中心在應徵辦公室經理——那正是比爾．亨德爾的代孕仲介公司。凱倫還是覺得代孕的議題非常吸引她，於是她寄了履歷應徵，然後順利被錄取了。兩年半後，在一九九三年，她跟比爾成了事業夥伴。直到今天，CSP代孕中心促成了超過兩千五百個代孕寶寶的誕生。而根據美國《時尚》雜誌在二〇一九年的報導，加州的代孕仲介公司數目於全美首屈一指。

菲伊．約翰遜和她已故的丈夫鮑勃是CSP代孕中心最早期的客戶之一。菲伊的母親在懷孕時服用了己烯雌酚（Diethylstilbestrol，俗稱DES），導致菲伊的子宮發育異常，無法懷孕。DES在一九四〇年代被用作預防流產和孕期併發症的藥物，但後來發現它可能導致嚴重的副作用，現在已經被禁用了。

菲伊在一九七九年認識她先生，當時她完全不知道自己是DES寶寶。那時候菲伊在好萊塢的First Artist製片公司工作，該公司由當時幾位最知名的演員所有。鮑勃則在華納兄弟（Warner Brothers）工作，負責電影發行。這兩家公司在隔壁，而菲伊的工作包括去華納公司報告票房。有一天，她在那邊認識了一位新人——那就是鮑勃，菲伊未來的先生以及她孩子的父親。

然而兩人成為父母的路漫長而艱辛。在兩次體外受精失敗後，菲伊才發現自己是DES寶寶，她的子宮已被藥物破壞。照當時的情況看來，似乎沒希望有小孩了，但是兩個巧合的事件改變了菲伊的命運。首先是菲伊也看到了電視節目《六十分鐘》對代孕的報導，正巧就是凱倫在開普敦看到的那一集。菲伊由此知道代孕的存在，這是她之前從未聽說過的。第二個巧合，是一九八七年的某一天，鮑伯撥錯了一通電話。菲伊回憶：「那天鮑勃回到家跟我說，他不知道哪根筋不對，竟然撥錯了電話，結果他跟一個叫比爾．亨德爾的人聊了起來，得知對方是代孕仲介公司的負責人。而一週後，我們夫妻兩人登門到比爾的公司開始做代孕諮詢。」之後，在一九九〇年，兩人終於迎接了長女莉莉的誕生。接著一九九四年，他們又有了兒子查斯。兩個孩子出生於不同的代理孕母。他們都是經由傳統型代孕而誕生的。

菲伊從未隱瞞孩子出生的真相，她說：「他們還是小嬰兒時，我就會跟他們說他們誕生的故事。從他們才六週大，話都聽不懂的時候開始，我就會每晚重複地說。小孩子很愛聽大人講他們是如何出生的，他們也很愛當故事的主角，我稍微加油添醋，他們就聽得津津有味。我希望莉莉和查斯能夠對我們的努力心懷感謝，而不覺得代孕是羞恥的。他們從來沒有一刻不知道自己出生的故事。」菲伊看得出來，女兒和兒子分別跟他們代理孕母有相似之處，她說：「他們兩個都很像代理孕母：查斯很活潑，到哪裡都是目光的焦點，他的代理孕母也是這樣；莉莉則跟她的代理孕母一樣，內向安靜多了。」

莉莉和查斯從小就與代理孕母有聯絡，也一直跟經由代理孕母得來的同母異父兄弟姊妹有交流。二〇一九年我約了查斯做訪談，他當時二十五歲，在加州攻讀企業管理。查斯跟我分享許多做為代孕寶寶的成長經驗。他很清楚誰是他的媽媽——那毫無疑問地是菲伊。「我的代理孕母跟我有血緣關係，我長得很像她，我也有很多特徵像她，但是我不覺得她是我媽媽。」查斯跟我說。查斯跟莉莉的關係也與其他同母異父的兄弟姊妹不同：「我的代理孕母有一兒一女，所以他們是我同母異父的兄姊，她還生下了另一個代孕寶寶，在血緣上她也是我同母異父的妹妹。我跟這些兄弟姊妹們多少有些相像，但老實說我們沒有真的很親近。我們大概一年一起吃個兩頓飯，聯絡聯絡感情。莉莉則不一樣，我們一起長大，她是我姊姊。」

查斯很感謝他的父母從來沒有隱瞞他。「從我有記憶以來，我就知道我出生於代孕。小時候我常常跟代理孕母見面，我們兩家人是很好的朋友。我可以想像，如果我從小都以為我媽是我的生母，然後直到二十五歲才聽到：『其實呢，我有事一直瞞著你』那我會很生氣。我會想：『哇，我的世界天翻地覆了』那感覺肯定很不好。但如果你從小就知道真相，就會覺得這沒什麼大不了。」查斯不覺得自己有因為出生於代孕而受到排擠。「從來沒有人找過我麻煩說：『呦，你怎麼跟別人不一樣。』這從來沒發生過。我一直覺得這樣與眾不同挺酷的，而且如果有人對我說：『你出生是個錯誤。』我大可回他們：『其實呢，老兄，我爸媽可是花了大把銀子才生下我的。』我知道為了生下我，我爸媽花了很多時間、很多錢，可見他們真的很想要我。」

美國允許商業代孕，所以代理孕母有酬勞可拿；英國則僅允許利他代孕（altruistic surrogacy），也就是說代孕應該是出於善心，委託者不得支付基本開銷以外的報酬。英國的商業型代孕在一九八五年《代孕協議法》生效後即被禁止。不過利他代孕當中所謂的基本開銷包括：孕期的治裝費、產檢的交通費、醫藥費、雇用看護或幫傭的費用、法律諮詢費以及孕期的損失收入。零零總總加起來，總額也不比美國的商業代孕少多少。許多歐洲國家，例如法國、德國、丹麥、義大利跟西班牙已全面禁止代孕，歐洲之外也有許多國家跟進，加入禁止代孕的行列。

***

隨著跨國代孕的件數逐年增加，許多潛在的問題也開始受到關注。例如，因為兩國法律差異，寶寶誕生後可能遇到法務問題，導致寶寶被困在國外無法跟父母回國，有時甚至經過幾個月都無法解決。在二〇〇八年，有一對英國夫妻前往烏克蘭做代孕，代理孕母生下雙胞胎後，相關單位卻遲遲無法論定誰才是法定父母。根據烏克蘭的法律，英國夫妻是法定父母，但依照英國的法律，除非雙方完成一連串複雜的親權轉讓手續，政府只承認代理孕母和她的先生是法定父母。於是這對英國夫妻無法幫寶寶辦理回國要用的護照，情況完全陷入僵局。眼看這對雙胞胎就要被送進烏克蘭的孤兒院了，英國的法官才終於做出讓步。法官宣稱這對雙胞胎「被流放在異鄉，沒有國籍也沒有父母」，然後勉為其難地將親權判給這對英國夫妻。

跟在自己國家做代孕不同，孩子出生後，跨國代孕的家庭往往跟代理孕母不再聯繫。尤其是到東歐或亞洲做代孕的委託者，他們通常跟代理孕母語言不通，要仰賴生殖診所居中協調。在這樣的情況下，如果代孕寶寶長大想要知道代理孕母是誰，或想跟她見面，那又是新的問題。若孩子得知生下他們的女人來自不同的國家，有著不同的文化與信仰，生活在不同的社會經濟條件下，我們不知道孩子會作何感受。

跨國代孕還有另一個問題：有些國家沒有任何法律或準則來保護代理孕母及委託者。無法可管的情況下，代孕可能演變成難以收拾的爛攤子。一個發生在二〇一四年的事件就是例子。當時一對澳洲夫妻委託一位泰國女性做傳統型代孕。這位代理孕母懷上了雙胞胎，卻發現其中一個胎兒有唐氏症及先天性心臟病。委託夫妻要求墮胎，但代理孕母因宗教理由而拒絕。孩子出生後，這對夫妻把雙胞胎中健康的孩子帶回澳洲，而拋下有唐氏症的「甘米寶寶」（Baby Gammy），把他留在泰國給代理孕母撫養。這個事件曝光後，各界紛紛表示譴責。幸好有來自全球的捐款，代理孕母才負擔得起照顧甘米寶寶所需的花費。

＊＊＊

從訪談結果可見，代孕出生的孩子大多跟代理孕母保持著聯繫；但不論是否有血緣關係，他們都不把她視為母親。但是，如果代理孕母是孩子的祖母，那情況又會如何呢？這會怎樣影響家庭關係，又是否會給孩子增添困惑？

一九七五年在澳洲墨爾本，琳達．羅賓森與她的先生亨利在朋友的婚禮上相遇。當時有一位伴娘臨時缺席，因為體型相似，琳達突然被拉上場頂替。雖然琳達和亨利在婚禮的混亂中相遇，他們之後的發展卻一帆風順。他們很快地結了婚，然後有了女兒羅蘭，之後又生下兒子雷恩。他們的家庭生活快樂而平穩，直到無情的厄運來襲。年僅二十一歲的羅蘭被確診罹患子宮頸癌。經過一連串治療後，羅蘭的卵巢保住了，她還是可以製造卵子，但是她的子宮卻被切除了，從此失去了懷孕的能力。三十出頭時，羅蘭和先生尼可拉斯結了婚，婚後不久他們開始想要有小孩。尼可拉斯的姊姊自願幫他們當代理孕母。但是很遺憾，他們試了兩次體外受精，第一次沒有懷孕，第二次則以流產告終。

當時羅蘭不知道，她的母親琳達心裡有個計畫：她願意當女兒和女婿的代理孕母。不過這個計畫有個難題——琳達當時已經五十七歲了！她不只要面對當代理孕母可能發生的問題，還有年齡這個關卡。別說要平安生下孩子，一般人也很難想像在她的年紀還有懷孕的能力。於是琳達去看了許多醫生，做了無數檢查，還做了諮商以保證她確實了解代孕的風險。花了許多時間跟精力後，醫生終於同意她可以當代理孕母。琳達全心全意地想要幫助女兒，讓女兒也能體會身為人母的喜悅，不過，羅蘭是否會同意呢？

琳達在電話中跟女兒說：「我想幫妳。」但在那通電話之後，羅蘭過了好一陣子都沒給答覆，琳達心裡不禁焦急：「她應該知道，以我的年紀已經不能再等了吧!?」過了一個月後，正逢假日他們母女團聚，羅蘭才表示她接受琳達的建議，「下定決心後，我們緊緊擁抱，然後開始感到興奮跟期待，那是美好的一刻。」琳達說。

琳達一直有在接受更年期荷爾蒙補充療法的治療，所以她還沒有停經。多年來，她心裡某個角落一直有代替女兒懷孕的想法。很幸運地，琳達居然試第一次就懷孕了。診所來電通知她懷孕消息的那瞬間，琳達才實實在在地感受到事情有多重大——距離上次她懷孕事隔三十年，五十七歲的她又再度懷孕了。琳達先打電話給羅蘭告訴她好消息，然後她打給亨利傾吐心聲：「我不知道我做不做得來！我這是做了什麼傻事啊？」儘管情緒動搖，但琳達知道現在已經不能後悔了。

琳達的懷孕過程出奇地順利，除了一些親朋好友表示不認同外，其他沒有太大的波折。九個月後，琳達剖腹生下寶寶威廉，她女兒和女婿的兒子。「太美好了，一切都太美好了。」琳達回憶，「威廉出生的那天晚上，我還在醫院裡，亨利和尼可拉斯先回家了，而羅蘭抱著威廉，正在餵他。羅蘭以為我睡著了，但其實我在看她，她看著威廉的臉，留下喜悅的眼淚。」

九年後，我再次到墨爾本拜訪琳達和亨利。他們毫不後悔當初的抉擇。「羅蘭吃了很多苦，我們很高興能以這種方式幫助她。」琳達說，「她是很棒的母親，而威廉是個好孩子。」我問他們，現在威廉九歲了，他適應得如何？琳達回答：「他適應得非常非常好。」當威廉看到琳達生下他後在醫院時的照片，他察覺到生下他的人是外婆，他問：「是誰生下我的？是外婆，還是你呢，媽媽？」當時威廉五歲。他把這個發現告訴學校的朋友們，孩子們都淡然接受，不以為意。我又好奇地問琳達和亨利，他們跟威廉的關係如何？「我們很清楚自己的角色，」他們回答，「我們是威廉的外公和外婆。」

＊＊＊

從一九八〇年代開始有代理孕母以來，世人逐漸開始接受這個概念；特別是那些有好好建立法規或倫理準則來管理代孕行為的國家，接受度更高。然而，即使情況有改善，代孕無疑仍然是一個深受爭議的議題。保守人士和女性主義者之中都有代孕的反對者。保守人士反對代孕是為了維護傳統家庭價值，而女性主義者認為代孕是對女性的剝削。也有許多人認為代孕寶寶為孕母所生，卻被交由另一個女人撫養長大，這肯定會造成孩子的心理傷害；然而此說法卻沒有客觀的證據支持。我們的研究發現，與此說法相反，代孕出生的孩子過得很好，跟他們的父母有良好的關係，他們也不為誰是「真正的」母親感到困惑——他們的母親無疑是扶養他們長大的那個人。有些孩子跟他們的代理孕母感情很好，但並不把她們視為母親。

二〇一六年，金・卡登答應了某家法律雜誌的邀稿，準備撰寫一篇關於代孕的文章，為此她去訪問了愛麗絲。愛麗絲是金在一九九一年代孕生下的雙胞胎之一。打從有記憶以來，她就知道自己是代孕寶寶，也為自己誕生的故事感到驕傲。她說：「代孕對我毫無負面影響，我在一個正常的家庭中長大，有一個正常的童年。長大後我也覺得自己很『正常』，跟別人沒什麼不一樣。」在學校，很多小孩不懂代孕是什麼，所以會問她很多問題。愛麗絲出生的消息當時登上報紙頭版，所以她會用那些剪報來做解釋。成長的過程中，身為代孕寶寶對她的日常生活並無影響，而當她去想這件事時，她會覺得自己是特別的、被想要的、被愛的。愛麗絲在訪問的最後說道：「我想對代理孕母說，你們真的很偉大無私。你們送給這世界的禮物是無價的，如果沒有你們，這個世界會少一些光明。我每天都很感謝我媽還有金，她們為了我挑戰科學極限、挑戰媒體輿論。我也很感謝金孕育我跟我弟弟九個月，為我媽帶來世界上最可貴的禮物。我希望所有的代孕家庭都好好珍惜他們的代孕寶寶，他們每一個都是獨一無二、無可取代的存在。」

吉依．羅伯特在二〇一八年為COTS的聖誕刊物寫了一篇文章，分享她身為代孕寶寶的成長經驗。在文章中，她與愛麗絲有類似的感受：「我覺得身為代孕寶寶是一件特別幸運的事，與眾不同的誕生方式讓我覺得自己很特別。每當有人問我：『說些關於妳的特別的事。』我想都不用想就知道要回答什麼，我會說：『我是透過COTS誕生的第兩百五十個代孕寶寶。』對方總會很驚訝。這個事實影響了我的人生，以後也會在我的人生中占據重要的意義，我想這永遠不會改變。我覺得自己很幸運，能夠親身參與這個美麗的故事，見證人性的美好。代孕是一件別具意義的事，我誕生自父母無條件的愛與奉獻，誕生自代理孕母無私的善心。我的生命是最美好的祝福。」

Chapter 6

男同志家庭

超乎想像的夢

「請不要假裝以後有兩個爸爸是新的常態。」

——《每日郵報》，2018 年

「大家會看著我，然後想：她有兩個同志爸爸，真酷。有離了婚的父母不稀奇，但我的故事很特別。我是『那個有同志爸爸的小孩』，這讓我覺得與眾不同，我覺得很好。」

——羅倫，當時十七歲，2009 年

一九九〇年的紐約格林威治村，安東尼．布朗和葛瑞．斯賓諾一起搬進了屬於兩人的小公寓。搬家後過了不久，他們結識了住在樓下的鄰居珍妮特．麥克德維。珍妮特年紀頗大，她只在晚上出門，而且也只出門買東西；她性格非常獨立，但是患有慢性肺病，身體十分脆弱。每當珍妮特出門購物回來，她都得坐在大廳喘口氣休息一下，然後再爬上樓梯回家。安東尼和葛瑞看到她時，他們都會幫她把東西提上樓，掛在她家的門把上。他們也給了珍妮特他們的聯絡電話，跟她說有需要幫忙的時候，可以打給他們。不過儘管三人成了朋友，但珍妮特不曾邀請安東尼和葛瑞到她家裡坐坐。

兩人原先完全不知道珍妮特家裡是什麼樣子，直到二〇〇二年的某天，他們的電話在凌晨四點響起，珍妮特說她跌倒了爬不起來。安東尼和葛瑞踏進珍妮特公寓的瞬間，他們立刻明白為什麼珍妮特不曾邀請他們來她家：珍妮特有囤物症。她小小的一房公寓裡，從地板到天花板都堆滿了東西；房子很髒亂，到處都是食物，還有蟲子。幸好葛瑞是電視節目《囤物者》（*Hoarders*）的影迷，他還去上過課學習如何整理房子，因此他知道該如何處理這個狀況。葛瑞先問珍妮特，他能不能在沙發上清出一個位子，這樣他才可以坐下。珍妮特同意後，葛瑞開始慢慢地把珍妮特的東西移開。從那一天起，他們之間開始萌生真正的友誼。

在那之後，安東尼和葛瑞時常關心珍妮特。珍妮特被診斷出癌症之後，兩人頻繁去醫院探望她，還幫她處理郵件、帳單等生活瑣事。在醫院度過一段康復期後，安東尼和葛瑞把珍妮特接回她家。兩人讓社工知道，珍妮特的生活環境恐怕有損她的健康，如果狀況沒有改善，幾乎可以確定她還會再被送進醫院；但社工卻充耳不聞。珍妮特反覆住院出院三次後，她的生命到了盡頭。她過世時七十六歲，那是她與安東尼和葛瑞相識的第六年。

珍妮特・麥克德維在年輕的時候是個截然不同的人，她的人生故事讓安東尼和葛瑞很意外。珍妮特來自俄亥俄州辛辛那提的富裕家庭，她家族的事業奇蹟似地安然度過一九三〇年代的經濟大蕭條。年輕時，珍妮特在義大利的波西塔諾住過一陣子，那是富商名流聚集的海濱小鎮。珍妮特在那裡認識了一個柏柏人*，她愛上了他，然後跟他一起搬到摩洛哥。然而在北非的生活持續沒多久，珍妮特發現她懷孕了；她不想要這個孩子，於是她逃離似地回到義大利墮胎。或許這個經驗太嚇人了，生性堅強的珍妮特也難以承受；她在三十出頭時回到紐約，然後嫁給一個石油大亨，在中央公園西街過著平穩的生活。但不知是否與墮胎的經驗有關，珍妮特跟丈夫一直沒有小孩。對珍妮特而言，她的婚姻中沒有多少愛情，因此如果兩人之間沒有孩子，婚姻也就顯得毫無意義。她不想要丈夫的錢，只想要恢復舊姓，然後回到格林威治村的公寓一個人生活。與丈夫離婚後，珍妮特開始了她的新生活，她認識了許多新進藝術家——包括傑克森・波洛克、李・克

* Berber，源於西北非的民族。

拉斯納、馬克．羅斯科以及其他新銳的抽象表現主義藝術家，這些藝術家中，許多在二十世紀中期成為美國藝術界的巨匠。珍妮特曾送給安東尼和葛瑞一幅畫，他們覺得那幅畫很醜，但還是把它掛在牆上讓珍妮特高興，結果他們發現那是西奧多羅斯．斯塔莫斯的真品原畫（斯塔莫斯是抽象表現派的代表畫家之一，他在一九四〇、五〇年代曾住在紐約）。然而，最讓安東尼和葛瑞驚訝的是，在珍妮特過世後，他們發現她把一半的遺產留給了他們。

「我們根本不知道她有錢，」葛瑞說，「我們很愛她，所以我們照顧她。直到她臨終都快要不能講話了，她才告訴我們。」鑒於珍妮特的生活條件，兩人總以為她經濟拮据。而對安東尼和葛瑞而言，這筆意外得來的遺產意義重大——有了這筆錢，他們可以擁有小孩、一起建立家庭。二〇一三年八月，兩人受助於代理孕母夏儂及卵子捐贈者荷莉，終於實現了多年來的心願，迎接了兒子尼可拉斯的誕生。

安東尼和葛瑞成為父親的道路漫長而複雜。安東尼在維吉尼亞州里奇蒙的郊區長大。他們家曾短暫搬到加州一陣子，然後在安東尼十二歲時又搬回故鄉。回到維吉尼亞重新適應新學校是非常不愉快的經驗。即使安東尼當時還不知道自己是同性戀，班上的同學卻會因此嘲笑、欺負他。

「那些小孩會到處寫『TBIG』四個字，刻在每張桌子上，寫滿每間廁所隔間。」安東尼說。「TBIG是什麼意思？」我問。「東尼．布朗是同性戀（Tony Brown is Gay）。」他淡淡地回答。

安東尼試著忍受欺負長達三年，直到有一天他終於受不了，告訴他的父母，父母才安排他轉學。然而一直到安東尼上了大學，愛上戲劇表演後，他才覺得找到自我。安東尼畢業於一流的表演藝術學校，紐約茱莉亞學院。在整個唸大學期間，他跟一個他愛的女孩一起生活，但是兩人在安東尼畢業的同時分手了。而那之後過了一年，一九八九年他遇見了葛瑞。

安東尼的母親很支持兩人的關係，但他卻遲遲不敢跟父親說。他們的關係如同許多其他的父子，不是那麼親近，不習慣對彼此表達心中的感受。「我計劃回家一趟跟我爸出櫃。我媽知道我的想法，所以她先告訴他了。我爸打電話給我說：『不管你要跟我說什麼，沒有任何事情會讓我不再愛你。』」安東尼回憶起這段往事，不禁眼淚盈眶。在那之後，他跟父親的關係變得親近許多。「我第一次帶葛瑞回家見父母時，他們來機場接我們。他們還買了香檳，準備回家慶祝！」

葛瑞的經歷跟安東尼很不同。他的祖父母、外祖父母都是義大利到美國的移民。葛瑞和姊姊還有兩個兄弟一起長大，他們一家都是傳統的羅馬天主教徒。他們的家位於賓夕維尼亞州的小鎮，一個義大利移民聚集的社區。他形容：「在小鎮裡大家都是親戚。鎮裡的人跟鎮裡的人結婚，他們的孩子再彼此結婚。」

葛瑞在二十歲的時候對家人出了櫃。因為他們來自虔誠的天主教家庭，出櫃對葛瑞以及他的家人而言都是痛苦的過程。他的父母難以接受，而他的同學毫不留情地排擠他。不過葛瑞認識安東尼之後，他的父母友善地歡迎他的新伴侶。而當他母親發現男同志也可以有小孩後，事情又不同了。葛瑞的母親第一次看到尼可拉斯時，她高興極了。安東尼和葛瑞在二十七歲時相遇，兩人在交往十六周年的紀念日登記結婚，而當尼可拉斯出生時，他們已經在一起二十四年了。

像安東尼和葛瑞這樣，透過代孕成為父親的男同志目前還不多。不過從二〇〇〇年開始，以美國為主，他們的數目正在迅速地成長。安東尼和葛瑞的例子中，他們透過體外受精，利用父親的精子和捐贈的卵子培養出胚胎，再將胚胎植入代理孕母體內，所以代理孕母跟孩子並沒有血緣關係。也有一些人利用代理孕母的卵子，這樣就不用透過體外受精，不過這樣的例子比較少。美國的法律鼓勵代孕委託者選擇妊娠型代孕，因為這種方式更能保障委託者的親權。同志爸爸家庭中，透過代孕誕生的孩子通常會有兩個父親——一個跟他們有血緣，另一個則沒有。他們也會有兩個類似「母親」的人物——他們的代理孕母，以及卵子捐贈者。不過成長的過程中，孩子不會有養育長大他們的母親。

從一九七〇年代開始，學者（包括我在內）開始研究同志媽媽家庭，而幾十年來的研究結果顯示，同志媽媽們帶大的孩子跟父母雙親帶大的孩子相比，成長表現上並沒有不同。從一九八〇、九〇年代開始，男同志的婚姻開始變得更加開放，然而還是有很多人認為，男人養育孩子的能力天生不如女人，所以男同志伴侶不適合成為父親。孩子需要母親的觀念根深蒂固，直到今天，同志爸爸還是得在日常生活中面對許多偏見，這些偏見不只來自陌生人，有時還來自於家人跟朋友。

直到一九七〇年代前，大眾普遍認為父親對孩子的成長發展沒有直接的影響，守護孩子長大是母親的工作。著名的精神科醫生約翰．鮑比在他一九五三年出版的大作《兒童保育與愛的成長》（*Child Care and the Growth of Love*）中寫道：「即使在孩子的嬰兒時期，父親還是有他的機能。他們供養妻子，讓她們可以全心照顧嬰幼兒，他們也付出愛與陪伴，給母親感情上的支持。如此，母親能夠維持心理的調和與安穩，孩子才能健康地成長。」在一九七〇年代，學者才開始真正研究父親所扮演的角色，其中包括研究父親的權威心理學家麥克爾．蘭姆。他們的研究結果發現，父親的角色也非常重要。

至今，對父親的研究已有超過四十年的歷史，心理學家普遍接受這個概念：父親的存在會影響孩子的發展，而且父親跟母親影響孩子的方式基本上沒有差別。如同母親，如果父親對孩子溫情流露、能敏銳地察覺孩子的感受、積極參與孩子的生活、而且適當地施以管教，在這樣環境中長大的孩子會調適得更好；反之，如果父親對孩子疏離、顯露出敵意或過度控制，那麼這樣的孩子更有可能會有心理調適上的問題。不過，這些研究的對象都是由父親和母親所組成的家庭。如果家庭裡有兩個父親，孩子的反應又會如何呢？

＊＊＊

如同過去我們所做的研究，我們想要了解這個新型態的家庭，並解答人們對它抱持的疑問。同志爸爸家庭多年來承受許多來自教會、政治人物以及媒體的批判，我們也想知道這些批判是否有其根據。二〇〇二年，美國兒科學會發表了一份報告書，表達他們支持男女同性戀伴侶收養小孩；而同年英國政府也通過法案，允許同性伴侶共同收養小孩。這兩個事件激起一陣反對運動，針對男同志的反對聲浪更是強烈。《華盛頓時報》中寫道：「很遺憾地，像美國兒科學會這樣受人敬重的團體，竟然選擇成為激進的同性戀支持者。為此他們不惜罔顧科學精神，甚至違背使命，置孩子們於不顧。」在英國，附屬於英格蘭教會之下，專門辦理領養事宜的機構「兒童協會」（Children's Society）起初拒絕服從新法。雖然他們後來多少有改變態度，但許多資深會員依然極力反對。

跟女性相比，男性真的比較不擅長育兒、不適合當家長嗎？他們的孩子又是否比較容易產生心理問題？我們決定研究比較有兩個媽媽的家庭，以及有兩個爸爸的家庭；這兩種家庭都是由同性伴侶組成，只是性別不同。藉此我們希望可以回答這個問題：男性究竟是否能如女性一般，勝任育兒的工作？由於我們的研究對象是透過代孕得子的同志爸爸家庭，他們有更多特點不同於傳統家庭；即使跟我過去的研究對象相比，他們也顯得特殊。因此我對這次的研究興趣特別濃厚。這些家庭中有兩個父親，他們的孩子藉由卵子捐贈而受孕，然後經由代孕而誕生。如此誕生的孩子只與其中一個父親有血緣關係，而且家庭中沒有母親的存在。我想，如果這些孩子沒有因此產生心理問題，那事實就更明顯了：家庭的構成方式不如我們想像中重要。我們也對一些其他問題很感興趣，例如：這些父親為何選擇代孕？他們委託代孕的經驗如何？他們跟代理孕母以及卵子捐贈者的關係如何？同時，他們如何跟孩子解釋這樣的家庭狀況？如果是夫妻組成的家庭，即使他們需要藉助於精卵捐贈生子，他們還是可以選擇對孩子隱瞞這個事實，但同志媽媽跟同志爸爸家庭卻無法選擇隱瞞。孩子們遲早會想知道自己是如何來到這個世界上的。

二〇〇六年五月，我到費城參加一場同志家庭聯盟主辦的研討會，在會場我結識了律師傑米．馬克斯。這場邂逅啟發了我對同志爸爸家庭的興趣。傑米是一位民權律師，他在紐約曾為一對同性伴侶辯護，首開先例地為他們爭取到了共享親權的權利。傑米也是一個父親，他與伴侶馬克的兩個孩子都是經由代孕誕生的。傑米說，他認為如果有更多對於同志爸爸小孩的研究——正如我過去對同志媽媽的孩子做的研究——制定政策及法律的人可藉此得到更正確的資訊。他有許多客戶時常得面對來自他人的偏見，他希望客觀的研究結果能夠消解一些毫無根據的歧視。我被傑米的熱忱所感染，在那之後，我藉一次造訪紐約的機會，與傑米相約在 Le Cirque 餐廳共進午餐，兩人暢談了許久。那時我就下了決心，要展開對同志爸爸家庭的研究調查。當時，在英國透過代孕誕生的同志爸爸的小孩並不多，於是我請我的好友兼同事，紐約哥倫比亞大學的安克．伊爾哈特（Anke Ehrhardt）幫忙，問她是否願意在美國跟我合作研究同志爸爸家庭。我在二〇〇四年到二〇〇五年間曾到哥倫比亞大學當客座教授，而安克在該校擔任「性向、性別與健康部門」

的主任，她同時也是精神學科的副科長。安克是學術界的先驅者，在人類性別研究的領域享譽國際；一九八七年她在哥倫比亞大學創立了愛滋病臨床和行為研究中心，以對抗愛滋病散播。我第一次見到安克是在一九七八年，當時我們在以色列海法參加國際性學研究學會的會議。在那之後我一直關注著她的研究，看著她始終走在這個研究領域的最前端。如果有誰能幫助我完成同志爸爸家庭的研究，那將會是安克。二〇一三年春天，我跟安克在紐約相聚，開始擬定研究計畫；然後在那年秋天正式開始研究調查。

我們的第一項工作是建立團隊。研究主要在劍橋大學進行，由家庭研究中心的心理學家露西·布萊克主持，而紐約的研究團員則做輔助工作。二〇一三年惠康基金會撥款資助我往後五年的研究經費，而這個研究也包括在受款對象中，所以很難得地，我們的資金不成問題。許多同志團體紛紛表示對這個研究的支持，並且幫我們把募集參加者的消息傳了出去。這些團體包括支援同志父親的組織「孕嬰爸爸」（Man Having Babies）、家庭平等委員會、以及紐約LGBT中心。跟同志爸爸合作過的代孕仲介公司也願意幫我們募集參加者。我們在劍橋大學的團隊由露西、蘇珊·伊姆里和蘇菲·扎德組成。她們三人為了蒐集資料，還在二〇一四跟二〇一五年夏季遠赴美國麻州鱈魚角的普羅威斯頓鎮（普羅威斯頓是著名的同志家庭度假地點）。她們傳回不少在游泳池畔、沙灘上、營火邊的「研究紀錄照片」，讓身在劍橋的我們羨慕不已。

我們一共募集到四十組同志爸爸家庭參與研究，同時也募集了五十五組同志媽媽家庭做為對照組；這些家庭都有介於三到九歲之間的小孩。同志媽媽家庭大多是用捐贈者的精子透過人工授精懷孕，所以兩種家庭都有借助於輔助生育技術。藉由比較男同志跟女同志的家庭，我們可以清楚地看出男性與女性在育兒上有什麼差別；相對地，如果我們拿男同志家庭跟傳統夫妻家庭做比較，由於傳統家庭也有父親存在，比較的結果恐怕不會那麼明顯。

我們與美國的團隊成員合作，一一訪問這些家庭。我們詢問他們的經驗，並用與過去類似的研究方法做評估。我們的研究結果徹底推翻了「男性不適合育兒」的刻板觀念。同志爸爸們跟孩子的關係都很好，跟同志媽媽沒有不同。這顯示，只要有足夠的動力，父親跟母親的育兒能力沒有差別。甚至，跟同志媽媽的孩子相比，同志爸爸的孩子更少有情緒問題。這個結果出乎我們的意料。為什麼同志爸爸的孩子調適得特別好呢？我們準備將研究論文投稿科學期刊時，其中一個審查人對此提出一個可能的解釋：或許男性真的比較粗心，對孩子的情緒問題沒有女性敏感，所以訪談時對此類問題的描述較少。當然也有可能同志爸爸真的是特別卓越的父親——學校老師似乎同意這一點，他們普遍給同志爸爸的孩子非常高的評價。

然而，另一個發現卻不那麼鼓舞人心。跟同志媽媽的孩子一樣，有些同志爸爸的孩子因為特殊的家庭背景，而受到同儕排擠。而且不意外地，在兩種家庭中，父親或母親受到的歧視越多，他們的孩子就越有可能產生行為問題。過去在英國與「石牆」（Stonewall）團體合作的研究中，我們也調查同性伴侶的孩子在學校的經驗，其中同志爸爸的孩子對家庭的描述都很正面。有些孩子很享受自己的家庭與眾不同，但也有些孩子覺得這種與眾不同會帶來不必要的關注；這個結果跟同志媽媽的情況是一樣的。受訪時威廉跟我們說：「有些人很愛提起我有『同志爸爸』之類的事，有些人會假裝不知道故意來問我：『真的嗎？真的嗎？』他們會一直問一直問，我知道他們只是假裝不知道，所以真的很煩。通常我會回嗆他們，那會讓我感覺好一些，有時候我會試著無視他們，不過那真的蠻難的。我不怎麼喜歡學校，因為我知道這種事會一直發生。」

***

許多我們訪問的男同志一直以為自己不可能成為父親，如同安東尼跟葛瑞。而約翰也是其中一例。約翰在十七歲時就出了櫃，當時是一九七八年，社會上對同性戀的歧視還很普遍。不過約翰覺得自己算是很幸運的，他在麻州劍橋唸大學，那裡有同志支援團體、同志社群團體，甚至還有上千人參加的同志舞會。然而約翰心裡有一個遺憾，他跟家人感情很好，所以他一直很難過他不會有自己的家庭。「對我而言最難接受的，是我無法擁有小孩，」約翰說，「我真的真的很想要小孩，但是我強迫自己把這個想法拋諸腦後。我告訴自己，我可以回饋社會，可以用心投入工作，我還是可以有充實的人生。當時，我要有小孩是不可能的事情，所以我只有想辦法讓自己釋懷。」然而，時代不斷在改變。約翰和他的先生艾倫在一起二十年後，在二〇一二年，兩人透過代孕迎接了他們的第一個女兒凱特，不久後又有了第二個女兒安妮。

另一位受訪者彼得，也一直以為自己不可能成為父親。跟約翰一樣，彼得跟他的家人感情很好，這讓他忍不住想像，如果他能擁有自己的家庭，那會是什麼樣子。幾年後彼得搬回故鄉，跟家人相處的機會變多了，這讓他開始認真考慮要有小孩。彼得的女兒裘蒂誕生於二〇〇九年，那時他跟伴侶尚恩已穩定交往十五年之久。

我詢問這些父親，為什麼他們選擇代孕來成為父親？有不少人回答，起初他們考慮收養，但很快地發現他們所在的州禁止或者不鼓勵男同志收養小孩，而男同志跨國收養小孩通常是違法的。另外，收養有時候也會產生一些複雜的狀況，例如收養人可能會被要求跟孩子的親生父母保持聯絡，這讓不少同性伴侶望之卻步。而且代孕的一大好處是，這些爸爸有機會擁有跟自己血緣相繫的孩子，對某些人而言這很重要。不過代孕不是每個人都負擔得起；在美國，代孕的費用起碼從十萬美金起跳，只有極少部分的男同志負擔得起這筆費用。如果考慮海外代孕，除了加拿大、丹麥、荷蘭、英國等少數幾個國家以及澳洲部分的州之外，代孕基本上都是違法的。不過，如同求助於代孕的異性戀夫妻，也有些男同志伴侶選擇到東歐、亞洲等法律管得比較寬鬆的國家去做代孕。男同志伴侶通常選擇妊娠型代孕，有些男同志還會故意選擇不同的人做代理孕母和卵子捐贈者，這樣一來，對孩子而言，他們自己的家庭無疑會占最重要的地位。

男同志伴侶在準備做代孕時，必須先決定誰將成為孩子血緣上的親生父親。有些伴侶認為血緣並不重要，有些是其中一方覺得重要，另一方卻不太在意；也有些伴侶兩人都想要有血緣相繫的孩子。而有些伴侶會把他們的精子混合，把決定權交給命運。約翰和艾倫從一開始就想要有兩個小孩，所以他們輪流成為孩子的親生父親。第一次進行受精時，生殖診所用的是兩人混合的精子，結果他們的第一個女兒是約翰的孩子。所以第二次，他們就只使用艾倫的精子，生下了第二個女兒。兩個女孩來自於同一個卵子捐贈者，所以她們在血緣上是同母異父的姊妹，兩人長得也很像。如果男同志伴侶選擇用混合精子受精，透過基因檢驗可以知道誰是孩子的親生父親，不過這通常是不必要的。孩子都長得像父母，而隨著孩子長大，往往不用驗基因就可以看出孩子跟誰有血緣關係。約翰說，當孩子滿兩歲時，你可以一目了然地知道兩個女孩分別跟誰有血緣。不過約翰跟艾倫盡量避免在外跟別人談論這些，他們不希望別人只關注血緣的問題。

代孕也可能生下雙胞胎。如果兩個父親分別提供精子與捐贈的卵子製造胚胎，再把兩個胚胎同時植入代理孕母體內，而因此順利產下雙胞胎，兩個孩子就會分別與其中一個父親有血緣關係。當然這不保證一定會成功，有時候只有一個胚胎能順利成長，有時候兩個都失敗收場。不論如何，就算後來只生下一個孩子，這種方式也給兩個爸爸平等的機會成為親生父親。不過，有時利用這種方式也會得到意外的「驚喜」。在二〇一六年，一對來自南非的男同志伴侶想通過代孕得子，他們分別貢獻出一顆胚胎做植入，怎料其中一顆胚胎分裂成了雙胞胎，結果這對爸爸一口氣有了三個孩子。

約翰和艾倫跟家人報告將為人父的喜訊後，約翰的父母十分開心。他們以為約翰這輩子不會有小孩了，意外的喜訊讓兩老喜出望外。然而艾倫母親的反應卻不同。艾倫跟約翰交往的前五年，艾倫的母親一直拒絕跟約翰見面；而當兩人宣布將成為父親，她說他們會毀了那孩子的人生。幸好一旦孩子出生，她的態度就改變了，現在她非常疼愛兩個孫女，完全是一個慈愛祖母的樣子。

當男同志伴侶跟同志圈內的朋友宣布他們將成為父親，有時朋友們的反應會出奇冷淡，而跟沒小孩的朋友漸漸不再連絡也是常有的事。就像約翰和艾倫的朋友。他們起先都很為兩人高興，但後來卻彼此漸行漸遠。「我們試著跟圈內圈外的親友都保持聯繫，」約翰說，「但是我們的生活被家庭、孩子和學校占滿了，而這樣的生活裡異性戀者占絕大多數。我們是地球上最像異性戀的同性戀。」

德瑞克和傑瑞米一家住在加州，他們有一對五歲大的雙胞胎兒女，卡倫和漢娜。兩人在成為父親之後也有類似的經驗：「我們的朋友都很支持我們，也很為我們高興——除了同志朋友以外。」德瑞克說。「同樣有小孩的同志朋友跟我們變成更要好，但沒有小孩的同志朋友幾乎都跟我們斷了聯絡。少數幾個有聯絡的，都是也有興趣將來要有小孩的人。」

我們訪問的同志爸爸中，其中有幾個人有被陌生人歧視過，有時歧視甚至帶著明顯的敵意。不過大部分時候，歧視是消極而隱晦的。例如他們不被邀請參加學校母親們主辦的家長茶會等聚會活動；或是有些母親會多事地教他們要怎麼帶孩子，她們卻不會去「教」其他的女人。

如同安東尼和葛瑞的例子，許多同志爸爸在孩子出生後有持續跟代理孕母保持聯絡，這比例占我們受訪對象中的百分之八十五。「我們的仲介為我們找到一位很棒的女性，她是我們最佳的選擇，完全無可挑剔。」彼得說。他們跟代理孕母兩家人一年見面一、兩次，每逢節慶會電話問候，還會互贈聖誕禮物。

約翰和艾倫的兩個女兒誕生於不同的代理孕母。他們跟其中一位孕母的關係比較疏遠，不過他們認為問題是出在那位孕母自己的家庭關係。約翰和艾倫還是有跟兩個代理孕母保持聯絡，她們兩人都有在他們的婚禮上贈詩致詞，但是相比之下，他們跟大女兒的代理孕母關係親近多了。兩家人會一起去度假，孩子們也都相處得很好。「如果可以，我希望我們跟小女兒的代理孕母的關係能更好一些。」約翰說。「我覺得有點愧疚，小女兒不像大女兒那麼常見到她的代理孕母；我也有點難過，那位代理孕母似乎過得不太順遂。」

如果同志爸爸們跟代理孕母住得很遠，無法常常見面，兩家人也可透過社群網站等方式聯絡。德瑞克和傑瑞米就是如此。「她是一個很棒的人，她為我們帶來最珍貴的禮物。不過生完孩子不久，她跟她的家人就搬到奧勒岡州去了。為了克服距離，我們主要用 Facebook 聯絡。我們可以看到她跟她家人、小孩的照片，她也可以看到我們的。每年孩子生日我們會送花給她。我們很關心她過得好不好，也希望她知道我們常常想念她，感激她為我們帶來的一切。」

我們的訪談中，大部分的父親都見過卵子捐贈者，或是直接跟她們連絡過。他們通常會在代孕療程開始之前跟她們聯絡或見面；一部分的人在代理孕母懷孕期間還有跟卵子捐贈者聯絡，然而這不是在每個國家都被准許的。一旦孩子出生後，父親們通常會跟代理孕母保持聯絡，卻不見得會繼續聯繫卵子捐贈者。不過，多數的父親都刻意選擇身分公開的捐贈者，如此一來，如果孩子長大後有這個意願，還是可以聯絡上卵子捐贈者。約翰和艾倫跟卵子捐贈者見面時，他們最關心的問題是她將來願不願意見孩子，而對方表示願意。兩人希望能跟孩子說，將來如果他們想要，是可以跟捐贈者聯絡的。德瑞克和傑瑞米也有事先跟捐贈者見過面，德瑞克形容那像是「世界上最尷尬的初次約會」。他說：「我們有太多事情想知道，結果我們選擇集中精神，試著感受她自然流露的人性溫度；那是從個人資料或是錄影資料上感受不到的。我們會有很多很多年不再見到這個人，甚至可能永遠都不會再見面。但我們心裡知道，或許在多年後，她會再度出現在我們的生活裡。這麼想著，我很慶幸我們有見她一面。」

不管是女同志媽媽或是男同志爸爸，他們很早就得對孩子解釋一個重要問題：為什麼他們的家庭跟別人不同。提早跟孩子解釋可以幫助孩子，讓他們準備好該如何面對來自他人的疑問跟反應。專家建議收養孩子的父母，當孩子開始問問題時，就該跟他們好好解釋他的身世由來；而專家也建議同志爸爸比照這種做法。通常孩子都會在你最意想不到的時候問重要的問題。彼得就有這樣的經歷：「現在回想起來真的蠻好笑的。當時裘蒂兩歲，我正在讓她練習自己上廁所，她坐在馬桶上而我坐在浴室裡，我們不知道等了多久，等她『解放』，這時她突然說：『我沒有媽咪。』我回答：『對，妳有兩個爸爸，爹地跟爸比。』真的是天外飛來的對話。」同志爸爸除了得跟孩子說明為何他們有兩個爸爸，他們也得說明孩子是怎麼生下來的。要跟年幼的孩子解釋代孕跟卵子捐贈很不容易，所以家長得想辦法用簡單的方式說明。「我們只跟她說她是從代理孕母的肚子裡生出來的，細節就先沒多說。」彼得說，「我們會問她：『妳是哪裡來的？』她會回答：『耶穌』，那是真的很可愛，而她也實在沒辦法理解更多。她沒有問我們細節，所以我們也沒多做說明，畢竟她才五歲。」德瑞克和傑瑞米的應對方式也很類似：「我們沒有用到代孕這個詞，畢竟他們才五歲。」德瑞克說，「我們跟他們說：『爸比跟我決定想要小孩後，我們去問一個很好心的女士，看她願不願意把肚子借給我們，結果她答應了。你們就這樣誕生了。你們從代理孕母的肚子裡出來時，爸比跟我已經在醫院等著你們；從你們出生的那一天起，我們就在一起了。我跟爸比是你們的父親，你們沒有媽媽，但是有兩個爸爸。』關於他們出生的故事，我們大概就說了這麼多。」

我們的研究是有史以來第一次，有人對代孕得子的同志爸爸做深入的調查。因為沒有其他研究做對照，我們必須審慎地看待研究結果。我們的研究對象都是志願者，而或許有正向的經驗的人更有意願參加研究。同時，由於代孕在美國所費不貲，這些受訪的父親幾乎都是高收入人士。不過我們有對收入造成的影響做進一步分析，發現收入較低的同志爸爸的小孩也一樣能快樂地成長，所以看來收入無法解釋一切。我們確實不該無視這些可能的干擾因素，但不論如何，從目前為止的研究結果看來，這些代孕得子的同志爸爸們都表現得很好，不輸給其他類型的家庭的家長。

我們訪問的父親們都非常慶幸能經由代孕擁有孩子。「我覺得自己非常幸運能夠生在這個時代、這個地方，而讓我有這樣的機會。」德瑞克說，「我無法想像，如果我的人生中沒有小孩會是什麼樣子。而如果我出生在世界上的其他地方，或是其他時代，我不知道這一切是否能發生。我常常想著這樣的事。」

約翰也有相似的感覺：「這是我們人生中做過最棒的事。我很想跟我那些沒小孩的同志朋友說：『你們都應該要有小孩，你們不知道自己錯過了什麼！』」

＊＊＊

二〇一八年九月，我造訪了迪亞哥．迪亞和梅爾文．瓊斯。他們一共收養了三個孩子，十五歲的凱莉、十一歲的羅伯特，和七歲的傑米。他們的家位於在英格蘭的南方沿海，坐落在明信片般美麗的街道上，屋子裡也布置得很好，環境非常舒適。我訪問他們的那天，警察剛來找過他們，通知他們凱莉的生父已經服刑期滿（他因暴力犯罪服刑十三年），目前被安置在三條街外的收容所。我開始做訪談時，他們還沒完全從這個消息的衝擊中恢復過來。這不是迪亞哥一家第一次聽到類似的驚人消息。幾年前他們發現凱莉的生母也住在附近，而她的生母與別的男人生下的兒子跟羅伯特念同一所學校。凱莉生母的所有姊妹都在十六歲以前生過孩子，而她生下凱莉時才十三歲。當時她住在寄養家庭中，無法自己照顧孩子，於是凱莉被兒童福利單位接管，然後在十八個月大時被迪亞哥和梅爾文收養。凱莉偶爾會在街上看到她的生母；有的時候，看到她會讓凱莉覺得很開心，有的時候卻會讓她感到憤怒與難過。

羅伯特的生母有十四個孩子，十個出自於同一位父親，四個出自另一位。在迪亞哥和梅爾文收養凱莉的三年半後，他們又收養了羅伯特，當時他也是十八個月大。跟凱莉的生父一樣，羅伯特的生父也是犯罪者，他的存在威脅到孩子們的安全。羅伯特最年長的兩個姊姊分別是三十二跟二十八歲，她們已為人母，所以羅伯特有五個外甥和外甥女，有些年齡比羅伯特還大。迪亞哥和梅爾文收養羅伯特時，他們不知道他有嚴重的胎兒酒精綜合症（Fetal Alcohol Syndrome, FAS）。他的生母喝酒成癮，在懷孕期間也沒有戒酒，導致羅伯特有嚴重的學習障礙。他在學校常常跟不上教學進度；在十一歲時，他的學業表現大約相當於七、八歲孩子的程度。我訪問迪亞哥一家時，羅伯特剛從小學升上國中。他得離開原本熟悉的環境，換到一個有兩千人的學校，這也讓羅伯特很難適應。

傑米是迪亞哥和梅爾文最小的孩子。在收養了羅伯特的三年半後，傑米也是在嬰兒時期被收養的。傑米的生母在福利院長大，她十八歲時有了身孕，而當時她的男朋友十四歲。傑米天生有腦性麻痺，導致他有行動及語言障礙，也有一些行為上的問題，例如：他會因為無法順利用語言表達自己而陷入焦躁，然後大發脾氣。我訪問迪亞哥一家的那天正是傑米開始上學的第一天。面對著這些身體上以及心理發展上的阻礙，他的兩個父親很擔心傑米在學校得不到適當的支援及照顧。

迪亞哥是一名兼職的客服員，受雇於倫敦機場，而馬爾文經營著訂製工藝品的生意。兩人有感於英國有許多孩子需要一個家，於是決定在國內收養小孩。而且他們不想要隱瞞同志身分，如此一來，就不可能從中國、印度等地跨國收養孩子。迪亞哥和梅爾文深愛著他們的孩子，兩人奉獻全力照顧他們；但是他們也承認，從政府的福利系統收養小孩是非常艱鉅的。「這些孩子被送進福利院通常都是有原因的。」迪亞哥說，「有時候，即使你用全世界的愛去澆灌，也無法填補他們心靈的破洞。他們會反反覆覆把你推到極限，因為對他們而言，最糟糕的事情早已發生。光是用從你父母身上學來的育兒術是沒有用的。試著想像你從出生就被拋棄、被忽視、被拒絕，而大人跟你說：『如果你再這樣頂嘴，我就不准你看你最愛的電視節目』……你想這會有用嗎？」

不過，即使得面對許多艱鉅的挑戰，迪亞哥仍再三跟我強調當養父的快樂。「這使我們的人生更豐富。我們共有許多美好時光。我們一家人一起享受過快樂的假期；而我們的小兒子很喜歡足球，他還加入一個由腦性麻痺孩子組成的特殊球隊。孩子們的進步或許很小很慢，但每一步都別具意義；對這些孩子而言，前進的每一步都是一大步。我們的大兒子現在還是會尿床，但是他平安無事地參加了校外教學，那天他回家時充滿了驕傲。因為他可以順利去校外教學了，他開始覺得自己是學校的一分子。」

迪亞哥直言不諱地說，如果你沒有過人的勇氣，不要嘗試去收養三個從出生起就被父母親拋棄的孩子。他說：「這些孩子的心靈受過創傷，極難教養，有時會把你也弄得傷痕累累。」他又說：「有時我會給自己一點時間，想著：『好，一切都在掌握中。大家衣服都穿好了，都很乾淨，沒人有頭蝨，大家都吃飽了，而且各就各位沒亂跑。』能這麼想一下，我就覺得很舒壓！」那些每日重複的生活點滴，最讓迪亞哥感到欣慰：「他們回家時我都很高興。他們會說：『嗨』然後親我一下問：『今天晚餐吃什麼？』之後我幫他們擦鞋，而他們去寫功課，時不時我也會幫忙他們。我每天早上醒來，都萬分慶幸這些孩子在我身邊。有時候我會想：『天啊，想想看如果他們一直待在福利院，現在會是什麼樣子！』」

***

經過多年的醞釀，二〇〇二年，英國終於通過新法，允許同性伴侶共同收養小孩。那時起，男同志才開始被視為可能收養孩子的人選。一九九〇年代後期，我與同志人權團體「石牆」的代表，以及一位由女同志伴侶撫養長大的上議會議員同席，應邀參加會議跟衛生部長見面。這個會議是一個起點，會議後英國政府開始認真看待同志收養議題。當時衛生部長深深被會議中看到的證據所打動，她下令修改待送國會的法案草稿，讓收養小孩的同性伴侶能夠共同成為孩子的法定家長，這讓我喜出望外。

新法終於在二〇〇五年生效，但許多收養仲介機構卻滿懷著擔心跟猶疑。被收養的孩子與親生父母分離，大多帶著心理創傷，他們的情緒已經很脆弱了，而有些社工認為讓同性伴侶收養小孩——特別是男同志伴侶——會加重孩子的心理負擔。就像有人反對男同志藉由代孕得子，也有人反對男同志收養小孩；而這些人反對的論點都很類似：他們不僅是同性戀，而且還是男性，這兩個特質都不利於照顧小孩。反對人士認為，有這兩個特質相加，對孩子社交上、情緒上、自我認同以及性別認同上的發展都很有害；更不用說，被收養的小孩原本就處於比較脆弱的狀態。

在二〇〇九年，全英國收養仲介機構的協會「英國收養與寄養協會」舉辦了一場研討會來討論這個議題。而我被邀請去做開場演講。很顯然地，現場的專業人士都有共識：我們有必要多了解，被同志爸爸收養，會對孩子造成什麼樣的影響。對於這些處於弱勢的孩子，男性是否能不遜於女性地照顧好他們？而被同志爸爸收養的孩子是否會面臨更多的障礙？由於我們的研究團隊有研究同志媽媽家庭的經驗，劍橋大學家庭研究中心無疑是擔任這項研究的最佳選擇。於是這個研討會成了契機，從那時起，我們開始研究英國的同志爸爸家庭。

研究中，英國收養與寄養協會協助我們募集受訪家庭，而負責資助社會研究的政府單位「經濟與社會研究委員會」也提供給我們研究經費。我的兩位同僚麥克爾．蘭姆和菲歐納．塔斯克也加入了研究團隊；麥克爾是研究父親角色的頂尖專家，而菲歐娜是我追蹤研究同志媽媽家庭時的搭檔。團隊中的其他成員還有蘿拉．梅利許和莎拉．詹寧斯，她們實際走訪了這些家庭，親自做了調查訪問。我們的訪問對象都是有收養孩子的家庭，其中包括男同志家庭、女同志家庭以及異性戀家庭。這些家庭都有兩個家長，他們在一起的平均年數為十二年，而孩子的年齡大致在四歲到八歲之間。這些孩子的親生父母都因為沒有能力照顧他們而放棄親權，然後他們都是經過兒童福利單位被收養的。研究對象中，被收養的孩子都至少與養父母一起生活一年以上。

受訪的同志爸爸們決定收養孩子的理由有很多。藉由收養，同性伴侶可以共同擁有親權，而且兩人平等地都跟孩子無血緣關係。許多同志爸爸說，跟小孩有沒有血緣關係對他們而言並不重要。他們也覺得，因為有許多孩子需要一個家，收養孩子是合乎道德的作法。有些同志爸爸還考慮到，如果要有跟自己血緣相繫的孩子，那必然會有親生母親的存在，而他們不想要有這種複雜的家庭關係；而如果提及代孕，不僅費用令人望之卻步，也有不少人還是不太能接受借腹生子的概念。

如同我們過去所做的研究，我們著重於觀察受訪者家庭的各個層面，包括：家長的心理狀態、親子關係、以及孩子的適應狀況。我們運用與過去的研究類似的方法——家長、孩子以及學校老師都會參與調查——然後我們會微調評價的方式，以因應不同類型的受訪家庭。

我們調查的三種家庭在心理上或親子關係上都沒有顯著問題，三種家庭的家長也都很用心地照顧孩子。不過同志爸爸與異性戀夫妻相比，感到沮喪和壓力的程度反而比較低。比起異性戀夫妻，同志爸爸對孩子顯示較多的溫情與互動反應，在管教孩子時比較溫和，也會花更多時間與孩子相處。而同志媽媽的結果則落在兩者中間。

不意外地，從我們對家長和學校老師的訪問中得知，這三種家庭的孩子都有高度的行為表現上的問題。過去，有不少學者以被收養的孩子為對象做過研究，我們已經知道這些孩子在被收養前往往有不好的經歷，這讓他們有很高的風險會產生心理問題；而孩子被領養時的年紀越大，這個風險也越大。雖然我們無法得知受訪的孩子在被收養前所有經歷的細節，但據我們所知，有超過三分之一的孩子的生母有精神問題、酒精成癮，或者是家庭暴力的受害者；而超過三分之一的孩子的生父有犯罪紀錄，如同凱莉和羅伯特的生父。不少孩子受過駭人聽聞的虐待：超過三分之二的孩子被忽視，超過一半受過情緒上的虐待，近五分之一受過身體上的虐待，而大約有百分之五的孩子受過性虐待。在三種類的家庭中，孩子受過這些創傷的比率大致相同。

我們請了一位兒童精神科醫師來檢視我們訪問家長的紀錄，以評估孩子們的情緒及行為表現狀況，卻沒有讓他知道孩子們分別來自於哪一類的家庭。四分之一的孩子被歸類為心理失調、學習障礙，或兩者兼有。我們發現，在這些有症狀或障礙的孩子之中，來自異性戀收養家庭的比例比較高。為了回答社工對同志爸爸的疑慮，我們也檢視了孩子的性別認同及性別行為；結果顯示，不論是男孩或女孩，三種家庭中的孩子表現並沒有差別。

我們無法論定為什麼同志爸爸家庭的表現反而比異性戀家庭還好。或許是因為同志爸爸們沒有經歷過不孕之苦，也沒嘗過一連串失敗的不孕治療所帶來的壓力。我們的研究對象中，所有的異性戀夫妻以及一半的同志媽媽都面臨過不孕的問題。另外，同志爸爸收養的孩子似乎原先的問題也比較小，這可能是因為收養仲介機構不確定同志爸爸的育兒能力，因此不願意把問題最嚴重的孩子交給他們；如果這是事實，這可能也是同志爸爸與孩子整體上親子關係較好的原因。另一方面，我們訪問的同志爸爸們是英國最先幾個被允許收養孩子的案例，由於大眾還不清楚同志爸爸的育兒能力如何，他們恐怕是從嚴格的審查過程中脫穎而出的少數幾人；他們想必都真的非常想要收養孩子，而且也願意為孩子付出很多。

等到被收養的孩子進入青春期，這些家庭又面臨了不同的問題。進入青春期後，孩子會開始關心自己的身分認同；他們會想弄清楚自己是誰、以及想要成為什麼樣的人。被收養的孩子在這個時期還要面對額外的問題：身為養子或養女的自己到底是誰？美國學者哈爾．古特芬和大衛．柏金斯基是收養方面頂尖的心理專家，他們提到，這些青少年需要把被收養的經驗整合到他們的人生經驗裡，這樣他們才會對自己的身分認同有安全感。在這個過程中，有些青少年會開始對自己的親生父母感到好奇，他們會想要知道更多的資訊；而如果他們跟親生父母已經失聯，有些青少年會試著想找到他們，有些則不會。對於親生父母的事情，專家建議養父母必須要以開放的態度跟孩子溝通，表達對他們的支持；養父母也必須真誠地跟孩子說明他們被收養的原因，這樣才能幫助孩子建立正面的自我認同。

由於青春期對被收養的孩子而言意義非常特殊，六年之後，也就是二〇一五年，家庭研究中心的安雅．麥康納奇和娜迪亞．艾德開始追蹤訪問當年參與研究的家庭。這時孩子們的年齡已在十歲到十四歲之間。如我們所預料的，三種家庭的家長都面臨著不少挑戰；其中有一半的孩子有學習障礙、情緒及行為失調、或是綜合性的心理問題。許多家長適應得很辛苦，他們竭盡全力地提供孩子需要的幫助。我們訪問了被收養的孩子們，以了解他們與養父母的依附關係（attachment）；我們利用心理學家霍華德．斯帝爾和米里安．斯帝爾所開發的方式做評估。兩位斯帝爾教授都任職於紐約的社會研究新學院，是研究兒童依附關係的權威。我們發現分析的結果與第一階段的研究符合：與異性戀家庭相較之下，同志爸爸家庭中，孩子與家長建立的感情依附更加穩固。

迪亞哥和梅爾文的女兒凱莉也參與了這次的追蹤調查，此時她十三歲。凱莉很喜歡在森林中散步，也很喜歡在祖父母的農場裡探險；她喜歡爬樹、騎馬、還有跟家人出去吃晚餐。當我們請她描述她自己，她說：「我不是很認真、很理智的那種人。我喜歡耍寶、開玩笑。」她覺得自己最棒的一點是：她有很棒的家人跟朋友。「爸比真的很溫柔。我想他很愛我。我們相處得非常好。」他們父女吵架通常都是為了整理房間的事情，凱莉覺得她爸比太愛乾淨了。「爹地也很愛我。他常常外出，而我很喜歡跟他一起出門。我們會一起騎腳踏車、遛狗。我很喜歡跟他相處。」凱莉很愛她的兩個弟弟；她會跟羅伯特一起玩，唸書給他聽，一起看哈利波特電影。她也覺得她的小弟弟很可愛。「我做功課的時候會分心來抱抱他。我會讓他騎在我的肩膀上，他超愛這個的。他真的很可愛。」在學校，凱莉最喜歡體育課，然後最討厭地理。她長大以後想要當作家或是獸醫。凱莉說她的朋友都很喜歡她的兩個爸爸：「因為他們人都很好，很溫柔，也很會照顧人。」最近還有一個朋友跟她說：「妳真幸運！」

美國的心理學家瑞秋．法爾及同僚做了跟我們類似的研究；他們的研究對象為有學齡前養子女的家庭，一樣是比較同志爸爸、同志媽媽以及異性戀家庭三種家庭。他們也在小孩開始上學後，繼續做追蹤調查。不同於我們在英國所做的研究，他們的研究結果發現三種家庭的育兒狀況沒有差別，孩子也沒什麼行為上的問題。這個差別或許是由於被收養的孩子的背景不同：在美國所做的研究中，所有的孩子都在出生後的幾個禮拜內就被收養了；而我們在英國的研究中，這些孩子大多被親生父母忽視或是虐待過，他們都待過寄養家庭，有的甚至待了好幾年。年紀較大才被收養的孩子往往在年幼時受過苦，比起從嬰兒時期就被收養的小孩，他們更有可能產生心理上的問題。

＊＊＊

研究同志媽媽家庭可以幫助我們回答一個爭議多年的問題：孩子需要父親嗎？而研究同志爸爸一樣也可以回答相對的問題：孩子需要母親嗎？——這個問題或許有點奇特，因為很少有人質疑母親的重要性，大部分的人都會不加思索地回答：需要。這部分的原因是，即使在現代社會，在傳統形式的家庭裡，母親往往比父親多花很多時間照顧孩子；而大家也自然地認為母親比較適合育兒，而且對孩子的狀況比較敏感。不過，我們的研究顯示，一旦男性願意負起養育孩子的責任，他們的育兒能力便與母親無異；而孩子即使沒有母親也可以健康快樂地成長。不管是借助代孕或是收養孩子，同志爸爸往往要經過很多努力才能成為父親，所以不意外地，他們通常都願意為孩子傾注全部的心力。

距今不到四十年前，同志媽媽仍不得不面對許多偏見與攻擊；而到了今天，社會大眾對同志爸爸的反應卻低調了許多，兩者的時代差異形成鮮明的對比。二〇一〇年，歌手艾爾頓．強跟丈夫大衛．弗尼西藉由代孕迎接了兒子札克里的誕生。大家對孩子的誕生紛紛表示祝福，沒有人表示批評或反對。而二〇一八年，奧運金牌跳水選手湯姆．戴利和他的丈夫達斯汀．布雷克迎接了他們的兒子羅比，除了少數右翼媒體，大眾也幾乎沒有負面反應。然而，也不是所有人都能接受同志爸爸們的存在。二〇一七年，麥凱恩食品不得不屈服於輿論壓力，撤銷他們含有同志父親的電視廣告。而有時候，攻擊和批評會來自於意外的對象。Dolce & Gabbana 的服裝設計師多爾切和加巴納也是同性戀者，但他們在二〇一五年公開批評艾爾頓．強和大衛．弗尼西藉由代孕而得子，他們指稱體外受精誕生的孩子是「人造的」。即使在不少國家的法律已經鬆綁，但社會整體要改變對同志爸爸的想法，恐怕還有一段漫長的道路要走。

***

二〇一八年七月，我跟安東尼．布朗再次相約見面，這次的地點是他紐約曼哈頓的辦公室。我們初次相遇是在二〇一四年十一月，當時我應同志父親支援組織「孕嬰爸爸」的邀請，到他們主辦的研討會演講。安東尼在多年前放棄了演戲，成為一名律師，專門協助男女同性戀伴侶處理家庭關係的法務問題。他的兒子尼可拉斯已經九歲了，他在學校適應得很好，活潑快樂，喜歡游泳、網球、跳舞和讀書。安東尼一家還有跟代理孕母夏儂以及卵子捐贈者荷莉保持聯絡。他們大多透過寄明信片或社群網站聯絡感情。不過只要有機會，他們也會盡量安排時間見面相聚。夏儂跟荷莉有見過面，她們也見過許多安東尼和葛瑞的家人親戚。安東尼跟尼可拉斯沒有血緣關係，不過安東尼認為，即使他們有血緣關係，兩人現在的關係也已經好得不能再好了。

當我問安東尼他對尼可拉斯的期望，他的回答很簡單：「我希望他快樂，勝過一切。我希望他能找到能令他快樂的事物，我希望他能喜歡他自己。我掙扎了很多年，一直困惑於自己是誰，然後又花了更多年才開始喜歡自己。所以我對尼可拉斯最大的期望，就是希望他能快快樂樂。」

在安東尼成長的世代，婚姻與家庭對男同志而言如同天方夜譚。無法擁有孩子一直是他心中的痛，但在過去他只能接受這個事實。沒想到，成為父親的夢現在居然成真了，安東尼至今還是覺得難以置信。「能擁有尼可拉斯，是我們超乎想像的夢。我們當初決定做代孕時，如同跳進一片未知，而現在，我每天都感謝上帝讓我做出這個決定。我希望更多人能有機會受惠於代孕。我非常快樂，對於這一切，我心滿意足。」

Chapter 7

自主性單親媽媽

不同的形式

「確實有些女人為情勢所迫，不幸成為單親媽媽。但如果有人打從一開始就故意成為單親媽媽，這種行為非常自私。」

——國會議員吉兒．奈特女士，1991 年受訪於《每日電訊報》

「我的人生很快樂。我媽一人可抵兩個、三個、甚至四個家長。她一手包辦所有的角色。」

——珍，當時十八歲，2010 年。她是自主性單親媽媽的女兒

派翠西亞．羅德斯是一位四十歲的單身女性，她從事出版工作，有穩定的職業。兩年前她結束了一段感情，在那之後她試著約過幾次會，但都沒有結果。於是她決定，如果要生小孩，要麼就現在生，不然可能就生不了了。「我曾經希望我終究會遇到對的人，然後一切會按照我的期望發展。只可惜，事與願違。」她說。二〇一八年夏天，我在紐約跟派翠西亞相約見面，從她決定成為單親媽媽那時算起，已經過了二十年。當年派翠西亞覺悟到她只能靠自己，於是她加入了一個名為自主性單親媽媽（Single Mothers by Choice）的組織。「我參加了幾次聚會，得到了不少支持跟鼓勵。那裡有不少人已經有自己的小孩了，你可以實際請教她們的經驗 。這給我很大的勇氣。」派翠西亞說，「我不覺得自己是先驅者。我的想法是：『好吧，如果這是我必須做的，那就只能這麼做了！』我知道這對孩子不一定是最好的選擇。有時候我會懷疑，我這麼做是否出於自私。」

最初派翠西亞心存猶疑，不知道要找一個認識的人幫忙成為孩子的生父，還是要利用精子捐贈。結果她選擇了精子捐贈。因為她擔心如果找認識的人，將來對方可能會想介入她的家庭；而如果是精子捐贈，就能夠清楚地劃清界線。派翠西亞特別去找了跟自己互補的精子捐贈者；她很有藝術細胞，所以她挑了一個數學好、看上去性格也不錯的人。然後在一九九六年，派翠西亞在紐約生下了女兒凱西。

派翠西亞後來搬到紐約皇后區，她的哥哥、嫂嫂及他們兩歲大的兒子也住在附近。「我以為我們跟我哥哥一家能很親近，像個大家庭；我也以為嫂嫂會幫助我，跟我分享當母親經驗。」派翠西亞自己的母親在她十八歲時就過世了。「我的期望完全落空了。但意想不到地，我從義大利和希臘來的鄰居那邊學到很多：包括關於育兒與家庭的智慧，以及慷慨互助的精神。」派翠西亞回憶起她的老鄰居，不禁眼淚盈眶。凱西出生後的那段時間，派翠西亞的父親和繼母時常到皇后區來看她。「我的父母真的很好。有他們在身邊，對我幫助很大。」

在派翠西亞所在的保守社區裡，不論孩子出生的背後原因為何，鄰居們都會以懷疑的眼光看待單親媽媽。好在，派翠西亞適應新環境後，她為凱西找到了一個很優秀的保母，事情從此好轉。「凱西的保母幾乎不會說英文，他們每天會一起看電視好幾個小時。這聽起來完全不像正確的育兒方式，但那個保母是真心關愛凱西，她就像我們家庭的一分子。」

凱西八歲的時候，她們母女搬到了紐澤西。「這個城市的口碑很好，很多人從曼哈頓、布魯克林或皇后區搬到這裡。這裡很有都市氣息，而且風氣自由，有很多單親或是同性的家庭。我覺得這裡會很適合我們，而事實證明我的決定是對的。凱西在這裡過得很快樂，她很喜歡她的學校，也交到了幾個很好的朋友。」

從凱西四歲起，派翠西亞就開始跟她提到她的精子捐贈者。凱西在學校、或是對朋友也從來不隱瞞她出生的故事。有時在學校討論起這個話題，如果她覺得老師的說明不太正確，她會舉手糾正。「我覺得這很酷。」凱西說，此時凱西十六歲。當時是二〇一三年，我與我在紐約新學院的同僚正在進行一項研究，試圖了解由同一個捐贈者捐精而誕生的孩子之間的關係。「我覺得這很棒。我想每個人都想有些標新立異的特色，而身為捐精寶寶是我的特色。我覺得這很有意思，也讓我感覺與眾不同，我很喜歡這個特色。」凱西十三歲時，派翠西亞聯絡了「捐贈者子女登錄系統（Donor Sibling Registry）」，試著尋找凱西的同捐贈者兄弟姊妹（donor sibling）。兩個禮拜後他們收到一封電子郵件，通知凱西她有一個同捐贈者的姊妹，名叫荷莉，正好跟凱西同年。

抱著緊張興奮的心情，派翠西亞和凱西約好在紐約一家墨西哥餐廳跟荷莉和她媽媽見面。凱西回憶：「我真的很興奮，能有一個姊妹真的很酷。但我也很緊張，我在想：『萬一我不喜歡她怎麼辦？她會不會很討人厭、或是很拘謹、或是很怪，而我們兩個真的合不來？或者萬一，她覺得我很怪，那該怎麼辦？』在約好的餐廳見面時，我們先尷尬地打過招呼，然後都默不吭聲，撥弄著餐巾，不時微笑點頭。我們兩人都因為震驚而變得很安靜。」餐後兩對母女一起去散步，兩個女孩走在前頭，終於有機會單獨說說話。「我們兩個並肩走著，互相問對方一連串的問題來看我們有多相像。我很興奮，互相比較真的很有趣。我們不斷回頭問媽媽『我們兩個走路方式是不是很像』之類的問題。」凱西說。「我們真的很愛互相比較，像是問：『我喜歡這個，你喜不喜歡？我長這樣，你長得怎麼樣？』之類的問題。如果你認識了一個新朋友，通常都要花好幾年聊一些不太深入的話題，然後才慢慢地認識對方。但我感覺我跟荷莉跳過了那個階段，馬上變成很親密的朋友。她像是我最好的朋友，我什麼都可以跟她聊。我們真的一拍即合。」現在凱西和荷莉每年會見面幾次。「我們每次見面都會聊從上次見面以來發生的事，分享彼此生活中開心與不開心的點滴——包括關於朋友的事、生活中的變化、或是關於男生的事。這一切是很棒的經驗。」

凱西希望她有一天能跟她的捐贈者見面。她不想跟他建立特別親近的關係，但是她希望他們能處得來；她希望可以問他一些問題，以便多了解捐贈者和他的家族背景。「我想了解，一半的我是從哪裡來的。」凱西說。凱西讀過她媽媽從精子銀行拿來的資料，她知道他最想去度假的地方是阿魯巴島、喜歡吃雞肉、最喜歡的顏色是藍色，他個子很高、有著一頭捲髮跟一對棕色眼睛；他擅長數學跟科學，也有運動跟音樂天賦；他的家族最早來自東歐。凱西說：「看這些資料簡直像在看 match.com 之類的婚友網站，但它不是為了徵婚徵友，而是為了找精卵捐贈者。」凱西向來稱呼他為「捐贈者」，她從來不稱他為爸爸。「他從來都只是捐贈者，如果別人說他是我的父親，我會感覺很奇怪。他不是我的父親，所以不該用父親這個詞。」但捐贈者還是在凱西的人生中占有一席之地。「就像你有個神祕的父親，我有時候會覺得他無所不在。他對我而言是一個特別的存在，因為如果沒有他，就不會有我。」

＊＊＊

在美國，像派翠西亞這樣，由精子捐贈生下小孩的自主性單親媽媽被稱為 Choice Moms 或是 Single Mothers by Choice。從一九八〇、九〇年代開始，精子銀行逐漸普遍，單身女性可以藉助於精子銀行生下小孩，而不用擔心將來跟孩子的生父之間產生親權糾紛。澳洲是最早以法律保障單身女性生育權的國家之一。二〇〇〇年，澳洲立法讓單身女性也有權接受輔助生殖醫療（例如精子捐贈及體外受精）。當時有一群天主教主教反對此決定，他們認為懷孕需要有男女雙方的參與，而孩子需要由父母雙方一起撫養長大。對此，澳洲的高等法院（在澳洲擁有最高決定權的法院）判定，如果不給單身女性與已婚女性相同的權利接受生育治療，那會構成歧視。儘管有高等法院支持，當時澳洲的社會輿論還是以反對意見居多。一項調查顯示，只有百分之三十八的受訪者贊成單身女性接受精子捐贈。多數社會大眾還是認為傳統家庭是較佳的選擇。

四年後在英國，人類受精與胚胎管理局的主席蘇西・李瑟聲明：政府應該修法，讓單身女性比照異性戀伴侶，擁有接受生殖醫療的權利。儘管嚴格上來說，英國的法律並沒有禁止單身女性接受生殖醫療，但許多診所不願讓單身女性接受精子捐贈；因為法律中要求，診所需考慮孩子「對父親的需求」，而這普遍被解釋為單身女性不該接受生殖醫療。蘇西・李瑟發表聲明後，《獨立報》應聲刊登了聳動的頭版標題〈父親不再被需要〉。二〇〇八年，議會通過修法，將條文中的「對父親的需求」修改為「對適切親情的需求」。對此，著名的英國議員兼前保守黨魁伊恩・鄧肯・史密斯表示：「這是釘死傳統家庭棺材的最後一根釘子。」

二〇〇五年，派翠西亞在紐約生下凱西的近十年後，在蘇格蘭，一位三十九歲的平面設計師艾莉絲・佛格森終於下定決心成為單親媽媽。艾莉絲跟一個她愛的男人交往了三年，她想跟他一起生養小孩，但對方卻不想成為父親。「我真的很想要小孩。我一心以為我會跟他生下孩子。」二〇一一年艾莉絲接受我們的研究訪問時表示，「他非常聰明又風趣，我們相處得很好。起初一切都看似完美，但他就是不想要小孩。最後我們只能以分手收場。」在那之後艾莉絲有遇到同樣想要小孩的人，但是她卻不愛對方。此時艾莉絲已年近四十，於是她做出結論：她只能靠自己來生孩子了，儘管這不是最理想的方式，但卻是她唯一的選擇。「我不覺得我是自主性單親媽媽，我想要有個先生。」艾莉絲說：「我不知道我該稱自己為什麼。自主性單親媽媽聽起來有點激進，別無選擇的單親媽媽或許比較符合我的情況。」

艾莉絲在倫敦女性診所（英國第一個開始接受單身女性的生殖醫療機構）接受人工授精，生下了女兒瑪莉亞。精子是她透過網路，從美國的精子銀行找來的。對艾莉絲而言很重要的條件是，精子捐贈者將來要願意公開身分；如果將來她的小孩有意願，她希望她可以聯絡到捐贈者。當時英國才剛剛修改了法律，規定捐贈者不能永久匿名，因此願意公開身分的捐贈者十分搶手。艾莉絲找朋友來幫忙出主意，挑選了捐贈者，然後她下單買了幾管精子。儘管艾莉絲已經選定捐贈者，她還是額外付費，買了多達十四頁的捐贈者資料。據艾莉絲形容，這份資料詳細得叫人難以置信。「它實在太詳細了。你可以知道他全家頭髮的顏色，你也知道他祖父母的死亡原因。我甚至知道他的祖父曾以民主黨員身分參選，然後以四票之差落敗。」艾莉絲驚訝地發現，捐贈者的家庭跟她的家庭有許多相似之處。「我覺得很高興，也覺得巧合得有點詭異。他的家人真的跟我的家人很像。他們都在政治上都偏左派，而且都愛好音樂；其中有人是人類學家，而捐贈者的父親還跟我一樣是個設計師。」

捐贈者的外型也是重要的因素。艾莉絲希望能夠找一個跟她、還有她的家人外型相似的捐贈者。她覺得如果小孩長得不像她，別人自然會想知道孩子的父親是誰；而或許每當孩子看著鏡子，孩子心中也會浮現許多的疑問。「我有一半芬蘭、一半挪威血統。」艾莉絲說，「我有一票金髮、高個子的芬蘭親戚，而他的家人看起來也都是金髮、高個子。我真的很希望能夠有一個長得像我的小孩。」

艾莉絲一向都對女兒的出生經過不加隱瞞，但是要回答瑪麗亞關於爸爸的問題，有時並不容易。瑪麗亞四歲時，她問艾莉絲：「我們能不能去找個爸爸？」她還建議她們可以去火車站找。瑪麗亞十歲時，她還是想要一個爸爸，她希望艾莉絲能找個人結婚，這樣她就有爸爸了。瑪麗亞知道她有個精子捐贈者，而有一天她可能可以見到捐贈者、以及出於同捐贈者的兄弟姊妹們。她對她的捐贈者抱著許多疑問：為什麼艾莉絲不認識他？關於捐贈者，艾莉絲了解多少？他知不知道自己的存在？艾莉絲一直以為，要等瑪麗亞再大一點她才需要面對這些問題。「有一天晚上瑪麗亞跟我說：『我的朋友說，妳沒見過我爸爸是件很奇怪的事。』我感覺得到，當她這麼說時有一絲哀傷。當她出生時，我真的滿心雀躍；但現在，我想對孩子而言事情不再那麼單純。這是他們的人生，他們得找尋自己的答案。」

二〇一九年，我走訪艾莉絲和瑪麗亞在愛丁堡科斯托芬的家。她們熱情地接待我。可以看出母女倆的關係很親密。瑪麗亞此時十三歲，最愛的科目是科學、美術和西班牙文。她喜歡體操和舞蹈，也喜歡跟朋友消磨時光。不過她最愛的活動是競技啦啦隊，她的隊伍有參加過全國性比賽，還得了獎。瑪麗亞還是希望她媽媽有一天能結婚；她希望能有個爸爸，也希望艾莉絲能多用婚友網站找對象。只要不用花太多時間解釋，瑪麗亞不介意跟她的朋友提到她的家庭狀況，但有時她的朋友們會同情她，這讓她覺得不太愉快。等她長大，她會想見見她出於同捐贈者的兄弟姊妹（她愛稱他們為她的「夥伴們」）。如果能跟她的夥伴們一起，她想，她或許也會想見見她的捐贈者。

＊＊＊

一九九一年三月十一日，一個前所未聞的消息在倫敦傳開：一名從未與男性有過性關係的異性戀女性藉由精子捐贈受孕成功。社會輿論為之譁然，報章雜誌紛紛用聳動的標題報導此事，如〈處女生子風暴〉、〈首次由科技創造的處女生子即將來臨〉和〈為什麼世界上有一個處女生子就夠了〉。《每日郵報》中宣稱此事「攻擊了家庭生活的核心價值」，並說這是誤用科技來創造「像超級市場一樣的實驗室，而單親寶寶是其中的熱門商品」。幾位英國國會議員主張要禁止這項科技，他們認為小孩會蒙受其害。國會議員吉兒．奈特女士說：「明明是單親，卻還刻意生下小孩，這很不負責任，也沒有為孩子著想。」國會議員安妮．溫特頓說：「這種行為是錯誤的，因為它沒有考慮到小孩的最佳利益。這是不道德且不自然的。」有醫生認為這是一種病態，並把它命名為「處女生子症候群」。教會的反對更是強烈；教會倡議團體「保守派家庭運動組織」的團員形容這個現象「醜惡而自私」。天主教皇甚至任命特別委員會來調查此事。

社會對單親媽媽的排斥不是新鮮事。單親媽媽時常被視為社會上許多慢性問題的根源：青少年犯罪、輟學、吸毒及酗酒、反社會行為、失業以及依賴社會福利救助——這些都被歸為單親媽媽家庭所造成的問題。但是所謂「處女生子」又是另一回事情。當事實證明，異性戀的單身女性可以不用與男人發生性關係，而自主性地選擇成為母親，這讓世人大感震驚。這是否表示父親這個角色即將消亡？而傳統家庭價值的崩毀已迫在眉睫？

當處女懷胎的新聞曝光，許多人開始詢問：這些自主性單親媽媽到底是些什麼人？她們為什麼這麼做？她們是不是如媒體所說都是處女？我們過去研究精卵捐贈家庭時，研究對象都是雙親家庭，因此我們也很想知道，如果母親是單身女性，情況又會如何。為了尋找答案，在二〇〇〇年代初期，我們開始對自主性單親媽媽們展開調查。我們與生殖醫療診所合作，募集到了二十七位藉由精子捐贈受孕的異性戀自主性單親媽媽參與研究。她們跟人們所想的截然不同：她們大多想有個伴侶，也無意反對傳統的家庭觀念，只是當她們邁入三十代後半，意識到能夠生育的時間已經不多了，她們便選擇獨自生下孩子，以免失去擁有親生小孩的機會。許多自主性單親媽媽覺得自己別無選擇。另外，沒有一位受訪者是處女。她們大多希望將來能找到人生伴侶，也希望能為孩子找個父親。

我在二〇〇八年訪問了美國 Choice Moms 網站的創辦人米琪・莫里賽特。她希望我們能做個調查，以進一步了解這些自主性單親媽媽是些怎麼樣的人。我們利用自主性單親媽媽的兩大網站 Choice Moms 和 Single Mothers by Choice 徵求參加者，共募集到了多達兩百九十一人。我們發現她們大多受過高等教育，經濟狀況穩定，而且事業有成。她們多半曾經有穩定交往對象，但最終決定獨自走上單親媽媽之路。背後的原因，有的是因為她們知道自己的交往對象不適合成為父親，也有的是因為她們的交往對象不願意走入家庭。這些單親媽媽都不是輕率地做出決定，她們都經過了長時間的深思熟慮。在走上這條路前，她們會確定自己的經濟狀況穩定，而且有足夠的資源和良好的人脈。有些人甚至為此換了工作，或是預先搬家到適合養育小孩的社區。這跟報章媒體所描繪的形象截然不同。自主性單親媽媽時常被指責為自私的人；二〇〇五年《紐約時報》的記者寫道：「許多女性在選擇成為單親媽媽而懷孕後，親朋好友或他人往往表示不能理解，甚至惡言相向。最常見的指控是自私，因為人們還是普遍認為雙親家庭對小孩才是最好的。」

下定決心成為單親媽媽絕非容易的事。根據我們的調查，有四分之三的媽媽擔心孩子沒有父親會造成不良影響，尤其是有兒子的媽媽。珍有一個四歲的兒子，她擔心她兒子「沒機會學一些男人做的事，例如怎麼維修房子、球類運動，或是怎麼當一個好父親」。另一位媽媽玻比有個一歲大的兒子，她擔心「我的兒子沒機會做一些跟爸爸互動的活動，他也沒機會仿效男人的行為」。有女兒的媽媽則擔心，女兒會不會將來無法跟男性建立健康的關係。喬琪有兩個女兒，分別是五歲及兩歲，她擔心女兒們會「早早開始想引起男性的注目，以彌補缺失的父愛」。八歲女孩的媽媽塔莎則說：「我希望她不要覺得男人很沒用或很壞。我盡力讓她了解婚姻可以是很美好的。」幾乎所有參加調查的媽媽們都認為，為了彌補小孩缺少父親，她們的生活中必須要有其他男人參與。大部分的人都設法讓男性家人或朋友時常參與他們的家庭生活。但也不是所有的媽媽都這麼擔心。例如賈姬，她有一個七歲的兒子以及一對兩歲大的雙胞胎男孩。她說：「我認為，如果我能教育好孩子，就可證明家庭能有各種不同的形式，而與眾不同的家庭不見得不好。」

有些自主性單親媽媽是經過性行為懷孕的，她們事先就知道男方無意養育孩子；也有一些選擇收養孩子。不過最主流的方式，是藉由精子捐贈而懷孕。而為了避免將來與孩子的生父產生親權糾紛，許多單身女性寧願選擇匿名的捐贈者。迪依說：「如果我跟認識的人借精生子，我擔心有一天他會改變主意，要求跟我共同養育小孩。」另一個選擇匿名捐贈者的原因，是為了保護孩子，以免他們被捐贈者拒絕而受傷。譚雅說：「我擔心，如果孩子知道自己的生父曉得她的存在，卻不願意當她的爸爸，她可能會覺得很受傷。」而另一些單親媽媽，例如珍，則選擇身分公開的捐贈者。這樣如果將來小孩有意願，或許可以聯絡上對方。珍說：「我選擇『身分公開』的捐贈者，這樣等我的孩子年滿十八歲，他可以跟捐贈者聯絡。我不想選擇永久匿名的捐贈者，我想讓孩子自己決定要不要聯絡他。」凱蒂也選擇將來願意公開身分的捐贈者，她說：「對我而言，這是最好的選擇。在孩子的成長過程中，捐贈者不會參與我們的生活，我可以不受干擾地把孩子養大。但是捐贈者也不會永遠像一個未知的幽靈。在某個時刻，他有可能會變成一個真實存在的人。」少部分的自主性單親媽媽選擇認識的人當捐贈者。珍妮說：「我覺得，能夠讓小孩從小就有機會認識她的生父，那對她是最好的選擇。我會盡量給她這個機會。」

這些單親媽媽同時也擔心，當孩子知道自己因精子捐贈而誕生，孩子們會作何反應。這是個複雜的問題：到底要不要告訴孩子，以及該如何告訴孩子關於精子捐贈的事？我們透過捐贈者子女登錄系統進行調查，發現比起異性戀夫妻，更多單親媽媽會主動尋找捐贈者或其子女認親。登錄系統上想要認親的人當中，有百分之四十五是單親媽媽，而只有百分之二十是異性戀夫妻。這些單親媽媽想認親的主要原因，是因為她們希望通過認識（甚至實際見到）兄弟姊妹及捐贈者，孩子能獲得更明確的自我認同感。在單親媽媽之中，以此為主要動機加入捐贈者子女登錄系統的人占百分之六十，而在異性戀夫妻之中僅占百分之九。實際上，讓孩子與同捐贈者兄弟姊妹見面的單親媽媽人數為異性戀夫妻的三倍。比起異性戀夫妻，有更多單親媽媽告訴孩子他們是通過精子捐贈而誕生，而她們告訴孩子的時間也更早。這也可想而知，畢竟單親媽媽必須跟孩子解釋為什麼他們沒有爸爸。

與異性戀家庭相比，自主性單親媽媽的家庭中，不只是母親更有意願尋找捐贈者的其他子女，她們的孩子也有此傾向。而且跟女同志媽媽的家庭相比，有更多單親媽媽家庭的小孩會試著想尋找自己的精子捐贈者。這或許表示，比起有兩個媽媽的小孩，對只有一個媽媽的小孩而言，生父的存在可能更重要一些。雖然大多數的孩子用「捐贈者（donor）」來稱呼他們的血緣上的父親，但與異性戀夫妻比較之下，有更多單親媽媽的孩子稱捐贈者為「父親」或是「爸爸」。十七歲的吉姆說：「我不喜歡捐贈者這個稱呼。他是我的父親，除了他我沒有其他的父親了。」也有孩子雖然稱呼捐贈者為父親或爸爸，卻不認為他在自己的人生中占有重要的地位。「如果可以，我希望能多認識我的爸爸，」十六歲的凱斯這麼說，「但畢竟我的成長過程中沒有他，認不認識也沒什麼大不了。」

***

那麼，是不是真的如媒體所說，單親媽媽養大的孩子比不上在傳統家庭中成長的孩子？為了回答這個問題，研究者們進行了兩類研究：一類是研究因父母離婚而被單親媽媽撫養長大的孩子；另一類則是研究未婚媽媽的孩子，而這些未婚媽媽通常都是意外懷孕的。因應美國離婚率攀升的時代背景，學者從一九八〇年代開始研究離婚單親媽媽的孩子；其中維吉尼亞大學的心理學家梅維斯．賀塞林頓及她的同僚所做的研究最引人注目。另外在一九九〇年代，英國的心理學家茱蒂．鄧恩及其同僚所做的研究也十分傑出。這些研究結果顯示，與雙親家庭的孩子相比，平均而言，單親媽媽的孩子確實更容易有情緒及行為上的問題，學習狀況也較差。不過也有許多孩子沒有受到離婚的負面影響；也有許多承受負面影響的孩子，其狀況隨著時間經過而有所改善。特別是如果離婚的雙親之間關係較為友好，對孩子的負面影響往往會比較小。

近年來未婚媽媽的比率大幅增加，促使許多學者開始研究未婚媽媽家庭。在一九六〇年代，未婚媽媽的比率未達百分之五；而到了二〇〇〇年代，在美國未婚媽媽的比率為百分之二十，在英國則為百分之十五。在這些研究之中，有兩個特別具影響力：一個是在美國進行的脆弱家庭研究（Fragile Families Study），此研究以一九九八年到二〇〇〇年之間出生的孩子為調查對象。另一個研究是英國的千禧年世代研究（Millennium Cohort Study），此研究著眼於二〇〇〇年前後出生的小孩。如同離婚單親媽媽的小孩，跟雙親家庭相比，未婚媽媽的小孩有更多學習、情緒和行為上的問題。

不過，雖然單親媽媽的小孩整體表現不如雙親家庭，這卻不一定是缺少父親的緣故。研究顯示，單單是被離婚的單親媽媽扶養長大，其實不見得有害；單親家庭必須面對的許多狀況，往往才是造成問題的原因。離婚後，通常單親媽媽的收入會減少，因此許多單親媽媽被情況所迫而搬家。在新的環境，母親不僅失去原有的資源和人脈，小孩也得適應新學校，重新交朋友。離婚之前，孩子往往目睹父母經歷許多不滿與爭吵，有時這些家庭內的衝突可長達數年。另外，剛離婚的母親情緒可能特別脆弱，這也會給孩子帶來負擔。加上許多離婚後的母親有憂鬱傾向，這也可能會影響她們照顧孩子的能力。未婚媽媽的情況也類似。如同離婚的單親媽媽，未婚媽媽的孩子之所以整體表現不如雙親家庭，很大一部分是出於社會、經濟上的弱勢，以及媽媽的身心狀況。單親本身並不是問題的原因。

許多人擔心，既然離婚單親媽媽和非計畫懷孕的未婚媽媽的孩子表現不如雙親家庭，那自主性單親媽媽應該也會面臨一樣的問題。但事實卻不一定是如此。自主性單親媽媽跟離婚單親媽媽或未婚媽媽有很大的不同。例如派翠西亞和艾莉絲，她們是主動決定要獨自成為母親，而非被迫或意外陷入這種狀況。單親媽媽家庭常有的負面因素：如經濟困境、伴侶間的爭執，和情緒憂鬱，不見得會發生在自主性單親媽媽的家庭中。另外，離婚單親媽媽的孩子或許跟爸爸感情很好，卻被迫分開；自主性單親媽媽的孩子則沒有這個問題。不過，這些孩子也面對著自己的課題，一個其他單親媽媽的孩子沒有的課題——除非精子捐贈者是認識的人，不然他們不知道自己的親生父親是誰，甚至有可能終其一生都得不到解答。

二〇一一年，蘇菲·扎德和塔比莎·佛里曼開始研究自主性單親媽媽家庭，以了解這種新型態的家庭對孩子的影響。蘇菲是一名社會心理學家，專精於研究各種不同型態的家庭在社會中的定位。她們比較了五十一個自主性單親媽媽家庭，以及五十二個雙親家庭；這些家庭都接受精子捐贈而生下孩子，且孩子的年齡都在四歲到九歲之間。這個研究著眼於孩子與母親的關係、孩子的心理狀況，以及他們對不認識生父這件事有何感受。自主性單親媽媽的孩子跟母親的親近程度與雙親家庭無異，兩者的心理適應程度也沒什麼差異。而不管是單親媽媽家庭或是雙親家庭，母親的心理壓力及經濟困難越大，孩子就越容易有情緒及行為上的問題。

研究結果得知，自主性單親媽媽的孩子有心理問題的比率很低。由此看來，對於年幼的孩子而言，不認識親生父親並不會對心理健康造成太大影響。不過自主性單親媽媽必須很早就回答關於親生父親的問題，有時早至孩子才兩、三歲時。露伊思．韓第是一名保姆，她在三十二歲時接受精子捐贈生下兒子艾力克斯。露伊思從不對人隱瞞艾力克斯是如何誕生的，她對艾力克斯本人也非常坦誠。露伊思在接受訪談時說：「我不厭其煩地跟別人解釋，因為我不想讓別人以為艾力克斯的存在是個錯誤，或是一時縱情的後果；我也不希望別人以為我當初不是真的想懷上他。我寧願別人知道，懷孕生子是我自己的選擇；這樣他們就知道，我有多想要這個孩子。我不希望別人猜想我是意外懷了孕，而因此打亂了人生計畫。這就是我的人生計畫。這就是我想要的。」

在艾力克斯還很小的時候，露伊思就開始告訴他借精生子的事情。但艾力克斯的捐贈者是匿名的，他永遠無法知道對方是誰。這讓艾力克斯很難理解。露伊思回憶：「我有印象在他兩歲半的時候，有一天我下班回到家，他跟我說：『伊恩有爸爸，莎莉有爸爸，帕特也有爸爸，而我沒有爸爸』我只回答『沒錯』然後他問『為什麼？』」露伊思很驚訝他年紀這麼小就問這個問題。「我回答：『媽咪找不到可以當爸爸的男人，於是我去找醫生幫我，用一種特別的方法生寶寶。』」艾力克斯似乎接受了這個解釋。但是等到他七歲，他開始更深入地詢問關於捐贈者的問題。露伊思說：「我們的對話圍繞在：為何他不能知道他的捐贈者是誰。」露伊思說。「我得解釋，因為他是匿名的。然而七歲大的孩子很難理解這個概念。我告訴他，我們知道他的捐贈者是個很好的人，然後艾力克斯會反問：『妳怎麼知道？妳又沒有見過他。』我也覺得他的反問蠻有道理的。然後他又說：『如果他真的這麼好，妳為什麼不跟他結婚？』」

甚至到了十歲，艾力克斯還是不能理解什麼是匿名捐贈者。有一次他去舅舅家玩，回程路上，他說跟舅舅相處，讓他希望自己有個爸爸。他還是不懂為什麼他的捐贈者是匿名的。露伊思跟他解釋，匿名捐贈就像把衣服捐去義賣：「我們把一袋衣服拿去捐，別人不會知道那袋衣服從何而來，只知道它來自於某人的善心與愛。如果有人來買了我們的大衣，然後那個人真的很喜歡它，那大衣就找到了很棒的新主人。沒有人知道是誰捐了那件大衣，但不管是捐的人或是買的人都付出了他們的愛心。匿名捐贈就是這樣。」然而艾力克斯還是覺得困惑不解。

跟艾力克斯一樣，大多數的小孩都會在很小的時候就開始問，為什麼自己沒有爸爸。而且這通常都發生在家長最意想不到的時候。桑妮雅有個五歲大的女兒茹絲，她回憶：「她突然蹦出一句話，真的嚇我一跳。當時我正在開車，她就沒來由地問：『為什麼我只有媽媽？』」有時候，別的孩子說的話會引發孩子對這個話題的興趣。七歲大的吉米的媽媽說：「第一次提到這個話題時，吉米三歲。一個比他大九個月的孩子問他：『你爸爸在哪裡？你有爸爸嗎？』我看得出他在想：『等等，我不知道』」跟其他小孩的爸爸相處也會激起孩子的好奇心。麗莎有一對五歲大的雙胞胎女兒，她說：「當她們看到朋友的爸爸時，她們會一直說她們也想要有個爸爸。」就如同志媽媽的小孩，如果學校對多元家庭的狀況不夠敏感，就有可能會讓單親媽媽的小孩感到難過。例如父親節活動可能會讓單親媽媽的小孩感覺很差。娜森有一個六歲大的女兒嘉蜜拉：「她只有在學校準備父親節活動的時候會感到困擾。有時她會說：『沒有爸爸不會讓我跟別人有什麼不同。』」

雖然孩子會想知道自己為什麼沒有爸爸，但大多數知道自己是因精子捐贈而誕生的孩子，其實對自己的捐贈者沒有太大的興趣。卡蒂娜有一對七歲大的雙胞胎，她說：「他們不太談論他們的捐贈者。他們會提到某個可以扮演父親角色的人，然後跟我說：『妳得去找個人來當我們的爸爸』。他們還沒意識到捐贈者是他們血緣上的父親，也不太提到他。」

在我們的調查對象中，最年長的孩子剛滿九歲，年紀小的才四歲。他們還不能理解精子捐贈所代表的意義。於是在凱蒂·瓊斯和裘·萊森的協助下，蘇菲·扎德在三、四年後重新訪問了這些自主性單親媽媽家庭，以傾聽孩子對他們的家庭的想法和感受。此時這些孩子們的年齡已經在七歲到十三歲之間了。幾乎所有的孩子都在四歲以前就知道自己誕生於精子捐贈，其中一半以上多少能理解精子捐贈的意義。十一歲的佛迪說：「在醫院裡有個特別的部門，如果妳沒有男朋友，可以去找他們幫忙。有志願者會幫助妳生孩子。」九歲的貝玲達說：「為了生小孩，妳需要男人的精子跟女人的卵子。有好心的男人捐贈了他們的精子來幫我媽媽生下我。」不過，即使媽媽們有試著解釋，但有些小孩對自己是如何出生的，還是感到很困惑。山姆說：「我真的不知道我媽媽在說什麼，在我聽來都是一些我聽不懂的話。」

大部分的小孩都對他們的捐贈者抱著中立的態度，或是抱有好感。八歲的傑克森說：「我覺得他應該是好人。他應該很善良、又會為別人著想。」十一歲的梅姬說：「他應該是個不錯的人。他是那種會去幫助別人的人。」有些孩子，例如十三歲的瑪莎，對捐贈者的感受比較複雜：「我已經習慣沒有爸爸了，所以提到他不會讓我不開心。但我還是希望我能見見他，畢竟他終究是我的爸爸。」十一歲的亞里斯特說：「對我而言，沒有爸爸沒什麼大不了，因為我已經習慣了。但我不太想見到他，因為我擔心我一旦見了他就會開始想念他。畢竟他也算是我爸爸。」不過也有少數幾個孩子，例如九歲大的凱蒂，對捐贈者有比較負面的看法：「我不覺得他會是最棒的爸爸。如果他連見都不想見到自己的孩子，我實在不覺得他有多好。」

對於捐贈者與自己的關係，每個孩子的看法不同。有些孩子，例如十一歲的袠依，會覺得捐贈者是完全的陌生人：「他不在我的生活中扮演任何角色，他也不屬於我家的一分子。感覺上，他就是世界上的另一個陌生人。」有些小孩會關心自己從捐贈者那邊繼承了哪些特徵。十歲的瓊恩說：「我想他是個很有活力、而且喜歡音樂的人。我猜他很喜歡出門到處跑，而且有點瘋狂。因為我就是這樣。」不過也有一些孩子傾向把捐贈者視為父親，希望有朝一日能見到他。露伊思的兒子艾力克斯說：「我不會說他是家人。我會說他是我的半個爸爸。他有一半不是我的爸爸，但另一半卻是。」九歲大的麗茲邊思索邊說：「我一方面想見到他，但一方面又不想。因為我不知道他是怎麼樣的人。我也不知道他想不想見我。」當我們問孩子，他們會想問捐贈者哪些問題，有些孩子想知道他長什麼樣子，是怎麼樣的人，有沒有自己的家庭。另一些孩子想知道他為什麼決定做精子捐贈（為什麼他會覺得捐贈是件好事？）以及捐贈者是否希望跟自己建立某種關係（有一天你會願意當我真正的爸爸嗎？）。

蘇菲．扎德和凱蒂．瓊斯特別關心一個問題：為什麼有些自主性單親媽媽的孩子很容易就接受自己誕生於精子捐贈，另一些卻對此抱著複雜甚至負面的情感。答案是，這部分取決於孩子與母親的關係。如果孩子跟母親的關係能帶給他們安全感——包括他們相信母親在乎他們的感受、支持他們、而且必要時會在他們身邊——這會讓他們對捐贈者有更正面的觀感。我們在美國進行的研究（也就是前述凱西所參加的研究）也得到類似的結果；這個研究的研究對象年紀更大一點，也都是由精子捐贈誕生的單親媽媽的孩子。大多數的青少年都與母親有穩固的關係，而跟母親的關係越是穩固，孩子們對捐贈者就越是好奇。他們會思考關於精子捐贈的事情，也會想知道自己跟捐贈者有哪些相似之處；他們能接受自己是因為精子捐贈而誕生的，並將此視為自己身分認同的一部分。相對地，那些與母親的關係較不穩定的孩子會傾向逃避這個議題。他們會把受捐誕生的事情當作祕密，並以此為恥。如果別人發現這個真相，他們會感到難堪。

在我們的訪談中，媽媽們也承認當單親媽媽很不容易。「當單親媽媽占滿了我所有的時間。」四十二歲的蘿絲表示。她是個老師，兼顧工作的同時要照顧她四歲大的兒子。「當我遇到什麼困難，我是可以找朋友談心。但是到頭來，我還是得自己負起所有的責任，有時候這真的很辛苦。但我沒有一刻感到後悔。這毫無疑問是我做過最棒的事。」露伊思則說，當她必須做重要的決定時，她會希望有個伴侶：「幫艾力克斯選學校真的不容易。你會發現別人都覺得這個話題很無聊，因為終究沒有人像我這麼在乎艾力克斯念什麼學校。如果他有個爸爸，我們就可以一起討論。然後，如果有人可以跟我輪流照顧他就好了。如果有個伴侶跟我分擔，讓我不用覺得欠了別人人情，也不用因為沒陪在孩子身邊而感到愧疚，那就太好了。不過，我想單親也是有許多好處的，絕對不是全都只有壞處。」露伊思也擔心，身為自主性單親媽媽的孩子對艾力克斯會不會有負面影響。媒體時常報導，沒有父親的男孩容易在學校表現不好，甚至有犯罪傾向。這也加深了露伊思的憂慮。當艾力克斯十二歲時，露伊思說：「我覺得他適應得很好，但在內心深處我總是隱隱擔憂：我這麼做是對的嗎？」我最近一次跟露伊思談話時，艾力克斯十四歲。他的行為就像許多其他的青少年——他老是聚精會神地盯著螢幕，不太與人交流。不過露伊思不擔心他惹上麻煩，她完全信任他。「自從艾力克斯出生以來，這是最具挑戰性的一年。」露伊思說，「孩子進入了青春期——在這個時期要當單親家長真的不容易，我沒有人可以商量，所以我總是在擔心。不過我覺得我做得還不錯。」

***

關於自主性單親媽媽的研究結果告訴我們，這些家庭與離婚或未婚的單親媽媽家庭有所不同——這些研究不只回答我們孩子是否需要父親的問題，它也回答我們孩子是否需要知道他的父親是誰。根據研究結果，這些孩子能調適得很好，也能與母親有良好的關係，與雙親家庭無異。這再次顯示，孩子要過得健康快樂，並不是非得有父親不可。不過我們也發現，孩子可能早在兩歲就開始對父親產生好奇心；而研究同時也顯示，等孩子長大一些，比起異性戀家長的孩子，這些孩子更常上網搜尋有關捐贈者的訊息。這意味著，對許多自主性單親媽媽的孩子而言，了解自己的親生父親很重要。甚至對一部分的孩子來說，捐贈者與爸爸之間的界線比其他家庭的孩子更模糊。

對艾莉絲．佛格森而言，成為單親媽媽是值得的，但是有時卻不輕鬆。回想起瑪莉亞出生後的頭十年，她說：「孩子在我的人生中是無可取代的。能夠加入為人父母的行列，我心懷感謝。

然而壞處是，我什麼都得自己扛下。如果我有人能跟我分擔就太好了。有人跟我說『妳做得真的很棒，我對妳脫帽致敬』，也有很多人幫忙我。但是這絕對不如與自己愛的人一起養育小孩容易。」

回首過去二十一年，派翠西亞．羅德斯毫不後悔。「我當初不知道當一個單親媽媽會有多艱難，但凱西跟我之間有美好的牽絆，我覺得我很幸運。我們無話不談，甚至有時候她會告訴我一些我不想知道的事！但那其實也是好事。她是個出色的人。我聽過許多人稱讚她，而身為父母，這也是對我的肯定。我想，不論過程中經歷過多少風風雨雨，她終究是順利長大成人了。」

Chapter 8

跨性別家庭
更快樂的自己

「我擔心這孩子長大會很困惑。我就覺得很困惑。」

——英國第一個懷孕生子的跨性別男性的叔叔，2017 年

「他還是我媽。」

——伊森，當時十二歲，2017 年

二〇〇八年，一個法院判決拆散了凱蒂．康西爾與她的兩個女兒。對六歲的泰拉和兩歲的曼蒂而言，凱蒂是她們的爸爸；但當凱蒂開始以女性身分生活之後，法官的決定改變了他們的關係。在訴訟中，孩子們表示，雙親協議離婚後，她們想要與雙親相處一樣多的時間；而調查報告也指出，凱蒂與兩個女兒的關係非常好。儘管如此，法官仍然判決：凱蒂只能每週一個晚上，以及每隔週的週末跟女兒見面。接下來的七年，凱蒂與前妻在家庭法庭上訴訟不斷，而最終的結果導致凱蒂與女兒們幾乎失去了所有聯繫。

凱蒂在倫敦長大，她出生於一個活力充沛、勤勉工作的家庭。她有一個姊姊和一個雙胞胎弟弟。如同許多雙胞胎，凱蒂至今還是跟她的弟弟感情很好。凱蒂雖然生為男孩，也被當作男孩養育，但早從四歲開始，她就知道自己有某些地方跟別人不一樣。這天，我造訪凱蒂在英格蘭南方海濱的公寓，我們邊共進下午茶，邊聆聽她的故事：「我就是感覺格格不入。」她說，「我常常觀察我姊姊做一些典型女孩子做的事，然後深受吸引。我不知道為什麼，但是我會想：『我也該這麼做，那才是我該做的事。』」起初凱蒂的家人很支持她，他們讓凱蒂玩姊姊的玩具，也讓她穿女生的睡衣睡覺。然而，等到凱蒂要上小學了，他們開始告訴她，她對性別的困惑只是暫時的，她是個男孩，以後終究要以男孩的身分長大。凱蒂的父母也是為了她好，想要保護她，免得受到同學的排擠與嘲笑，但是當時凱蒂不明白。她不知道為什麼她不能再穿女生的睡衣。每晚她都會哭著入睡。

上小學後，凱蒂發現她很難交到朋友：「我會去學校，跟其他的男生玩，然後想著：『唉，我不想跟你們玩。』然後我會去跟女生玩，但女生們會說：『為什麼你要跟我們玩？走開！你是男生！』所以我又回去跟男生玩，而男生會對我喊：『你是怪胎，基佬。去跟女生玩！』然後我會想：『哎呀！我該去哪裡呢？』」凱蒂十歲時，她已經很清楚地明白：她想當女生。但她也知道，那是不被允許的。凱蒂上中學後開始進入青春期，這段時期對她而言非常難熬：「我很討厭青春期，」凱蒂說，「但我得設法熬過。我不停地想：『我必須適應，我必須適應，我必須適應。』」

海事青年團（Sea Cadets）為凱蒂帶來意外的救贖。這個隸屬於英國海軍的機構，專門提供機會讓青少年體驗海軍生活。凱蒂天生擅長運動，在海事青年團她很快樂，暫時離開學校環境也讓她如釋重負。她在海事青年團遇到未來的妻子。兩人在十七歲時開始約會，彼此相愛，最終在五年後一九九五年的四月結了婚。畢業後凱蒂加入軍隊，從事軍職六年；而後她跟隨祖父的腳步，成為消防員。她現在是資深的救災人員，負責在車禍、火災中救助人命。凱蒂跟前妻的大女兒泰拉誕生於一九九九年，而後小女兒曼蒂誕生於二〇〇三年。「我全心愛著我的小孩。跟很多疼小孩的家長一樣，我把她們寵到心肝裡。」凱蒂說，「在我們被迫分離之前，我跟女兒們非常親近。」

打從一開始，凱蒂的前妻就知道她對性別的掙扎，她甚至支持凱蒂裝扮成女人。但是後來兩人的感情逐漸疏離，最後在二〇〇五年離了婚。二〇〇七年，凱蒂終於醞釀了足夠的勇氣，決定從此以後，她要以女性的身分生活。「我不想再苦苦掙扎了，我想做自己。我從來就不喜歡自己的身體，我的身體跟我的心靈不相合。」她說，「我知道對我而言，這不只是社會定位上的挑戰，我得服藥，也得接受手術。二〇一五年，我做了手術。」但法院卻因此把她視為對孩子的威脅。「別人說我做了『變性手術』，但對我而言，這不是變性，而是恢復我原本應有的性別。我很清楚，這才是我真正的身分，我跟他們說：『我是個好家長。我不是怪胎，我不是需要被提防的人，我絕不會對我的孩子造成威脅。』我試著在法庭上讓他們明白，但我的努力卻徒勞無功。」手術後，凱蒂完全與前妻及前妻的家人撕破臉：「我岳母打電話給我，說我錯了，說我不應該這麼做，還說我會毀了孩子們的一生。她對我大叫：『你不是她們的媽媽，你是爸爸！』」

凱蒂第一次跟女兒們談到性別認同時，他們正在一起看電視，當時電視上正巧有個裝扮成女人的男人。那時曼蒂才九歲，她對這個話題不特別感興趣，不過十三歲的泰拉卻表示了支持跟理解。泰拉問了凱蒂很多問題，她還想看凱蒂的假髮、化妝箱和衣服。凱蒂跟兩個女兒解釋，成為女性讓她更快樂，因為她終於可以做真正的自己。她也再三保證，成為女人不會改變她對她們的愛。這場談話結束的當時，女兒們似乎沒受到什麼動搖。但是，當凱蒂開始把頭髮留長時，泰拉卻開始不高興。她擔心她在學校的朋友看到之後會有什麼反應。不過幸好，泰拉的擔心是多餘的。「她的學校真的很棒、很有包容力。在學校裡已經有一個跨性別男性的學生。」凱蒂說，「泰拉的朋友也願意跟我交流，他們對我非常好奇。」但是很遺憾，曼蒂卻沒有這麼幸運：「我小女兒的學校卻完全相反。他們很直接地說，他們不願意看到我，也不希望我出現在學校附近。管轄學區的教育單位默許這種行為，這等於是變相支持學校對我的歧視。於是，我就這樣被排除在女兒的生活之外了。」

***

我們出生時，迎接我們來到這個世界上的第一句話，往往是「是個男孩！」或「是個女孩！」一切都取決於我們的身體特徵。之後，大部分孩子會依據自己的身體特徵，漸漸產生性別認同——也就是意識到自己是男孩，或是女孩。但不是每個孩子都是如此。跨性別女性在出生時被認定為男性，但她的性別認同卻是女性；跨性別男性則被認定為女性，性別認同卻是男性。有些跨性別者會用「非常規性別」（gender non-conforming）來形容自己，也有些人比較喜歡用「非二元性別」（non-binary）這個詞。根據「石牆」組織的定義，非二元性別者包括：所有認為自己不屬於男人、女人（或男孩、女孩）的人。性別認同有很多種，也有許多不同的分類與名詞。為求簡明易懂，我在此以「跨性別」（transgender）這個詞稱之。

性別的轉換通常是階段性的，不過不是每個人都會經歷相同的階段。最初，改變可能會從外觀、用語、行為和生活方式開始。如果是跨性別女性，這可能包括穿裙子、戴假髮或化妝；如果是跨性別男性，他可能開始只穿襯衫跟褲裝。許多跨性別人士會服用賀爾蒙，讓自己的身體變得更女性化，或是更男性化。跨性別女性服用的賀爾蒙會讓乳房發育，體型也會變得更柔和。而跨性別男性服用的賀爾蒙則會讓聲音變得更低沉，肌肉以及臉部和身體的毛髮也會增長。有些跨性別者選擇做性別重置手術（sex reassignment surgery; gender reassignment surgery），手術可能包括男性或女性的性器官重建，以及乳房移除。有時，性別認同的轉換也會伴隨著性向的轉變，例如原本為異性戀的男性，在成為跨性別女性後便成了女同性戀者；或是反之，原本為同性戀的女性，在轉換成男性後即成了異性戀者。

近年來，跨性別父母的議題開始浮上檯面。這顯示，至少在西方國家，跨性別者開始得到較多關注；但同時，對於跨性別者的仇恨犯罪（hate crime）也隨之增加。《時代雜誌》將二〇一四年稱為「跨性別者的轉捩點」，而《前景》雜誌也將跨性別者的人權問題列為二〇一五年的重大議題之一。兩年後，在二〇一七年，《國家地理雜誌》刊登了一篇專題報導，標題為「性別革命」；報導中討論，為何近年來世人對性別認同的看法改變得如此快速而澈底。雜誌的封面照片是一個九歲的跨性別女孩，她全身穿著粉紅色，連頭髮也染成粉紅，封面上印著這女孩說的話：「當女孩子最棒的是，我不用再假裝當男孩了。」

三個月後，凱特林・詹納（Caitlyn Jenner，原名布魯斯・詹納）宣布，她的性別認同為女性，而她也正在轉換身分的過程中，打算成為女性。凱特林是奧運金牌得主，也是美國真人秀節目《與卡戴珊同行》（*Keeping Up with the Kardashians*）中的一員。她在二〇一五年七月改名為凱特林，並在二〇一七年接受了性別重置手術。二〇一五年，她登上了《浮華世界》雜誌的封面，當時她用推特發文：「經過這麼久的掙扎，我非常高興我終於可以真正做自己。歡迎來到這個世界，凱特林。我等不及你們來認識她／我。」這則推特在雜誌發行後的四個小時內獲得了超過一百萬個讚。凱特林・詹納有六個小孩，她無疑是世界上最有名的跨性別父母。

二〇一六年，加州大學洛杉磯分校（UCLA）法學院的威廉研究所發表了一份報告，報告中指出，在美國有一百四十萬名成人為跨性別者，占總成人人口的百分之零點六。而這個數字在過去十年間增加了一倍。國際特赦組織（Amnesty International）在二〇一四年發表的報告中估計，在歐洲的跨性別者大約有一百五十萬人。英國最大的兒童性別認同診所在二〇一五年發表，尋求治療的十歲以下的孩子在過去五年間翻了四倍；而後診所又發表，被其他醫療單位介紹到該診所的十八歲以下患者，在二〇〇九到二〇一〇年間為九十七名，在二〇一八到二〇一九年間則為兩千名。我們不知道這些跨性別者之中，同時也是父母的人數有多少，但依據二〇一四年威廉研究所的報告，粗略估計大約有四分之一到二分之一的跨性別人士是有小孩的。新聞媒體的焦點往往集中在少數懷孕生子的跨性別男性身上，也就是所謂的「男性懷胎（pregnant men）」；不過以現狀而言，其實大部分的跨性別父母都是在有小孩後才做性別轉換的。

***

有小孩的人若是想要轉換性別，通常（雖然不是絕對）會跟伴侶產生衝突。而分手、離婚以及監護權的問題很可能接踵而來。與一九七〇年代女同志媽媽的處境很類似，法官和律師很常先入為主地認為，如果跨性別的父母繼續跟孩子接觸，會讓孩子產生心理問題，並對自己的性別認同產生疑惑。

一九八二年的「西塞克對西塞克案」（Cisek v. Cisek）是最早涉及跨性別者親權的訴訟案之一。依據判決結果，俄亥俄州的上訴法院剝奪了一名跨性別女性探視兩個女兒的權利。判決書中引用一位專家證人所言：「變性的家長會讓孩子產生反社會傾向。」專家認為，孩子們會難以接受自己的父親變成女人，因此建議澈底禁止他們親子之間的接觸。判決書中聲稱：「保護這兩個女孩是法院的義務，我們必須讓她們遠離一切身體、心理或社會性的衝擊。有證據顯示她們可能遭受心理上的傷害；而常識告訴我們，她們可能受到社會性的傷害。」

另一個案件，一九八六年的「戴利對戴利案」（Daly v. Daly）之中，一位名為蘇珊娜·戴利的跨性別女性在轉換性別後失去了女兒瑪莉的監護權。法院的理由是：「如果瑪莉被迫與父親見面，她有極大的風險會受到情緒及心理上的創傷。」內華達州最高法院形容蘇珊娜很「自私」，並將一切怪罪於她：「我們可以說，蘇珊娜實質上終結了她自己身為父親的親權。放棄父親的角色完全是提姆·戴利自己的決定，他決定成為一個女人，而這個女人不可能成為女兒的母親或是姊妹。」

而在一九九七年，密蘇里州的「J.L.S. 對 D.K.S. 案」中，上訴法院決定斷絕一名跨性別女性與小孩的所有聯繫。雖然證詞指出她是一個「充滿慈愛與關懷的父親」，專家證人卻認為，父親變成女人對孩子會造成「情緒困惑」。因此，必須等到孩子們「在情緒上及心理上適合跟父親接觸」，否則他們不得見面。

英國第一宗與跨性別父母有關的訴訟案發生於一九八一年。訴訟的焦點在於，一名四歲大的女孩是否應該跟已成為女人的父親見面。在法庭中有人提議，孩子不應該繼續跟父親有所聯絡，大人們最好告訴她父親過世了，或是搬到了很遠的地方。不過，以專家證人身分出庭的精神科醫生理查德·格林反對這個提案。他認為當孩子將來發現真相時，她會感到被欺騙，因此心生憤怒；他認為孩子應該繼續與父親見面。結果法官判定，父親每三週可以跟孩子見面一次，但是他必須裝扮為男人，不得化妝、佩戴首飾或穿著女性化服飾。不過後來上訴法院撤回了這些條件。大法官奧姆羅德歸結：「在這樣令人困惑的狀況下，孩子繼續跟父親接觸的利與弊幾乎不相上下。」這個說法讓我不禁想起英國同志媽媽贏得監護權的首例判決，當時的判決書中也說了幾乎一模一樣的話。

即使到了今天，跨性別父母失去孩子的監護權的例子依然屢見不鮮。其中有個極端的案例：

潔西卡・林恩是一名住在加州的跨性別女性，二〇一三年她轉換性別後，德州法院的判決讓她失去了十二歲兒子的一切親權，甚至連她的名字都必須從孩子的出生證明上被移除。她前妻的律師聲稱，潔西卡選擇的生活方式會危害兒子的情緒健康。因此潔西卡再也不能見到兒子，這讓她傷心欲絕。二〇一七年，潔西卡造訪了家庭研究中心，跟我們分享她為親權而奮戰的心路歷程，她說：「法院安排的精神鑑定結果是站在我這邊的，鑑定結果顯示，我是個充滿愛心的家長。但是法官不只剝奪了我所有的親權，甚至下令從出生證明書上抹去我的名字，彷彿我的存在是一個汙點。」後來私家調查證明，潔西卡遭受的待遇完全是出於歧視，但她的案子卻沒有開庭重審。這個故事讓我震驚，她的經歷與一九七〇年代的女同志媽媽竟如此相似。

這些案例都有一個共通點。這些跨性別的家長失去監護權（甚至探視權）的原因，都是出於一個假設：孩子如果繼續跟跨性別的家長接觸，他們會受到心理上的傷害。這些判決背後的理由不是證據，而是偏見。早期的幾個訴訟發生時，唯一的相關研究就只有理查德・格林醫生在一九七〇年代所做的小型研究，他的研究對象為十六個有跨性別父母的美國家庭。這個研究只著眼於觀察孩子的性別發展，結果發現沒有異常。格林醫生並沒有檢視孩子的心理健康狀態，或他們與跨性別家長的親子關係。而在那之後，多年來沒有人再對跨性別家長的小孩做任何調查。由於缺少證據證明孩子們究竟會受到什麼影響，在做監護權或探視權的相關判決時，法官往往出於臆測，認為家長的性別轉換會給孩子帶來傷害。

不過，法院究竟為什麼對跨性別家長如此不放心呢？關於跨性別家長給孩子帶來的潛在風險，有很多的假說。早期有人擔心，跨性別家長的孩子會有性別認同上的困擾，而且行為表現會不符合應有的性別。即使沒有證據支持，至今還是有很多人相信這個說法。今天，年輕人有更多元的方法來表達自己的性別認同，而我們也逐漸了解到，家長對孩子的性別認同或性別角色行為的影響，其實是很小的。然而法院依然擔心跨性別者的孩子會受到家長的影響，甚至模仿他們的行為——這顯示，從一九八〇年代以來，這種思維幾乎沒有改變。

也有人擔心孩子會難以接受父母的性別轉變，而親子之間的感情將難以維持。當孩子從小叫爸爸的人變成了女人，或是媽媽變成了男人，有不少人認為，那一定會讓孩子困惑跟難過。不僅如此，孩子還得見證父母面對性別轉換過程中的種種挑戰；他們的父母或許會為了下決定而反覆苦惱，或者被其他家族成員排斥——甚至被他們自己的父母斷絕關係。法院也擔心，若跨性別家長遭受歧視，會連帶波及到孩子。而如果離婚的父母之間懷有敵意，則更可能加強這些負面的影響。「親子離間症候群」（parental alienation syndrome）是指父母中的一方刻意讓孩子對另一方產生敵意；在跨性別家長與伴侶的衝突中，這種現象相當常見。

不過跨性別也不一定會導致離婚。在前述凱蒂的故事中，她最終被禁止與孩子連絡；但另一位跨性別女性漢娜的故事卻很不同。漢娜是一名作家，她與妻子和兒子同住在英格蘭紐卡斯爾。她的妻子萊雅是一名老師，而兒子班今年十五歲。漢娜五歲時，她常常希望自己一覺醒來變成了女生。她會想像自己是一個公主，被魔法變成了男孩子以躲避厄運：「我想當女孩子，但我知道我是個男孩，因為我確實是個男孩。」她說，「我生長在七〇年代，當時人們沒有什麼『性別認同』的概念。」漢娜從十一歲開始穿女裝。起初是偷偷的，然後等到她十八、九歲時，她開始對別人吐露她的感受：「我媽媽完全接受我。我爸爸雖然不太能理解，但他還是支持我。現在我變成他們的女兒，他們的態度依然不變。」漢娜和萊雅在大學相遇，對萊雅而言，漢娜穿女裝不成問題。從相遇後幾乎過了三十年，而兩人還是在一起。

班九歲時，漢娜找了機會跟班說，她有時候會裝扮成女人。那時她還沒開始性別轉換。她用大衛．威廉姆斯（David Walliams）的童書《穿裙子的男孩》（*The Boy in the Dress*）來跟班解釋，班毫無困難地理解了。而當漢娜開始性別轉換，漢娜和萊雅仔細地跟他說明了這意味著什麼；兩人誠實地讓班知道他們將來可能會面對的問題，同時也再三保證，即使做了性別轉換，他們之間的關係也不會有所改變。漢娜跟班說，她還是他爸爸，而班回答：「該做什麼就去做吧，要讓你自己快樂。」「我聽到之後哭了！」漢娜說，當時她心中喜悅滿溢。

班跟父母感情很好，他很享受與他們相處的時光：「我媽喜歡把所有的事情都弄得井井有條，她很喜歡做菜和整理花園，但是她有時候會拖拖拉拉的，所以事情不見得都做得完。」班說，「我爸很喜歡看書，她也常常看 Facebook。我跟我爸會一起去漫畫店，每次去都很有意思，我很喜歡。我們常常一起玩桌上遊戲，每天晚餐後我們會一起看電視、或看 Netflix。」除了玩桌上遊戲、打電動和看書，班也喜歡跟朋友一起溜直排輪，喜歡玩烙鐵焊槍跟熱熔膠，也喜歡寫電腦程式。他每週都會去參加寫程式的社團活動。當我請漢娜描述她眼中的班，她說：「他是個很棒的孩子。他很有趣，非常有幽默感。我很享受跟他講話。他非常聰明、富有愛心也懂得照顧人。他完全是個怪胎（geek），我以他為傲！我們真的處得很好。」

漢娜和萊雅最擔心的，是別人不理解漢娜的性別轉換。不過他們比許多其他的跨性別者幸運很多，在跟班的學校溝通後，校方表示理解與支持。「他們是最棒的教育者。他們全力支持我們，也願意實際採取行動。校方理解這可能會對班造成影響，例如他可能會被同學排擠，或是面對一些調適問題。另外，在系統上要把我的檔案中所有的『先生』改為『女士』也是一大麻煩。學校很用心地把我的稱謂都改過來了。他們對我的態度一直都很歡迎、很友善，我由衷感謝他們。」然而，家人的愛以及學校的支持還是無法完全保護班，有時候敵意和攻擊會出自毫不相干的陌生人。去年，有一次漢娜一家三口一起出門搭乘火車，在火車上有個乘客指控漢娜虐待兒童。「我跟班聊過這件事，我想班不是為他自己生氣，他更多是為我感到生氣。班說，如果這種事再發生，他會站出來為我討個公道。我跟他好好談過了，我想他明白，有些人就是愛找別人麻煩。」

另一位跨性別女性，奧瑪，也在性別轉換後維持著原來的婚姻，但其中不乏許多挑戰與波折。奧瑪與妻子喬安娜有三個小孩：「我原本以為孩子們會受到最大的衝擊，但結果最大的挑戰是：如何避免我跟妻子的關係崩壞。」奧瑪說。「當時我們正在籌備婚禮，但是我們都知道有一個巨大的問題我們一直避而不談——我的性別認同。」不久後奧瑪終於跟喬安娜坦白，她想要做性別轉換，於是兩人決定取消婚禮。他們寫好一封電子郵件，要通知婚宴場地做取消，但兩人卻都無法按下寄出鍵。那時奧瑪和喬安娜明白了，他們心裡其實還是想繼續在一起。於是他們同意，要一起克服將來的種種挑戰。畢竟他們在一起一直都很快樂，他們也不想拆散這個家；與其分手，兩人決定繼續努力維持他們的關係。

多年後回首過去，奧瑪坦承，有時候情況真的很艱難。但是他們都克服了。過去兩人常常爭吵；因為喬安娜不是女同性戀，奧瑪轉換性別意味著她失去了丈夫，這讓兩個人都很不好過。奧瑪知道，如果要維持她的家庭，不讓一切分崩離析，她必須確定喬安娜跟她一起走過每一步。「我們流了很多眼淚，我們會對彼此怒吼尖叫，也經歷許多冷戰。那段期間真的很艱辛。」不過他們從來沒忘記讓小孩知道，他們還是很愛對方、也很愛孩子，他們還是一家人。

席拉是奧瑪和喬安娜的小女兒，當奧瑪開始性別轉換時，她七歲。我們在她十二歲的時候採訪了她。訪談中她說：「一開始我很傷心，因為我覺得她變成了另一個人。但是後來我想：『其實不是的，她是同一個人，只是現在她更快樂了。我覺得挺好的，因為這讓我的家庭與眾不同。』」席拉從小都叫奧瑪爸爸，所以她還是繼續這麼叫她，她解釋：「我還是叫她爸爸。不過如果我們在公共廁所裡——她都用女生的廁所——我不會這麼叫她。別人會覺得很奇怪，所以我叫她的名字。」

席拉上中學的最後一天，她的老師把奧瑪叫到一旁，給她看了一篇席拉寫的作文。「作文標題是『我的英雄』，」奧瑪回憶起這件事不禁熱淚盈眶，「席拉的英雄是她爸爸。她說她以爸爸為傲，因為他經歷了性別轉換的種種。在作文中席拉用男性代名詞稱呼爸爸，這樣讀者比較好懂。我真沒想到，她真的以有跨性別的父母為傲。」

＊＊＊

二〇一五年，我受邀參加一場由英國政府平等事務部（Equalities Office）主辦的研討會，會議的目的是討論政府該如何加強對LGBTQ+人士的支援及服務。當我們在會議中談到跨性別家庭時，我們發現，我們完全不知道家長轉換性別會如何影響孩子。為了填補這個知識上的漏洞，家庭研究中心的蘇珊．伊姆里和蘇菲．扎德著手開始研究。這是針對此議題的第一個深度研究，研究探討的主題為：當父親或母親改變性別，這對孩子而言意味著什麼。研究於二〇一七年正式開始；而感謝跨性別者的支援團體——如英國的性別智能（Gendered Intelligence）、「石牆」組織，以及美國的家庭平等委員會——我們成功募集到三十五組願意參加調查的家庭。

調查中，大部分的孩子都能接受父母想要轉換性別的心願，也能夠就事論事地討論這個話題。對他們而言，擁有跨性別的父母是一件很普通的事。蘇珊娜受訪時十四歲，當她爸爸做性別轉換時，她還在牙牙學語的年紀：「我不記得她的轉變是什麼時候發生的，所以基本上，從我有記憶以來她就是這樣。克洛伊一直是克洛伊。」另一位受訪的孩子，十二歲的維琪，也是在很小的時候經歷了父親的性別轉換：「從我有記憶以來他就會穿裙子。對我而言，這不奇怪。別人看來或許會覺得怪：有個穿裙子，喜歡粉紅色的爸爸。但對我而言這再普通不過。」

九歲的麥可清楚地記得那一天，他的父母告訴他和哥哥妹妹，他父親是跨性別者。麥可記得當時他們全家一起外出度假，他們在夜色中圍著營火聊天。「爸媽跟我們解釋性別是什麼，雖然我們早就知道了。他們又解釋跨性別是什麼。」麥可說，而他當時的回應是：「我想我以後會一直以我父母為傲。」我問他，一年後的今天他又怎麼想，他回答：「正如我那時所想的，我以他們為傲。」

賈斯汀現在十五歲，在他八歲時，母親做了性別轉換。「我們沒什麼大改變，」他說，「他還是同一個人，只是身體有些部分不同，而且聲音變低了些。他是個男人，就這麼回事了。」十二歲的布拉德這麼解釋：「其實沒這麼嚴重，他們還是你的父母，他們沒變，改變性別不會讓他們變成另一個人。」

然而，對於某些孩子而言，目睹父母的性別轉換很不容易。例如蘇西，她父親在她七歲時轉換成了女性：「我很難接受爸爸要變成媽媽了，我無法停止去想這件事。」有時孩子會聽到父母爭吵，而使孩子更焦慮。亞倫受訪時十三歲，當他十一歲、而他妹妹米亞七歲時，他父親轉換了性別，變成了女性：「有時候，他們會一直吵一直吵，而我跟米亞會坐在房間裡哭。幾天前他們還在吵，爭執說爸爸不能穿成那樣去參加聚會活動。」有時候，性別轉換本身不是問題，但孩子不明白發生了什麼事，因此感到焦慮害怕。「如果他們有好好跟我解釋，事情會好一些。我不介意他穿裙子，但有時候他會變得有點瘋瘋癲癲的，做一些奇怪的事情。」十八歲的亨利說。同樣十八歲的克里斯如此建議相同處境的其他孩子：「盡你所能地讓他們多跟你溝通。不管發生什麼事，如果你被蒙在鼓裡，那只會更糟。」

通常經過一段時間之後，等家庭成員逐漸適應了新的情況，孩子也會比較容易理解和接受父母的性別轉換。我們訪問了九歲的蘇西，她父親在兩年前轉換為女性，她說：「我的家庭很棒，我為我的家人感到驕傲，我愛他們。」

在潔德六歲時，她的父親做了性別轉換，當時她很傷心，覺得她要失去爸爸了：「她轉換成女人後，我感覺心裡破了一個洞，因為我很想念我爸爸。每當別人談起他們的爸爸時，我都會覺得很難過。我父母跟我說，爸爸沒有離開我，但有時候我會想不起他——我該說『她』——以前的樣子。」過了一陣子後，潔德比較能接受了。她九歲時在回想起當時的情形：「她轉換性別後變得快樂很多，當她是男生時，她真的很不快樂。而轉換後，每天下班回家她會快樂地擁抱我們。性別轉換後她真的變很多。」潔德的妹妹葛瑞絲今年五歲，當她父親轉換時她才三歲。葛瑞絲說：「她真的很想變成女生，因為當她是男生時，她很不快樂。她現在變得溫柔多了。」

孩子們要改變稱呼父母的名字及稱謂也是個挑戰。例如他們不再稱呼媽媽為「她（she）」，卻要改稱「他（he）」，或是爸爸要改稱「她（she）」。有時候，跨性別父母希望被稱為「他們（they）」。[*] 十五歲的賈斯汀說：「當我剛知道時，大部分的時候我會說『他』而不是『她』，然後說：噢，我說錯了，對不起，是『她』。」父母性別轉換後，孩子也得用新名字稱呼他們，有些孩子甚至會跟父母一起決定新名字。八歲的佛雷迪說，他父親的新名字莉莉就是他想的：「我想了很多名字，所有我想得到的女生的名字我都想了一遍，很多是花的名字[**]，那是我的點子。」

就像同性伴侶的孩子，跨性別者的孩子往往不得不跟同學朋友解釋他們的家庭狀況，有時這是孩子不想承受的負擔。蘇珊娜說：「讓我困擾的是，因為別人都不懂，我必須不斷重複解釋。」而佛雷迪十五歲的哥哥喬西跟我們說：「有時候別人會突然問我問題，然後我得跟他們解釋。這還挺累人的。」蘇珊娜得時常提醒自己，別人可能聽不懂她說的話：「因為我解釋太多遍了，當我跟人解釋的時候，我會不夠有耐心。我會想：你為什麼不懂？然後我領悟到，因為我從小生長於這樣的環境，這對我而言很普通，對別人卻不是這樣。」

在我們的研究中，許多孩子說他們的朋友們反應都很友善。也有一些孩子覺得跨性別議題沒什麼大不了。麥克說：「我有告訴我的朋友，不過我想他們應該已經忘記這回事了。我想他們不覺得這很重要，那又不是他們的父母。」有些孩子的朋友們覺得跨性別家長很酷。十五歲的卡勒姆說：「我喜歡跟別人說，他們會回應：『噢，那真酷』。」而蘇珊娜也說：「別人總說那很酷，他們說我該寫一本自傳。」另一些孩子從朋友身上得到了支持，例如伊莎貝爾。她的父親在她十三歲時做了性別轉換：「在我爸爸性別轉換的期間，如果我想找人聊聊，我的朋友們總是能理解我、安慰我。」維琪的朋友們也毫無困難地接受了她的跨性別父親，她一點也不擔心父親去參加學校活動：「他會穿裙子去參加學校的音樂晚會，沒有人多問什麼。其實呢，晚會的隔天，有一個同年級的男生來跟我說：『你爸看起來很棒，我很欣賞他。』」

然而，在朋友圈之外，有一些孩子還是有遭人嘲笑或欺負。卡勒姆說：「他們會取笑我，但我跟那些人不是朋友，他們很愚蠢。」而桑尼解釋：「很遺憾地，我的學校裡有許多反跨性別和反同性戀的人。」就像同性伴侶的孩子，對跨性別者的子女而言，學校扮演了重要的角色；校方的態度可以讓孩子覺得被接納，或是被排擠。溫蒂的學校是一個很好的例子，她的學校非常有包容性：「我舉手公開說：『我沒有爸爸，因為我爸爸是跨性別者。』老師認為我很有勇氣，還給我獎勵。」

* 「they」本來是稱呼複數人的代名詞，但近年越來越多人將它用做不分性別的單數人代名詞。

** 莉莉（Lily）意為百合花。

和跨性別父母一起出入公眾場合，有時候也會給孩子帶來困擾。十四歲的珍妮說：「在外面，我會擔心，別人看到我跟他在一起，會對我很不友善。我總是在揣測別人怎麼想。」喬也有相同的感受：「當他化了妝、穿著裙子，跟他一起出門有點壓力。主要是因為我會擔心遇到不友善的人，或是被別人盯著看。」九歲的山姆也擔心引人注目：「有時候別人會停下來盯著我們看，因為他看起來是女人的樣子，聲音卻是男人的聲音。」

當父親轉換為女性，對於某些孩子而言，有跨性別的父親不是太大的問題，但是有兩個母親卻很引人注目。「我的問題是我有兩個媽媽。別人不知道我爸爸做了性別轉換，但是有兩個媽媽挺惹人注目的。」十七歲的泰瑞莎說。「別人會問我：『你是怎麼出生的？你是怎麼來的？哪一個才是你真正的媽媽？』這些都是經典問句！」十二歲的查理也有類似的經驗：「雖然珊卓拉是跨性別者，但這對我而言沒什麼大不了，因為它對我沒什麼影響。反而是有兩個媽媽的影響比較大。別人會因此指指點點，卻不會提到珊卓拉是跨性別者的事。」

有時候，跨性別的父母會被家族排斥。有時他們自己的父母不能接受；或更常見的是，伴侶的父母無法接受女婿或媳婦轉換性別。這很可能使得孩子從此與祖父母、叔叔阿姨或是堂表兄弟姊妹失去聯絡。這就發生在泰瑞莎身上，她的父親在她六歲時做了性別轉換：「我媽媽那邊的親戚真的無法接受。她的爸媽、哥哥、以及差不多所有人都跟我們斷了聯絡。我覺得很傷心，也有點生氣，因為他們真的沒理由這樣對待我們。」也有些祖父母選擇只跟孫子聯絡。伊娃的父親轉換性別後，她就遇到了這樣的狀況：「我媽跟爺爺講了性別轉換的事之後，爺爺不能接受。現在他不跟媽媽說話，只跟我們說話。」

在一些例子中，跨性別者的孩子甚至冒著被整個社區排斥的風險。這麼一個事件發生在二〇一七年，英國的曼徹斯特。一位跨性別女性——法庭上代稱為她為「J」——在極端正統派的猶太教社區中長大。性別轉換後她離開了社區。由於社區極力反對她跟她的小孩接觸，她因此失去了跟孩子聯絡的權利。J有五個孩子，年紀在兩歲到十二歲之間。她的社區聲明，如果她被允許跟孩子們聯絡，社區居民會排擠她的孩子；孩子們將不能跟其他小孩玩，不被邀請參加社交和宗教活動，也不能上社區內的學校。J十二歲的孩子表示，他希望能繼續跟父親保持連絡；而雖然當時的法官彼得・傑克森有把孩子的意願納入考慮，但最終還是宣布：「我做出了這個不受歡迎的結論：孩子跟母親被極端正統派社區排擠跟邊緣化的風險太高、後果也太嚴重；暫且不論其他的隱憂，光是考量到這一點，就勝過讓孩子與父親保持連絡的益處。」之後在同一年，上訴法院推翻了這個判決，宣稱法院不該向保守派社區低頭。這個案子又被送回家庭法院重新審查。二〇二〇年一月，根據《衛報》報導，那名跨性別女性已經撤銷了訴訟，以保護孩子免於受到更多的情緒創傷。

整體而言，社會大眾慢慢地越來越能接受跨性別父母。四十三歲的路克是一名諮商師，他住在英國曼徹斯特，專門幫助成人面對心理健康上的問題。與我們研究中其他的跨性別父母相比，他的經驗就好多了。路克成長於一九七〇年代，很幸運地，他的父母作風自由開放，而當時中性裝扮風行，他從沒覺得有壓力要穿女生的衣服，或是做那些他不愛做的、女生該做的事。雖然他一直覺得自己應該生為男孩，但他在青少年時期出櫃為女同性戀者，在大學時代正式交了第一個女朋友。他在二十幾歲時遇見了阿曼達，她相伴路克多年，而後成為路克的妻子。路克和阿曼達一起收養了兩個小孩；十五歲的馬修是在四歲時被收養的，十三歲的潔絲則是在兩歲時加入路克的家庭。

路克在三十五歲時終於決定踏上性別轉換之旅，當時兩個孩子分別是八歲跟六歲。路克仔細想過一遍，別人可能會對哪些事情感到尷尬或為難，然後他寄了信給每一個他認識的人，跟所有人說明接下來會發生什麼事、他是如何跟孩子解釋、以及以後要如何稱呼他。阿曼達決定，他們應該來慶祝一下，「我第一次手術前的幾天，我們辦了一場派對來跟過去的我說再見，跟『路克』說歡迎。」路克參與我們的研究後兩年，他在電話中告訴我。「我們想，辦派對會讓別人更容易了解該如何反應。孩子們、還有他們在學校的朋友都有來參加，也有一些我們認識的家長出席，而我們的家人跟朋友全部都到場了。我們準備了蛋糕——沒有蛋糕就不叫派對了！——還找來了樂團。這給別人一個機會跟過去的我說再見。聖誕假期過後，我就以路克的身分回到工作崗位。」

其實路克為了保護他的孩子，已經延遲了做性別轉換的時間：「我最大的恐懼是這會毀了孩子的生活，我擔心他們會被欺負、被羞辱，我擔心他們會經歷糟糕的事情。結果，從現狀看來，我們反而得到一些格外的尊敬。他們有不少朋友公開承認為LGBTQ+，而有時就算別人沒有問起，他們也會主動跟人說明家裡的狀況。我女兒的學校離我們家蠻遠的，她可以不跟別人說，但她卻選擇公開。而就算不是情況所迫，我兒子也會主動跟別人提起這些事。」

路克的小孩從一開始就很支持他。「我們家的孩子會詢問別人他們偏好的代名詞，他們似乎也很能接受改稱我為爸爸。」路克說，「我想他們最初是覺得有點古怪。可能在他們的想像中，有一天我會去醫院，然後會有一個陌生男人回來說：『嗨，我是你爸爸。』一旦他們發現我還是我，只是少了胸部（至少他們只看得到這個改變），他們顯得放鬆了很多。現在一切都很普通，我們還是過我們的日子。性別轉換的種種也融入了我們家庭生活，成為我們的一部分。」路克覺得做性別轉換後，他跟孩子的關係改善了：「我覺得我們的關係更好了。我感覺更真實，更能投入心力陪伴他們。我不知道這跟性別轉換有多大的關係，但是我覺得很多事情都改善了，因為我感覺更像我自己。」

在研究中，我們不只如前述，調查父母性別轉換前後孩子的經歷與感受；我們也試著尋找證據，看看是不是真如世人所臆測的，跨性別父母撫養長大的孩子會受到心理傷害，而且親子關係也會受損？我們的研究對象都是志願者，所以或許面臨嚴重問題的家庭比較不會參加這樣的研究。不過我們的研究對象中包括了性別轉換後繼續在一起的伴侶，以及經歷離婚分手的家庭，其中也有一些跨性別者找到了新的伴侶；這表示，研究中有不少孩子經歷過家庭的崩解。

結果顯示，與監護權訴訟中的疑慮相悖，跨性別父母的小孩與其他的小孩無異，他們並沒有傾向出現更多的情緒和行為問題。如同我們在過去研究中的發現，家庭的組成方式並不會影響孩子的健康與快樂。相對地，如果家長陷於沮喪或高壓的情緒中，或是缺少外在環境的支持，孩子很有可能會發展出問題。由此可見，父母改變性別本身，不會是問題的來源，但有時隨之而來的困難處境就可能造成孩子的不快樂。根據我們對跨性別者的了解，不出意外地，研究中的跨性別父母比一般成人更有憂鬱傾向，他們也有更高的比例經歷過離婚或分手。幸好，大部分孩子的雙親之間沒有太嚴重的敵意。這或許可以解釋，為什麼這些孩子的心理狀態大多算是良好。

＊＊＊

二〇〇八年四月，湯瑪士．貝蒂作為全世界第一個懷孕的男人在《歐普拉．溫芙蕾秀》（*Oprah Winfrey Show*）中受訪。他的故事因此轟動一時。湯瑪士是跨性別男性，與一名女性結了婚。他的第一個孩子——一個女孩——誕生於同年六月。湯瑪士因此也成了第一位被法律承認生下孩子的男性。之後他又生下了兩個兒子。湯瑪士在改變性別時並沒有移除體內的生殖器官，因此他還是能懷孕的，而他的孩子都誕生於精子捐贈。

雖然這樣的案例還很少，但是確實有增加的趨勢。在轉換性別之後，越來越多的跨性別者借助輔助生殖技術生下小孩。跨性別男性除了可以懷孕，他們也可以在性別轉換之前、或轉換過程中冷凍卵子，以備日後之用。取決於跨性別男性的性向（異性戀或是同性戀）以及他們是否有伴侶，保存的卵子可用伴侶的精子或是捐贈者的精子受精，胚胎也可能植入女性伴侶或代理孕母體內。跨性別女性可以冷凍的精子，之後與女性伴侶生下小孩，而如果伴侶是男性，他們可選擇利用捐贈者的卵子，然後尋求代理孕母的幫助。

跨性別者利用生殖輔助技術生子是個備受爭議的議題。在醫療專業人士和非醫療專業者之中都有人反對。二〇一八年，英國平等與人權委員會曾打算要提訴國民保健署，因為國民保健署沒有為跨性別者提供冷凍精卵的服務，好讓他們能夠在性別轉換後能擁有親生的小孩。不過後來委員會撤銷了告訴。許多人認為，如果父母在有小孩後轉換性別，那會傷害小孩的發展與身心健康。而即使跨性別者先轉換性別再生小孩，孩子沒有見證父母的轉換過程，也不用適應父母的新身分，反對人士對此還是抱著同樣的疑慮。問題還是在於，沒有任何研究可以證明這些孩子的狀況到底如何。不過，專業團體都贊成讓跨性別人士在轉換性別之前接受適當的醫療，以保留生育的能力。這些專業團體包括：世界跨性別健康專業協會、內分泌學會、美國生殖醫學學會、歐洲人類生殖和胚胎學會，和美國婦產科協會。

二〇一九年，英國一位跨性別男性弗雷迪·麥康奈爾藉由精子捐贈生下了一個男孩。他的故事被拍成了紀錄片《海馬》（*Seahorse*）。他希望在孩子的出生證明上被列為「父親」或是「家長」（**parent**），但他的請求卻被高等法院家庭部門的長官安德魯．麥克法蘭所否決。因為就目前的定義，懷孕並生下孩子的人就是「母親」。他在判決書中承認，法律中對母親及父親的定義已經不符合新型態家庭的需求，他聲明：「這是一個迫切的議題，政府和國會需要公正地面對，釐清懷孕生產的跨性別男性的定位。」他也說：「就社會上以及心理上的事實，麥克奈爾是孩子的父親，而這與現行的法律有所衝突。」弗雷迪．麥康奈爾對《衛報》表示，判決的結果「對非傳統家庭結構的打擊很大。判決中堅持只有最傳統的家庭形式能被承認，或被公平地對待。」

跨性別人士成為父母的另一個方式是透過收養，不過因為社會對跨性別者的排斥還是很普遍，這樣的例子並不多見。二〇一一年九月，一個星期五的早上，在洛杉磯的家裡，畢夫．查普洛接到了一通電話，而這通電話即將改變他的一生。電話裡社會工作者通知他，如果畢夫無法說服他妹妹瑞秋，讓她把孩子交給畢夫照顧，瑞秋的孩子將在禮拜一被送去寄養家庭。瑞秋有精神疾病，而且濫用藥物成癮，她對自己的兩個孩子——三歲大的兒子柯迪以及才一歲大的女兒比亞——已經構成安全上的威脅。瑞秋的男友是個毒品販子，自己也吸食冰毒成癮，他還曾對瑞秋及孩子們暴力相向。畢夫自己也是社會工作者，他一直很擔心外甥和外甥女的安危。他想盡其所能地保護這兩個孩子，但是他該怎麼跟他的伴侶特里斯坦說呢？特里斯坦又是否會同意讓柯迪和比亞跟他們一起住？畢夫跟他只交往了一年，兩人到最近才開始同居；他們都才二十幾歲，他們的生活圍繞著海灘、酒吧、週末的拉斯維加斯之旅，和各種好玩的事。如果要放棄這種玩樂的生活而投入家庭，特里斯坦會怎麼想？

畢夫和特里斯坦很快動身，從洛杉磯開車到妹妹家所在的貝克斯菲爾德。兩小時的車程間，畢夫跟特里斯坦說，他不知道孩子們會跟他們一起待多久，或許一個週末、或許一個月、或許永遠。他說，如果特里斯坦要一起照顧他們，這或許意味著要照顧他們十八年。因為畢夫不希望孩子們只是從一個不安定的環境，換到另一個不安定的環境。聽完這些，特里斯坦毫不猶豫，堅定地說：「好！」畢夫和特里斯坦有心理準備，前頭還會有很多困難；柯迪和比亞在原生家庭中受到忽視跟虐待，他們受過創傷，有可能很難照顧。不只這樣，畢夫和特里斯坦也知道，如果他們要成為孩子的家長，要讓別人接受會有不少困難，因為兩人不只是同性伴侶，特里斯坦還是跨性別的男性。

畢夫和特里斯坦建議瑞秋，讓孩子們跟他們度過一個週末，而瑞秋同意了。兩人把孩子們帶回洛杉磯的家中，他們很快地發現孩子的狀況非常不好。「情況真的很糟糕，」特里斯坦回憶：「比亞有嚴重的感染，換尿布會讓她很痛，所以我們幫她換尿布時她會不停地、不停地尖叫。柯迪受到了嚴重的虐待。他無法說話。他嚇壞了，他會躲在桌子地下，或是抱著我們的腳不放。」

社工單位很快地判定，瑞秋沒有能力照顧自己的小孩，所以畢夫跟特里斯坦必須申請緊急監護權。兩人知道，如果在貝克斯菲爾德申請他們是不會成功的。一位律師告訴他們，貝克斯菲爾德的法官寧願讓孩子待在毒窟中，跟虐兒的異性戀家長在一起，也不願他們擁有同性戀家長；即使同性家長能提供孩子快樂安定的家庭環境，那也無濟於事。於是畢夫和特里斯坦將希望寄託在洛杉磯的法院。特里斯坦在 podcast 節目《最漫長的極短時刻》（*The Longest Shortest Time*）中描述，那一陣子他們每日活在恐懼中；整整三個月，他們對孩子毫無任何法律上的權力。畢夫的妹妹和妹妹的男友可以隨時把小孩要回去；他們會無計可施，就此失去孩子。畢夫和特里斯坦一面照顧兩個飽受創傷的孩子，一面為親權奮戰。特里斯坦說：「如果你對孩子沒有法律上的權力，你無法讓他們上學，無法帶他們去看醫生，也無法讓他們上幼稚園。你幾乎無法為他們做任何事。」兩人形容法院審判的過程「艱辛無比」。他們必須接受審查，以確定兩人能為孩子提供一個良好的家。畢夫和特里斯坦很害怕審查員會心懷偏見，審查的過程讓兩人非常焦慮。過了幾個月，兩人終於取得緊急監護權，在那之後比亞總算可以去上托兒所，而柯迪也可以去上幼稚園了。於是畢夫跟和特里斯坦終於有時間面對更艱鉅的挑戰——設法取得孩子們的永久監護權，甚至成為他們的養父。這一切對瑞秋而言也很不好過，有時候她很想去要回她的孩子，有時候她又希望他們繼續跟畢夫和特里斯坦在一起。最後，她終於點頭同意，讓畢夫和特里斯坦收養孩子。整個收養的過程艱難而曲折。二〇一五年七月，兩人跟孩子們一起生活幾乎四年之後，畢夫和特里斯坦終於成為他們的法定家長。那時柯迪七歲，而比亞快五歲了。

多虧畢夫和特里斯坦持的恆心，他們不斷地付出關愛，並提供安定的環境，柯迪和比亞的健康狀況日漸改善了。當然，這過程不是容易的。尤其是柯迪，他到三歲為止都生活在險惡的環境中。「改變是很緩慢的。」特里斯坦說，「當我們試著讀一本適合柯迪年齡的書給他聽，他會不安地扭來扭去，然後跑走去玩。從來沒有人讀過書給他聽。於是我們決定從嬰兒讀物開始。我們在家教育他一整年，希望他能追上同年齡的孩子。他有些行為問題，要照顧他一整天是莫大的負荷；他有時會情緒崩潰，有時候會不停地哭鬧好幾個小時。每一天我們都只有盡力、盡力、再盡力，耐心地等待情況慢慢改善。」到十歲時，如同許多在年幼時被忽視跟虐待的孩子，柯迪還是面對著一些挑戰。特里斯坦說：「如果別人被選上去做什麼事，而他沒有，他會覺得非常沒有安全感。如果他闖了什麼禍，他會陷在羞愧的情緒裡不可自拔。他挺憂鬱的，有點像屹耳。」*不過特里斯坦跟柯迪的感情很好，他們很享受彼此共處的時光。兩人喜歡一起做戶外活動：如背包旅行、健行、打棒球、踢足球，還有遛狗。比亞在離開原生家庭的時候只有一歲，她就好對應多了。「比亞跟我是好夥伴，」特里斯坦說，「她很早熟、很幽默，也非常聰明。去年她在學校得了愛心獎。她很關心其他的孩子有沒有遇到什麼困難，她也很喜歡幫助別人。她很樂觀，總是給人帶來快樂。」

* 卡通「小熊維尼」裡面那隻無精打采的驢子。

對許多家長而言，收養了兩個受過虐待的孩子，負擔已經夠大了，但特里斯坦卻有一個埋藏在心底的願望：他想要跟畢夫一起生個孩子。起初畢夫不能理解；有這麼多孩子需要一個家，為什麼他們非要生下親生孩子？但他看得出這對特里斯坦而言很重要。反覆思考了許久之後，他終於同意了。

特里斯坦沒有做性別重置手術，所以他是可以懷孕的，不過這表示他必須停止服用男性化激素。特里斯坦在過去十二年間不曾停止服用男性化激素，突然停藥讓他變得情緒暴躁、喜怒無常。兩人第一次懷孕不幸以流產告終，他們很傷心，但還是再接再厲。終於在二〇一七年七月，特里斯坦生下了一個漂亮的男嬰，里奧。里奧的誕生讓特里斯坦的家人非常高興，連他的祖父母也不例外。而特里斯坦的父親是一名醫生，他一直很關心特里斯坦懷孕的狀況，當里奧誕生時，他欣喜萬分。但是，來自社會上其他人的攻擊卻讓特里斯坦很驚愕。特里斯坦在《最漫長的極短時刻》節目中宣布了懷孕的消息，而那回節目在媒體網路上瘋傳開來。隨後，攻擊信件蜂擁而至。特里斯坦在節目中說：「我收到無數的攻擊信件，幾百、幾千、甚至幾萬封。我每天都收到它們，包括你所能想到的所有語言。最令我難過的是，這讓我真切地感受到人們有多痛恨跨性別者。我以前從未有這種感覺。這些人恨透了我，他們恨不得我去死。」

＊＊＊

這些由跨性別者組成的家庭挑戰了傳統的家庭觀念，使人重新思考，身為母親或父親到底意味著什麼。不過，根據我們目前為止所做的研究，沒有證據顯示，改變性別認同會改變父母對孩子的感情；他們依然愛著孩子，而且想要保護孩子。父母改變性別認同也不會使孩子產生心理問題；即使父母改變性別會隨之帶來一些挑戰，但孩子大多都能適應。當我們問麥可，有沒有什麼關於他家庭的事，他希望能詔告天下，麥可說：「我希望其他人知道，我們是一個快樂的家庭。我們很快樂，而且充滿了歡笑。」我們問了泰瑞莎同樣的問題，她給我們的回答也很類似：「我們永遠支持彼此，也願意傾聽彼此，我們相處得非常自在。」她又說道：「性別轉換不會讓你失去誰，它只會給你一個不一樣的父母。」班則說：「我最慶幸的是，他們是我的家人；是我的而不是別人的。」

二〇一七年，凱蒂．康西爾再度聯繫上大女兒泰拉。當時泰拉已經年滿十八歲了，她在一家安養院工作，跟她的男友同住。「我們現在是很好的朋友。我感覺我比較像朋友，而不像家長。因為這麼多年來，我從她的生活中缺席，可能要多花點時間，才能建立起親子之間的連結。」凱蒂說。「她叫我爸爸，我很高興。對她而言我就是爸爸。我了解到我永遠不會是她的媽媽。最重要的是，我是她的家長，而我同時認為自己是女人，事情就是這麼一回事。」

我去拜訪凱蒂的那一天，臨盆的泰拉正要生下她的第一個孩子，而凱蒂就要成為祖父了。凱蒂跟她的小女兒還是很疏遠，但是她夢想著有一天能跟小女兒重建關係。「我希望有一天她能明白，在她的生命中她有兩個家長。我希望她會想再跟我接觸，看看我是怎樣的人。我希望她還記得，她小的時候我們感情很好，我們曾經有過很美好的親子時光。」凱蒂並不後悔她所選擇的道路。她覺得她必須成為真實的自己，才能重建跟孩子們的關係。雖然凱蒂很支持自我定位為跨性別者的人，但她不這麼稱呼自己；她認為「跨性別」表示她曾經改變過自己的性別認同，但凱蒂一直覺得自己是徹頭徹尾的女人。她說：「我不覺得我經歷了性別轉換，因為我從未改變自己。我不是被轉換，而是被還原成了原本應有的性別。直到今天，我一直都是我自己。」即使有過去的種種，但凱蒂並不怨恨她的前妻：「我不恨她所做的一切。事實上，我對她還是深深懷著愛與尊敬，我感謝當初我們在一起時她給我的支持。一部分也是因為她，才能有如今我這個女人。」

Chapter 9

未來家庭
時代先鋒

「這些凍卵診所積極地招攬年輕族群，而千禧世代應聲響應它們的呼喚。」

——《時代雜誌》，2018 年

「我妹妹是在冷凍櫃裡冰過的。」

——黛西，當時八歲，2018 年

二〇一〇年，黛西・波曼誕生到了這個世界上；而她的兩個妹妹出生於四年後。她的兩個妹妹，思嘉莉和康妮，跟黛西是同時受精的。在那之前，她們的母親露伊絲和父親史蒂芬想要有小孩好幾年了，兩人嘗試了許多年，卻都沒有結果，於是他們決定做體外受精。「我一共取出十二個卵子，」露伊絲跟我說，「在診所我聽過其他人說：『我取到了一個卵子』或『我們有兩個』，所以當醫生跟我說我有十二個，我想：『天啊！那真多！』取卵的隔天，夫妻兩人焦慮地等著電話，等診所通知他們卵子是否順利受精。結果有十個胚胎活過第一天，而五個活到了第三天，可供植入到露伊絲的子宮裡。「第一次醫生植入了兩顆胚胎，而其中一顆順利地成長，黛西就是這麼來的。剩下的三顆胚胎我們就繼續冷凍保存著。」

發現自己懷孕後，露伊絲非常興奮：「我沒乖乖聽醫生的話，忍不住提早驗孕。」露伊絲說：「我覺得很疲倦、反胃，但又忍不住懷疑：『這該不會又是我的心理作用？』畢竟我們經歷了很多失敗。但驗孕結果是陽性的。我馬上打給診所，可是他們說現在看結果還太早了。等到醫生說可以驗孕的那一天，我早上五點就起來驗，結果又是陽性。我拿著驗孕棒去我爸媽家，什麼都沒說，就把驗孕棒拿給他們看。當時我們都哭了。」

起初幾個月，露伊絲一直很擔心胎兒會出什麼問題，直到孕期邁入第二十週，她終於能開始放鬆心情：「那時我才開始享受懷孕的每一刻。我想著：『說不定我只能懷孕這麼一次，說不定這會是我唯一的一次經驗。』我不知道孩子是男孩還是女孩。我們太興奮了，根本不在意這些。」露伊絲懷孕的過程很順利，而她決定水中分娩。她回憶：「我在三點坐進水池裡，而黛西在那之後的十六分鐘誕生。我和史蒂芬一起抱著孩子，我感覺不到時間經過，只記得我和史蒂芬看著她，移不開目光，心裡充滿了驚嘆。她好小，出生的時候才六磅。我們有幾個候補的名字，但看到她之後我們想：『她叫黛西，不會錯的！』我們給她命名，醫護人員把名字寫在她的小手圈上，然後由史蒂芬來剪臍帶。一切都非常美妙。」

診所每年都會來信詢問他們，是否希望繼續冷凍保存剩下的胚胎。起初露伊絲跟史蒂芬全部的精神都用在照顧黛西還有搬家，根本無暇去多想其他的事。但當黛西滿三歲了，兩人決定，要試著再生個孩子。解凍胚胎的那天，露伊絲跟史蒂芬再度焦慮地等著電話，等著診所通知解凍的情形。當他們終於接到電話，電話的那頭傳來好消息，三顆胚胎中有兩顆順利解凍了。不過兩人又面臨一個重大的抉擇——因為露伊絲已經三十多歲了，醫生建議將兩顆胚胎都植入，這會增加至少有一個活產的機會。露伊絲有點猶疑，她沒想過如果懷上雙胞胎會怎麼樣，但兩人還是決定照著醫生的建議做。到了預定的那一天，露伊絲和史蒂芬來到倫敦，將兩顆胚胎植入露伊絲體內。

然後露伊絲再度懷孕了。過了六週，她以為自己有流產的症狀，因此做了超音波檢查。意外地，他們沒有聽到預期中的壞消息，卻聽到護士說有兩個心跳。露伊絲又驚又喜——他們懷上了雙胞胎！「我們第一個反應是：『我們這是做了什麼？』」露伊絲說，「我們已經做好心理準備，以為他們會說：『裡面什麼都沒有』。」

五年後我又跟露伊絲聯絡，那時思嘉莉和康妮剛剛開始上學。照顧這對雙胞胎的負擔終於開始減輕，而露伊絲也終於可以喘口氣了。要照顧三個小孩，不論是在財務上或精神上都很吃力；多虧有家人朋友的支持，讓露伊絲能夠度過一切：「當我發現我懷了雙胞胎時，我心想：『我做不來的。』最初幾年真的很辛苦，但同時也超乎想像的美好；生活簡直像坐雲霄飛車。」露伊絲說。「當孩子們滿五歲開始上學了，我們告訴自己：『我們做到了，我們熬過五年了！』現在輕鬆多了，我們全家還可以一起出遊。我跟史蒂芬都覺得，這些美好的時刻會讓你忘記一切的辛苦。」

為了照顧兩個小的，露伊絲和史蒂芬必須花費很多精力。他們擔心黛西會覺得自己被冷落了，因此他們規定了「黛西日」，在這一天他們只帶著黛西去某個特別的地方玩。黛西很喜歡跟家人一起出去玩，她最棒的回憶，是有一次跟爸媽去倫敦的電影院看《小魔女》（*Matilda*），以及跟爸爸和妹妹們一起去動物園的時候。雖然有時候她會覺得被冷落了，但是她的父母了解她的感受，這讓她覺得好多了。黛西說：「有這麼一次我很不開心，我記得是我七歲的時候，在新年前夕。我當時覺得很難過，所以我上樓去妹妹的房間裡，看著下雪的窗外。因為思嘉莉跟康妮年紀比較小，我媽媽得花更多時間陪她們，她沒有時間陪我玩。這讓我難過地哭了。然後我媽來找到我，問我：『黛西，怎麼了？』我跟她說了之後她安慰我，她說：『等她們去睡覺了，我再來跟妳玩遊戲。』然後我就覺得好多了。」

黛西很喜歡跟妹妹們玩，雖然如同很多兄弟姊妹，她有時候也覺得她們很煩人。「跟康妮玩挺好的，只要她不要抱怨。她挺愛抱怨的。」黛西說，「我們玩扮家家酒的時候我喜歡當她的女兒。思嘉莉去朋友家過夜的時候最好了，這樣我跟康妮就有時間玩我們的遊戲，像是玩樂高。」她跟思嘉莉會玩不一樣的遊戲，黛西說：「跟思嘉莉相處也很好玩，她有時候很霸道，但我還是很喜歡跟她玩。她喜歡跟我在花園裡玩遊戲，而我也很喜歡跟她一起演戲，那大概是我最喜歡跟她一起做的事了，我們演的戲總是很快樂。」

女兒們的誕生，讓露伊絲衷心感謝醫療科技：「這整個過程真的很奇妙，科技能帶給你的東西真的超乎想像。我完全是醫療科技的擁護者，我也毫不隱瞞自己接受過體外受精。我的雙胞胎女兒還不是很懂其中細節，但是她們喜歡跟別人說她們其實是三胞胎，真的挺有意思的。別人會問：『什麼意思？』而我會跟他們解釋，然後他們回應：『喔，那真神奇！』科技能做到的事真的很驚人，我們很幸運，兩次都很順利。」

像黛西這樣的家庭越來越常見了。在二〇一六年，「國際輔助生殖技術監測委員會」公布了一份報告，指出全球經由體外受精誕生的孩子在迅速增加中；二〇一三年他們的人數為五百萬人，而到了二〇一六年則增加到六百五十萬人。這幾年，體外受精技術有很大的改變：過去患者大多利用新鮮的胚胎，而近年來，利用冷凍胚胎的比率大為增加。在今天，大部分的體外受精寶寶都來自於冷凍胚胎。有幾個原因造成這個改變：首先，利用冷凍胚胎的療程費用比新鮮胚胎低，而兩者成功生下嬰兒的機率所差無幾。同時，利用冷凍胚胎可以避免過度刺激女性的卵巢——為了促進卵子成長，在採卵的過程中會用藥物刺激卵巢；而如果植入胚胎後成功懷孕，身體也會自然分泌賀爾蒙刺激卵巢。如果卵巢受到過度刺激，在嚴重時甚至可能導致生命危險。因此，如果使用冷凍的卵子，就可以避免在同一個生理週期中採卵跟植入胚胎，這可以給卵巢一個休息的機會。

另一個使用冷凍胚胎的原因，是因為用冷凍胚胎可以降低染色體異常的發生機率，而染色體異常是受孕失敗跟流產的最大原因。越來越多生殖診所會對胚胎做「植入前遺傳篩選」（pre-implantation genetic screening），這樣可以檢查胚胎是否有正確數目的染色體。其作法是將胚胎培養五天，然後取出幾個細胞做檢查，而後只挑選染色體都正常的胚胎植入子宮。沒有植入的胚胎可以冷凍保存，以供日後使用。胚胎植入前遺傳篩選依然頗受爭議，尤其是如果卵子提供者年紀較輕，沒有明確的證據顯示，做篩選會增加成功得子的機會。胚胎植入前遺傳篩選不同於胚胎「植入前遺傳診斷」（pre-implantation genetic diagnosis），後者用以診斷胚胎是否帶有會造成高風險的異常基因。

***

除了冷凍胚胎，冷凍卵子也改變了現代人的生育方式。二〇一〇年，劍橋大學的性別研究中心與《衛報》聯合舉辦了一場辯論會。在會場，口服避孕藥的發明者卡爾．傑拉西提出了他對未來的預測：冷凍卵子對社會造成的影響，將與口服避孕藥不相上下。他的預言是否將成真，這還有待日後觀察，但是確實有一小部分的女性開始利用這項科技，而利用的人數還在持續增加中。這些女性將自己的卵子冷凍，打算等到她們準備好要有小孩了，再解凍來使用。冷凍卵子的技術其實在一九八六年就有了，不過一直到二〇〇五年，開發出玻璃化（Vitrification）快速冷凍技術後，卵子解凍後的存活率才大大提升。在那之後，美國以及世界各地的卵子銀行相繼開張。二〇一八年，《紐約時報》聲稱在美國有超過兩萬名女性做了卵子冷凍。英國最大的卵子銀行成立於二〇一三年，他們比較了二〇一四年與二〇一七年的數據，發現凍卵的人數增加了三倍。要凍卵的女性跟卵子捐贈者一樣，需要接受採卵手術；不同的是，她們的卵子一旦被採集，就馬上被送去冷凍，以供將來使用。有些女性凍卵，是因為她們必須接受一些可能傷害到生殖能力的療程，例如化學治療或放射線治療；另一些則是為了社會性的因素——為了能延後生孩子、建立家庭的時間。

漢娜是一名在廣告公司工作的職業女性，她是則納普．古登與倫敦女性診所合作的凍卵研究中的受訪者之一。最初，漢娜是從朋友口中聽說有凍卵這回事。漢娜的工作繁重，她的社交生活忙碌而充實，而那時她才剛與男朋友分了手。當她聽說凍卵的事情時，她還沒開始考慮要生小孩，但是凍卵卻引起了她的興趣。她開始收集相關資訊，然後，過了三十六歲生日，漢娜開始認真地考慮去做凍卵：「我上網搜尋到倫敦卵子銀行，我看到他們即將舉辦說明會，於是我去參加了說明會，以了解更多關凍卵的事。在做了第一次諮商之後，我馬上跟他們簽了約。」簽約後，在正式開始療程之前，有時漢娜會覺得有點難過。然而一旦療程結束，她卻覺得得到了某種力量似的，為自己感到驕傲。「我心情高昂，感覺好極了。我記得採卵手術之後，我流下了高興的眼淚。現在我有八顆卵子被保存在冷凍庫裡，我感覺身上背負的壓力消失了。我花了很多時間擔心，為自己單身的狀況感到焦慮，而現在我又可以掌控自己的人生了。」

對漢娜而言，這八顆卵子像是一個安全網。她可以繼續投入自己的生活，同時尋找合適的伴侶。不過漢娜也知道，做了凍卵不表示她一定會有小孩。「我開始查詢凍卵的資訊的時候就知道，凍卵不表示一定有保障。在決定要不要凍卵時你必須考慮到這點；畢竟凍卵不便宜，搞不好到頭來，這筆錢都是白花的。但對我而言，即使如此凍卵還是利大於弊，它有點像買保險。」在漢娜心裡，最理想的狀況是她根本不必用到這些冷凍卵子：「我們都寧願跟自己的愛人自然地生下孩子，我們都想要童話故事般的美好結局。但這有可能不會發生，所以你得準備好備案計畫。凍卵就是我的備案計畫。」

漢娜的顧慮不是沒有道理。根據英國人類受精與胚胎管理局在二〇一八年公布的數據，目前利用冷凍卵子成功生下孩子的案例還很少；使用自己的冷凍卵子的體外受精療程中，只有五分之一成功懷孕。這一部分是由於凍卵女性的年齡；比起使用這些冷凍卵子時的年齡，凍卵時的年齡對懷孕的成功率影響更大。凍卵時年紀越輕，成功機會也就越大，而最理想的凍卵時機是在二十幾歲、或三十出頭的時候。若是在三十後半或四十歲以後才凍卵，那有可能時機已晚。冷凍卵子的數目也很重要；卵子的數目越多，成功生下孩子的機會也就越大。

媒體報導去做凍卵的女性時，往往描述她們為「事業優先，家庭為後」的女人。二〇一四年，一期《彭博商業周刊》的封面故事以凍卵為主題，標題為〈冷凍妳的卵子，解放事業束縛：想要家庭事業一把抓，新的生殖技術給女性更多選擇〉。一些科技公司，例如 Facebook，Apple 和 Google，會為女性員工支付凍卵所需的費用，這也讓「凍卵以發展事業」的想法更受注目。同樣是在二〇一四年，《時代雜誌》的一篇報導中寫到，公司付費讓女性員工凍卵，是促進男女平等的好方法，因為這樣女性可以選擇什麼時候生小孩；她們可以像男性一樣，更加投入自己的職業發展。然而我們在研究中訪問的女性卻不這麼想。對她們而言，問題是要找到合適的伴侶。正如漢娜的情況：「人們臆測女人這麼做是為了拚事業，但對我而言，我只是沒遇到適合一起生小孩的對象，所以我想要為自己多偷一點時間。我不知道有哪個女人一心只想拚事業，而為此去凍卵；女人在談論的不是這些，我們更常談論如何找到適合一起養育小孩的好對象，而不要被情勢所逼，勉強選擇一個你不知道適不適合的人。」

我們在訪談中發現，許多異性戀女性之所以去凍卵，是因為男性不願意安定下來。許多男性等到女性已經步入三十歲中半，生育能力開始下降了，卻還不想共組家庭。也有男人因為生小孩的議題，最終決定跟伴侶分手。美國生殖醫學會在二〇一三年做了一份調查，發現百分之八十的女性選擇凍卵的原因，是因為她們沒有伴侶。另外，凍卵人數的增加，一方面也要歸功於想抱孫子的父母；根據《紐約時報》在二〇一二年的報導，有些父母非常想要孫子，他們願意為女兒出凍卵的費用。

克萊兒．布萊斯在一本女性雜誌上第一次讀到凍卵的資訊，當時她還心存希望，期待能遇到心中理想的對象，然後跟對方用傳統的方式共組家庭。但克萊兒的年紀已經逼近四十，她擔心她的時間不多了：「我一直都想要小孩，但我想要找到對的人。或許就是這份堅持，反而讓我的計畫泡湯。」克萊兒說：「我不需要一個完美的人，我只想要一個適合我的人，他卻從未出現。」

克萊兒在二十多歲時交過幾個男朋友，但她當時還不想安定下來。「外面的世界這麼遼闊，我還不想跟我的朋友們踏上一樣的路，你知道的：訂婚、買房子、結婚、生小孩。」克萊兒去過澳洲旅行，也去過法國住了一陣子，她最後在倫敦落腳，成為一個國際公司的全球招聘經理。當克萊兒搬回英國時，她已經三十歲中半了：「我準備好要有小孩了。當時網路交友正開始盛行，但是大家都偷偷摸摸的來！我有交到男朋友，但是有這麼一段時期，戀愛關係就是無法順利地繼續發展。」再這樣下去，克萊兒擔心她會失去生小孩的機會，她說：「我想，如果我去凍卵，至少能多爭取到一點時間。我可以再試著找尋合適的對象，而我能生小孩的機會也會大一些。」克萊兒在二〇〇八年冷凍保存了二十一顆卵子，當時她三十九歲。

很可惜，事情沒有按照克萊兒的期望發展。許多她交往的對象都是離過婚的，他們都已經有小孩，而不想要再有更多了。「我在四十歲左右透過工作認識了一位男士，我們交往了幾年。對方經歷過離婚，他知道我想要小孩，但他卻不太想要；他已經有小孩了，他不想再走一遍所有的過程。」克萊兒開始覺得，她這樣一直等待對的人出現，其實只是在拖延自己的時間。二〇一六年十月，克萊兒終於打電話給她的凍卵診所，讓他們把卵子解凍。醫生建議她先解凍十顆。利用捐贈者的精子，十顆卵子都受精成功了，但只有一顆順利發展成胚胎。就在醫生將那顆胚胎植入克萊兒子宮的那一天，克萊兒得知她工作的公司要被清算了。兩週後，克萊兒驗了孕，結果是陽性。克萊兒回憶：「我回到診所做掃描，他們說：『看到了，寶寶在那兒』而我心想：『噢，天啊，我做了什麼！』」

克萊兒的兒子法蘭奇出生時，她四十七歲。懷孕時，克萊兒會擔心孩子沒有父親該怎麼辦，也擔心著旁人的閒言閒語，「但他出生後，我一點都不在乎別人怎麼想。」克萊兒說，「我太高興了。而我身邊的人都很支持我，他們會說我很勇敢。不過我想，當別人說：『哇，你真勇敢』的時候，他們真正的意思是：『我絕不會這麼做！』倒是我妹妹說，我選擇了這條路，是走在時代的先鋒。」

我訪問克萊兒的時候，法蘭奇快滿一歲了，而她正在考慮要不要生第二個孩子。「我沒有想要一個大家庭，」她說，「而且只有一個孩子我也比較輕鬆。但我有弟弟妹妹，我跟他們感情很好。我知道有兄弟姊妹的好，所以我希望法蘭奇也能擁有這些。我也會思考未來，想著等孩子步入青春期，我要怎麼跟他們相處。想想看，等孩子十二歲的時候，我已經六十歲了！但是我還保存著那些卵子，如果不至少試一試，我想我會後悔。」

雖然凍卵讓女性有機會掙脫生育時限的束縛，讓她們能選擇想何時成為母親，但是凍卵也有它不光彩的一面。有些生殖診所會舉辦凍卵「派對」，以鼓勵年輕的職業女性加入凍卵的行列。二〇一八年，美國生殖醫學會的倫理委員會對這種激進的行銷手法表示擔憂。委員會認為，這可能會讓女性過度恐懼不凍卵的後果，也可能讓她們對凍卵的效果抱持過度的信心。委員會也擔心，一些公司（例如Facebook）鼓勵凍卵，會讓女性感到壓力，覺得不凍卵不行。迄今為止，真的用冷凍卵子生下小孩的女性還非常少，因此我們無從得知以這種方式建立家庭對個人及社會有什麼影響，我們也不知道凍了卵卻未能得子的女性想法為何。我們也還不知道，現在我們是不是站在社會巨變的轉捩點上，而以後人們生育的年齡會大大延遲？或者，也有可能凍卵只是曇花一現的社會風潮，它會逐漸沒落，然後被人遺忘？

生殖方面專家開始呼籲學校，認為在學校應該要教導學童，讓他們知道生育能力如何隨年齡而下降，而且不論男女都有下降的趨勢。專家們希望，這可以減少將來需要求助於輔助生殖醫療的人。女性的受孕機率會從三十七歲開始下降，而最近醫學雜誌《人類的生殖》（*Human*

Reproduction）中一篇報導提到，如果女性希望能生三個小孩，那她最好從二十三歲就開始試著受孕。

＊＊＊

親職協作（co-parenting）是另一個構成家庭的新方式。親職協作的情況中，家長間少了一個我們常認為是理所當然的要素——父母之間的戀愛關係。這種家庭的存在，讓我們關注起一些引人深思的重要問題，例如：隨著時間經過，親職協作的家長之間，關係會如何改變？親職協作能夠維持長久嗎？還是這種關係終究會崩解？親職協作的家長與孩子的親子關係如何？而最重要的，親職協作會如何影響孩子的發展？

或許有些家庭是由無戀愛關係的異性戀者組成，但我們對這樣家庭的了解還不多。不過，由男女同性戀者組成的親職協作卻早已存在了。在一九九七年，懷著滿心的驕傲，丹尼爾和理查、以及洛琳和潔瑪成了小寶寶傑米的家長。丹尼爾跟洛琳是相識六年的好友，兩人也是事業夥伴。當洛琳提到她想要有個小孩，丹尼爾志願當孩子的生父；丹尼爾一直都想要有小孩，但如同很多男同志，過去他以為那是不可能實現的。洛琳選擇在家裡生產，而孩子出生時四個家長都在場。「我們原本說好，傑米每週跟我們住一個晚上，然後每個月跟我們相處一個週末。」丹尼爾說。

我到丹尼爾在倫敦的家中訪問他時，距傑米出生已經過了二十年。「結果，當傑米還很小，而洛琳還在餵他喝母奶時，她會常常帶著傑米到我們家，或是我們會去她們家；我們時常在一起。不過因為洛琳要餵母奶，而且她不想跟傑米分開，等到傑米幾乎快滿周歲了，他才開始單獨在我們家過夜。」傑米上小學前，丹尼爾每週會請假一天和理查一起帶小孩，而理查本來就是在家工作的。洛琳做的是兼職工作，所以她每週有兩天可以帶孩子。另外傑米還有六個很疼他的祖父母，他們都很樂意幫忙帶小孩。

隨著時間經過，傑米依然保持每週在丹尼爾和理查家過夜一、兩次。然後在傑米四歲的時候，兩對家長一起在郊外買了棟房子。有時候他會跟兩個媽媽一起去那邊住，有時候則是跟兩個爸爸。而四個家長通常會跟傑米一起在那兒共度聖誕節、復活節跟暑假；在傑米心裡，那棟房子是個非常特別的地方。等傑米又長大一些，他會分別跟兩對家長度過部分的週末，然後在平日他一週見爸爸們兩次。到他十三歲時，傑米開始想跟爸爸們共度更多日常的時間，例如一起做功課，或只是一起放鬆打發時間。於是每三週裡面有一週，他會與丹尼爾和理查共度一整個星期。學校放長假時，他的行程更有彈性，基本上他會跟媽媽們共度三分之二的時間，而其餘的時間跟爸爸們一起度過。

對丹尼爾和理查而言，扶養傑米長大是他們最美好的經歷。「我無法想像沒有小孩的人生會是怎麼樣。養大一個孩子的過程充滿了驚奇，沒有任何其他事物能夠比擬。我們真的非常幸運。」丹尼爾說。「我們四個人都來自快樂的家庭，我們的父母都沒離婚；傑米對他們而言就是另一個孫子。我父母完全把他當作我的孩子，他們很疼愛每一個孫子孫女，對傑米也一視同仁。洛琳的媽媽只有傑米這麼一個孫子，她對傑米更是寵愛有加。理查的爸爸住在我們家隔壁，他也熱心地參與傑米的成長過程。他們都是傑米的家庭生活中的一員。這一切都非常自然，我們絕沒有抱著做實驗的心態，所有人都非常支持我們。傑米對別人而言就是個孩子，孫子，或是堂表兄弟。他沒有什麼不同，他也不會覺得沒有歸屬感。」跟丹尼爾談話之後，我發現他們的家庭運作好到讓我驚訝。兩對家長沒有產生衝突、也沒有日漸疏離，他們的關係還是非常地親近而友好。傑米也成長為一個快樂、情緒安定而且優秀的年輕人。傑米在大學裡適應得很好，而在他的四個父母跟六個祖父母眼中，他依然是他們的心肝寶貝。

越來越多男女透過配對網站來建立親職協作的家庭，網站如：Pride Angel，Pollen Tree，Modamily 以及 Just a Baby。這樣建立家庭的父母不像傑米的家長那樣，在親職協作之前已是多年的好友；這種由原本互不相識的人（不論是異性戀或是同性戀者）組成的家庭形式還很新，要說它行不行得通還為時過早。為了認識用這種方式建立親職協作關係的家長們、以及他們的孩子，家庭研究中心的發展心理學家莎拉．福里和瓦桑蒂．賈德瓦已經著手開始研究。根據我們目前所得到的研究結果，我們得知，在這樣的家庭中，良好的溝通特別重要；而且家長之間必須關係良好、願意互相合作，這樣孩子才能健康快樂地成長。不過，我們現在還不知道將來孩子們會對他們的家庭作何想法；我們也還不了解長遠的結果會如何。

＊＊＊

今天，異性戀的自主性單親媽媽已逐漸被社會接受，但當異性戀的男性自主性地選擇成為單親爸爸，那還是多少令人感到意外。在卵子捐贈者的調查中我訪問了凱莉・哈格曼，而幾個月後，在二〇一九年五月，我在洛杉磯訪問了凱莉的受捐者亞當。亞當的雙胞胎兒女，莉亞跟麥克，是第二對藉由凱莉的卵子而誕生的雙胞胎。我發現，亞當有著跟許多自主性單親媽媽相似的經歷。亞當一直想要成為父親。他有過一段十年的感情，以及一段維持了七年的婚姻，但兩段關係都因為伴侶不想要小孩而告終。亞當覺得成為單親爸爸是他唯一的選擇。在那時，與亞當同年齡的女性不是已經過了生育年齡，就是已經擁有自己的孩子，而不想再生更多。如同許多自主性單親媽媽，亞當還是希望有一天他會遇到新的伴侶，也希望對方願意成為莉亞和麥克的媽媽。

身為單親爸爸，要帶大一對雙胞胎兒女絕對不容易。亞當原本是一名電腦科學家，受雇於一家大銀行。最初的兩年，他試著兼顧他繁忙的工作，以及照顧小孩，但事情並不順利。起先他雇了保母來照顧小孩，但孩子們很喜歡的一個保母突然離職後，亞當決定讓孩子們去上幼兒園。這又產生了新的問題：他繁忙的工作跟幼兒園的時間無法配合，他開始常常上班遲到，導致他被降職，最終被解雇。「我決定成為全職爸爸。」亞當說，「我開始自己照顧孩子，很高興我做了這個選擇。如此一來我可以有更多時間跟孩子相處，他們也變得快樂多了。這真的對他們很有好處：他們不再做惡夢，也睡得很好，不再半夜哭鬧。我覺得這是我做過最棒的決定。我的經濟狀況當然不如以往，但我們都過得很好。」

我訪問亞當的時候，才剛過完母親節。有時，母親節對單親爸爸的孩子而言是個不好過的日子。亞當說：「母親節前的一、兩個禮拜，到處都充滿了過節的氣氛：讚頌母親的歌、送給媽媽的手工禮物、寫給媽媽的感謝卡……諸如此類，孩子們想躲也躲不掉。彷彿人人都理所當然地該有母親，彷彿這才是正常的。這對我們而言真的不好過。」亞當擔心因為沒有母親，麥克的行為可能受到負面影響；有時他會在學校打其他的小孩，有時他對莉亞很兇。「我想，幾次換保母種下了麥克心中的憤怒，再加上沒有母親來照顧他、給他需要的愛。」亞當說，「這是個問題，所以我開始找諮詢師商量。希望我們能找到解答。」

現在雙胞胎四歲了，他們在幼稚園的朋友開始會問他們關於媽媽的問題，這對亞當而言是一大挑戰：「有一天我去幼稚園接他們，我兒子的朋友問我：『麥克的媽咪呢？』我措手不及，不知道該說什麼，於是我只說：『她不在。』在那之後，我一直在思考當時該怎麼回答。」

亞當也必須跟他的雙胞胎兒女解釋，為什麼他們沒有媽媽：「我跟他們說一個故事：故事的主角沒有小孩，卻很想要有小孩，於是他去找了別人幫忙，終於擁有了孩子。等他們更懂事了點，我會再告訴他們事情是怎麼發生的。」比起麥克，莉亞對這個故事更感興趣。「莉亞知道凱莉對她而言是特別的。」亞當說，「她明確地問過我凱莉是她的誰。我回答她，是因為有凱莉的幫忙，她才能誕生到這個世界上。她又問我：『是誰生下我的？我是從你的肚子裡生出來的嗎？』我說：『不是，你是從珍的肚子裡生出來的，她是妳的代理孕母。』她懵懵懂懂地知道凱莉是誰，但又不是真的很明白。凱莉會來看他們，給他們擁抱，幫他們洗澡，跟他們相處幾天。他們知道凱莉不只是爸爸的朋友，他們都非常喜歡她。」

***

二〇一〇年，女同性戀伴侶可以實際上一起創造孩子，方法是：其中一名女性提供卵子，利用捐贈者的精子受精後，再將胚胎植入伴侶體內，讓她懷孕。這麼一來，兩個母親都跟孩子有某種生物上的連結；提供卵子的女性跟孩子有血緣關係，另一位則在懷孕的過程中與孩子相連。梅格和蓋兒都是電話客服中心的接線員，兩人有個女兒，洛蒂。她就是利用蓋兒的卵子，經過這種方式誕生的。「如果是異性戀伴侶，他們的寶寶來自雙方。我不希望我們的寶寶只來自於其中一人，所以我們選擇這種方式。」梅格說，「我不想讓蓋兒的家人覺得她跟這孩子沒有關係，我也不想讓我的家人覺得蓋兒跟這個孩子沒有關係。所以用這種方式懷孕生子對我而言非常重要。我是媽媽，而蓋兒是媽咪。這是我們所能做到最好的方式，讓她實際上屬於我們兩人。」

兩人盡量選了一個長得像梅格的精子捐贈者，她們希望如此一來，孩子會像她們兩人。「洛蒂跟蓋兒簡直是一個模子印出來的。」梅格說，「照理來說，她的長相不會像我，但是當我給別人看她的照片，別人總看得出來我們有相像的地方。」因為懷孕的人是梅格，她請了產假，而蓋兒繼續工作。最初的一陣子對蓋兒來說很不好過，因為她幾乎沒什麼時間跟洛蒂相處。不過現在洛蒂兩歲了，而梅格也回到工作岡位，現在兩人在洛蒂的生活中幾乎占了相同的分量。蓋兒和梅格都選擇做兼職工作，而洛蒂也開始上托兒所。「現在的狀況很完美，因為我們一起分擔所有的事情；我們共同分擔責任、共享決定權。現在我們的家庭與工作維持著很好的平衡——我們兩人一起分擔，而不是一個人在家，另一個去工作。」

在梅格懷孕的過程中，蓋兒感覺她跟孩子的牽絆不如梅格深，但洛蒂出生後，蓋兒就不再覺得有差異：「從她誕生的那一刻起，我就無條件地愛著她。這不表示她出生前我不愛她，但我的心思更放在懷孕的梅格身上；直到她出生，我才真正跟她產生了牽絆。她是我的心肝寶貝，帶給我無限的快樂與驚喜。她的幽默感最棒了，常引得眾人哈哈大笑。即使在她調皮搗蛋的時候，我還是無法不愛她。」

梅格和蓋兒對洛蒂出生的由來從來不做隱瞞。等到洛蒂開始會問問題了，她們也打算向她說明。雖然兩人的家人朋友都很支持她們，但她們曾遇過社區裡的人對她們表示不認同，這讓梅格感到擔心：「我不禁想像以後別人如何找洛蒂的麻煩。那些愛批評的人，他們的孩子會到外面重複那些在家裡聽到的話，所以如果他們在背後批評我們，他們的孩子會來對我的小洛蒂說那些傷人的話。我不覺得我的家庭狀況有什麼問題，我覺得有問題的是那些人。」

梅格和蓋兒很高興她們兩人都跟洛蒂有生物上的連結。梅格說：「因為我們經歷了這麼多才終於有了寶寶，我想這讓我們更懂得感恩知足。孩子出生前我們做了很多計畫，不只關於生小孩，還有關於我們要怎麼養育小孩。我想這對我們是很有好處的。」蓋兒總結道：「這一路的過程起起伏伏，像是在坐雲霄飛車，但一切都是值得的。如果最終能克服萬難，得到的收穫無可比擬。這條路絕不輕鬆；如果你要選擇走上這條路，你真的得確定這是你打從心裡想要的。不過，雖然過程是困難的，但結果絕對是值得的。」

＊＊＊

如今，隨著生殖科技不斷發展，新的家庭型態也不斷出現；而往往在同時，人們也會開始討論是否該禁止這項新科技。其中一個例子是粒線體捐贈（mitochondrial donation）。有些粒線體疾病來自家族遺傳，它可能會造成生命威脅，而無法醫治，粒線體捐贈可以防止母親將這樣的疾病遺傳給孩子。卵子中大部分的基因被保存在細胞核裡，這些基因會影響孩子的特徵；而粒線體位於細胞核外，它保存了不到百分之一的基因。粒線體的工作不是保存基因，而是提供細胞所需的能量。為了進行粒線體捐贈，目前有幾個不同的做法，但它們的目的都是一樣的：以另一名女性的粒線體取代母親卵子中有問題的粒線體。粒線體捐贈是由英國的研究者道格拉斯．特布爾爵士所開發。他研究這個問題的契機，是因為有一位名為莎朗．伯納迪的女性被介紹到他位於英格蘭新堡的診所；莎朗因為粒線體疾病，在那時已經失去了六個新生孩子。不過，全球第一個經過粒線體捐贈療程的嬰兒是在二〇一六年於墨西哥誕生的。

粒線體捐贈引起了不少爭議，因為如此，誕生的孩子會擁有來自三個人的基因：母親、父親，以及粒線體捐贈者；這是前所未見的。有些人稱這樣的孩子為「三親寶寶」。反對人士主張，如果有除了父母之外的人介入創造孩子的過程，這可能會讓孩子產生自我認同上的困難。由於目前經過粒線體捐贈出生的孩子非常少，我們還不知道這些孩子長大以後知道自己有「兩個母親」會作何感想——他們會有一個提供細胞核、懷胎生產、並且養育他的母親，以及一個提供粒線體DNA的母親。不過，相比之下，透過卵子捐贈而誕生的孩子有百分之五十的基因來自捐贈者，而這些孩子們都過得很好。我不認為有少於百分之一的基因來自捐贈者，會對孩子造成什麼心理傷害。我們知道，有些由卵子捐贈誕生的孩子會想要去了解捐贈者，甚至會想要跟捐贈者見面；畢竟卵子捐贈者提供了他們一半的基因。好奇心是這些孩子主要的動機——他們想要更了解自己，並尋找自己的根源。或許一些經過粒線體捐贈的孩子也會有同樣的感受。

科技進步還帶來了另一項技術，那就是子宮移植。二〇一九年八月，我受北歐生育協會的邀請前往瑞典哥德堡，在一場研討會中演講。會場上我有幸見到瑪林．斯坦伯格，她是全球首例在接受子宮移植後生下孩子的女性。與瑪林一同出席的還有伊娃．羅森，她是瑪林的子宮捐贈者，是讓這一切得以實現的關鍵人物。兩人與記者亨利耶塔．威斯特曼一同登台分享她們的經驗。亨利耶塔將這個非凡的故事出版成一本書：《為了遇見文森：一個引起世界轟動的男孩的故事》（*The Way to Vincent: a story about a boy who became a worldwide sensation*）

一九九五年，即將年滿十七歲的瑪林得知自己有苗勒管發育不全症。這是一個罕見的病症，意味著她先天缺少子宮。當瑪林的家庭醫生跟她說她永遠不會有自己的小孩時，瑪林受到很大的打擊。她形容，她感覺彷彿世界陷入了一片黑暗。因為自己跟別人不同，她感到很羞恥；她甚至懷疑，自己無法生育，那算不算是真正的女人。隨著年齡增長，這份哀痛變得更深沉，但瑪林從不想跟別人談論這個話題。瑪林交過幾個男朋友，但因為她的病症，他們的關係都未能維持長久。瑪林轉而試著享受沒有孩子牽絆的自由生活，她把生活的重心放在運動跟工作上，然後告訴自己，她不想成為母親。但在她遇見未來的丈夫克勞斯後，一切都改變了。瑪林說：「他說『我不相信妳說的』。他看得出來我有多喜歡小孩，他說我在對自己說謊。他是對的！」

瑪林夫妻決定開始尋找能擁有小孩的方法。兩人也有考慮收養或代孕，但結果都不順利。代孕在瑞典是違法的，而他們不想冒著難以預測的風險到海外代孕。直到二〇一〇年，瑪林受邀去參加一場由哥德堡大學醫院舉辦的苗勒管發育不全症患者座談會，在座談會上她才第一次聽說子宮移植這回事。馬茲．布蘭斯壯教授為子宮移植團隊的主持人，在會場上他再三強調子宮移植是個高風險的手術，而且不保證會成功；患者跟捐贈者都必須經歷大手術，而且都必須服用抑制免疫力的藥物，以免患者的身體排斥外來的子宮。而在這之上，最大的挑戰是：任何希望接受這項手術的人都必須自己找到捐贈者。瑪林的母親願意幫忙，但她們的血型不合；而她妹妹還太年輕。就像瑪林說的，你又不能到處打電話問：「你好，請問你願不願意給我你的子宮？」

當伊娃聽說這件事的時候，瑪林跟克勞斯已經放棄希望了。伊娃是克勞斯摯友的母親，她在聖誕家族聚會上聽到媳婦提到此事，才知道瑪林夫妻面臨的困境。「他們可以用我的，」伊娃說，「反正我已經用不上了。」此時伊娃已經五十九歲了。二〇一一年二月，伊娃打了電話給克勞斯，告訴他這個慷慨無私的決定。伊娃捐贈子宮是得不到什麼好處的——她純粹只是想要幫助瑪林和克勞斯，讓他們能擁有渴望已久的孩子。子宮移植手術在二〇一三年二月進行。伊娃有些緊張，而她的先生跟兒子比她更緊張。手術進行了好幾個小時；醫生先移除伊娃的子宮，而瑪林和克勞斯則在家裡焦急地等待電話通知，等兩人接到通知後即前往醫院，這次換瑪林接受手術，進行移植。術後的恢復期間，伊娃和瑪林住在同一間病房，而幾週後兩人都恢復了健康。不過之後瑪林還必須等一整年，等確定一切沒有問題，她才能開始試著懷孕。瑪林和克勞斯保存了十一顆胚胎，很幸運地瑪林在第一次植入就順利懷孕了。而文森終於在二〇一四年九月一日凌晨五點誕生到這個世界上。

至今瑪林跟伊娃的感情還是很好，他們兩家人，再加上瑪林和克勞斯的父母會一起慶祝聖誕節跟復活節，而伊娃也成了文森的教母。「文森是一個充滿好奇心、活潑好動的小男孩，他喜歡馬，也喜歡跟朋友玩。」瑪林跟我說，「我們為了擁有孩子歷經千辛萬苦。我們盼望了他這麼久，現在我們每一天都不忘表達感激之情。這一切對我的意義之大，無法用言語形容。」

在不久的將來，我們不只能體外受精，甚至還可能在體外懷胎。人工子宮——一個模擬人類子宮的裝置——一旦問世，必定會大大撼動生殖行為的本質。起初，人工子宮會被用來挽救早產兒，讓他們能如同在母親體內一般繼續成長。而在未來，人工子宮可能會取代母體懷孕。二〇一七年有報告指出，劍橋大學的科學家已讓人類胚胎在人工子宮裡成功存活了十四天。由於人類胚胎的研究受到法律限制，十四天是法律所允許的最長極限。

同時科學家們相信，我們離成功製造人造卵子和精子已經不遠了。將來為了製造精子和卵子，科學家有可能從男性的睪丸、或女性的卵巢取出細胞來培育，或從發育初期的胚胎取出細胞樣本，甚至有可能從非生殖器官（如皮膚組織）細胞培育出精子或卵子。這對無法產生精子的男性或無法產生卵子的女性而言，會是莫大的福音；他們將有機會擁有親生孩子，而不必求助於精卵或胚胎捐贈。這更會為同性伴侶帶來巨大的變革；若是將來男女都能產生精子和卵子，這表示男女同性戀伴侶也能生下與雙親血緣相繫的孩子。還有一個更極端的可能性：理論上，單身人士將能夠利用自己的皮膚細胞製造出精子和卵子，藉此生出只擁有他一個人的基因的孩子。或許這將來在技術上是可行的，不過如果孩子誕生於同源的精子和卵子，這會置他們於罹患遺傳性疾病的風險中。

不意外地，上述的技術發展都面臨著一些反對聲浪。不過它們遭逢的譴責與排拒的程度遠不如這一項新技術——那就是人類基因編輯。在二〇一八年十一月，中國深圳的科學家賀建奎宣稱，他成功編輯了人類基因，而基因改造的孩子已經健康地誕生於世了。這個消息不僅撼動了學術界，也引起全球關注。賀建奎博士利用CRISPR基因編輯技術，在胚胎階段修改了一對雙胞胎女孩的基因，修改的目的是要讓她們對HIV免疫。雖然CRISPR技術有被應用於研究及治療遺傳性疾病，但在那之前，從未有孩子誕生於經基因編輯過的卵子、精子或胚胎。這種編輯生殖細胞的技術稱為「人類生殖系基因組編輯」（human germline genome editing），若是使用這種技術，修改過的基因將會世世代代地傳遞下去。為了治療遺傳疾病而修改基因的作法確實有其好處，這可以避免疾病在家族中延續。但是我們還無法確定這項技術的安全性，我們也還不明白它可能造成的後果；而這項技術對社會倫理的衝擊也有待議論。二〇一九年十二月，賀建奎博士即以「非法行醫」等罪名被判刑入獄三年。

未來，這些以新方式形成的家庭會對父母以及孩子造成什麼影響，我們還很難預測；它們各有各複雜的社會及倫理議題。當子宮移植日漸普及，女性是否會感覺自己被迫接受這種高風險的手術？如果人造精子和卵子成真，這是否表示小孩或是老人也能產生子嗣？基因編輯是否能讓人「訂製」嬰兒，把這些孩子改造得更聰明、更有魅力？而人工子宮是否會取代代理孕母，讓不孕的夫妻、同性伴侶、跨性別者及單身男性更容易成為父母？對某些人而言，這些相繼出現的新技術讓他們聯想起阿道斯．赫胥黎所描述的反烏托邦世界：在那個世界中，所有的孩子都誕生於實驗室，在人造子宮中成長，而胎兒成長的過程中會被注入賀爾蒙及化學物質，讓他們的發展符合社會所需。*另外有一些人把這些技術視為科技突破，並樂觀地期待它們造福個人與社會。而還有一些人，他們視新技術為唯一的希望，期待科技的進步能讓他們終於擁有渴望已久的家庭。

＊＊＊

自從一九七八年，體外受精技術正式問世，保守人士就持續爭論著，究竟那些新的醫療行為應該被允許、或不該被允許。而在這期間，體外受精已從高危險、高爭議性的療程，變成了非常普遍的不孕療法。這很大一部分是因為有適當的規制：違反安全或倫理的做法已被禁止，而專家團體也針對療程的原則與實施方法制定了嚴格的準則。從一九七〇年代開始，我與我的團隊持續地研究各種新興的家庭形式——在最初，這些家庭往往被視為對現存價值觀的威脅——我們的研究結果發現，許多對新型家庭的恐懼其實是毫無根據的。不論受孕或懷胎的方式為何，若某項新的生殖技術是安全的，符合倫理，而且受到妥善管制；那麼，只要有一個充滿愛的家庭，也有支持他們的社會環境，這些家庭中的孩子就能健康、快樂地成長茁壯。

＊此為赫胥黎的小說《美麗新世界》中的設定。

Chapter *10*

結語

「要養育孩子成為有責任心、快樂的成年人，絕對沒有其他選項比得上傳統家庭。」

——《每日郵報》，1991 年

「同性家長的家庭跟其他的家庭真的沒什麼不同。除了別人對待我們的方式，其他真的沒什麼大差別。」

——珠莉，十二歲，2018 年

二〇一九年，專門報導基因及生殖技術新聞的網路周刊《BioNews》報導：根據推測，到二一〇〇年，世界將有百分之三的人口——也就是四億人——誕生於輔助生殖技術。這個數字包括通過輔助生殖技術誕生的人，以及他們的子孫。當初在一九七二年，《Nova》雜誌曾聲稱，試管嬰兒是「自有原子彈以來最大的威脅」；現在回首看來，我們已經走了很長一段路。我出生在戰後嬰兒潮的時代，那是傳統家庭的巔峰期。在一九五〇、六〇年代，家庭理所當然就是這樣，沒有人會去質疑。回想起一九七六年，當我剛開始研究同志媽媽的孩子時，家庭形式的改變讓我驚訝。而持續至今，家庭的改變從未停止。誰想得到，如今世界上會有超過三十個國家允許同性婚姻？而超過八百萬個孩子誕生於體外受精？當時，第一個體外受精寶寶露薏絲．布朗還未出生，有誰想得到母親可以生下與自己沒有血緣關係的小孩；或是雙胞胎、三胞胎可以相隔數年出生？也沒人想得到，出自同一個精卵捐贈者的半血緣兄弟姊妹可以透過網路相認。這些都像科幻小說裡才有的情節。畢竟當年我們還沒有個人電腦，更別說網際網路了。

然而，這個故事是否該到此結束？我們是否能就此放心，不用再為非傳統家庭中成長的孩子們感到擔心？很遺憾，答案是否定的。二〇一三年，有大約十五萬人走上巴黎街頭，抗議新的法律允許同性伴侶結婚及收養小孩，這場示威抗議甚至演變成暴力場面。兩年後，北愛爾蘭的衛生部長聲稱同性家長更可能會虐童；不過他在出此發言之後被迫辭職。從二〇一六年起，美國越來越多的州通過法律，允許宗教團體經營的收養仲介機構拒絕LGBTQ+人士申請成為養父母。

而在二〇一九年，英國伯明翰有一群民眾示威，反對學校向學童提及同性伴侶的家庭。面對一連串對非傳統家庭的反彈，實徵證據（empirical evidence，又譯為經驗證據）更顯得重要。

所謂傳統家庭——也就是結了婚的異性戀父母，以及兩人生下的小孩所組成的家庭——在過了一九五〇年代的顛峰期之後，開始逐漸式微。根據皮尤研究中心（Pew Research Center）的調查，在二〇一四年，跟父母雙親同住而父母均非再婚的孩子，占不到總數的一半。然而傳統家庭依然被視為理想的家庭；許多人相信，如果我們想要養育心理健康的孩子，建立傳統家庭還是我們的目標。造成這種想法的一部分原因，是由於各種不同的非傳統家庭常常被混為一談；不論它們是家庭崩壞的結果，或是在新科技及新社會觀念之下誕生的新型態家庭。這兩類非傳統家庭並不相同，它們對孩子造成的影響也不同。如我們所知，許多單親家庭是由於離婚，或是母親意外懷孕所致，而許多孩子在父母再婚後必須與新的家庭成員重新建立關係——比起傳統家庭的孩子，這些孩子必須克服更多困難。當然，不是所有的孩子都受到負面影響，但是單親父母往往要面對離異的顛簸，以及之後的適應期，還有經濟困境以及社會孤立；而對於不少孩子來說，要適應父母再婚後的新家庭也是很不容易的。

然而，我在這本書裡介紹的新型態家庭是不同的。不論是LGBTQ+家庭、或是受助於輔助生殖技術的家庭，這些家庭在最初往往要經歷不少困難。為了擁有孩子，這些家長都面臨不孕的挑戰，或是社會的指責——甚至兩者兼有。而最終能克服萬難、如願以償的家長，大多能與孩子建立溫暖、親密且充滿互動的關係；他們建立美好家庭的能力不輸給傳統家庭，有時甚至更勝於傳統家庭。當然，這不表示所有在新型態家庭中的孩子都健康快樂；但至少，他們有相同的機會能夠平安順利地長大。

「家庭」對於不同的孩子，有著不同的意義。對瑪麗亞而言，家庭意味著一個媽媽；對尼可拉斯而言，它意味著兩個爸爸；而對吉兒而言，家庭包括了爸爸跟媽媽，不過她跟她的代理孕母兼血緣上的母親也非常親近。在各個方面，現代的家庭都有可能與傳統家庭不同——或許其中只有一個家長、或許兩個家長都是男性、或許家長是同性伴侶而非異性戀男女、或許家長是跨性別者、或許孩子不是由家庭中的母親懷胎生產、甚至或許家長與孩子沒有血緣關係。這些不同的家庭拆解了一般傳統家庭中包含的要素，這幫助我們了解這些要素對孩子們分別會有多大的影響；而我們研究的結果不僅適用於新型態家庭，也適用於所有的孩子。研究各種不同的家庭讓我們明白：家庭的組成方式——包括父母的人數、性別、性向、性別認同以及親子血緣關係——其實不如我們所想的重要。家庭中不一定非要有父親、或是母親、或是兩個家長，孩子才會健康快樂；對孩子最重要的，是他們與家人之間關係的品質、來自周遭圈子的支持、以及他們身處的社會所抱持的態度。

***

那麼，家庭生活到底會如何影響孩子的心理健康呢？心理學家們一直在尋找這個問題的答案，已經持續研究超過五十年了。而雖然不同研究者研究家庭的方式各有不同，但我們有基本的共識：親子關係的品質是最重要的關鍵。如果父母對孩子的態度充滿溫情，關心孩子，而且能察覺他們的需要，並且願意花時間與孩子互動、幫助孩子，在這樣的家庭中成長的孩子心理會更健康。相對地，如果父母的態度冷漠而疏離，不可靠，而且沒有一貫性，管教孩子的方式太嚴苛或是太縱容，這樣長大的孩子更容易產生情緒及行為問題。在極端的情況下，家長不當的養育方式甚至可以稱為虐待——包括身體虐待、性虐待以及情緒虐待——這些待遇可能對孩子造成長期的破壞性影響。

二十世紀中期，兒童精神科醫生兼精神分析師約翰．鮑比以及心理學家瑪麗．愛因斯沃斯開始研究嬰兒與母親的依附關係（attachment），從這個時期起，研究者就開始注目孩子與家長之間的關係。現在我們不再認為孩子只會與母親產生依附關係；孩子往往會依附最照顧他們的人。他們也會與其他複數的人產生依附，而在孩子心中，這些人通常會有明顯的優先順序。除非孩子遭受嚴重的忽視（例如一九八九年西奧塞古政權崩解後，在羅馬尼亞孤兒院中的孩子），不然所有的孩子都會形成依附關係。

然而，每個孩子依附關係的安定程度不同。有些孩子能與家長之間建立穩定的依附關係，因此他們能放心去探索周圍的世界，並在感到焦慮時尋求家長的安慰。也有一些孩子跟家長之間的依附關係並不穩固，他們對壓力與焦慮的反應能力較差。他們有可能會陷入極度的焦慮中，有時就算家長予以安撫也無濟於事；反之，他們也有可能對壓力幾乎沒有情緒上的反應，也不會去尋求家長的安慰。少部分在幼年時遭受過創傷或忽視的孩子則對壓力沒有明確的反應模式。孩子有可能與父母雙方都有穩固的依附關係，可能對兩者都無法順利依附，也有可能他們只穩固地依附於其中一位家長，對另一位則不然。而單親家庭的孩子與家長之間的依附關係有可能很穩固，也有可能不穩固。於是學者試著去了解，為什麼有些孩子能夠與家長建立穩固的依附關係，另一些卻不行。研究結果顯示：如果家長能迅速察覺孩子的感受，並對之作出反應，他們會更容易與孩子建立穩固的依附關係。但是依附關係不是一旦建立了就永久不變；在不同的狀況下，穩固的依附關係可能變得不穩固，反之亦然。

根據約翰．鮑爾所言，當孩子年紀漸長，他們會開始在心中建構親子關係的形象，這個形象不僅用來預測家長會如何對待他們，也會塑造孩子的自我認知。若孩子與家長有穩固的關係，他們會知道自己在有需要時可以仰賴家長，而他們也會有正面的自我形象。沒有穩固關係的孩子會覺得家長不可靠，他們對自己的看法也較為負面。研究者相信，隨著孩子長大，他們對家長和對自己的看法，會影響他們跟其他人之間的人際關係。

如果在嬰兒時期，孩子至少跟一位家長建立穩固的依附關係，那麼他在幼稚園及學齡早期會有較好的情緒和社交表現。有穩固依附關係的孩子大多有一些特質，例如自我評價較高、在同儕之中人緣較好，在學校表現獨立等等。不過，嬰兒時期有穩固的依附關係，並不保證孩子一定會順利長大；而即使在人生最初幾年沒有穩固的依附關係，也不表示孩子將來一定會有心理問題。這些研究的結果告訴我們，穩固的依附關係是一項要素，它會提高孩子健康成長的機會；但同時，也有許多其他因素會影響孩子的成長。

有些心理學家專門研究父母如何影響他們的孩子，而他們發現：父母一方面要對孩子表現溫情與慈愛，另一方面要對孩子加以控制跟管教，這兩者的平衡非常重要。心理學家黛安娜．鮑姆林德研究了關愛與管教如何交互作用，由此定義出四種不同的教養模式：專制型的家長非常嚴格控制孩子，對孩子嚴加管教，並期望孩子都照著他們所說的做；放任型家長雖然疼愛孩子，但對孩子幾乎不加以約束管教；忽視型家長對孩子漠不關心，也不會去幫助孩子；最理想的模式是恩威並重型（或稱權威民主型）的家長，他們會對孩子表達關愛，也會有明確的管教方式。恩威並重型的家長會留意孩子的活動跟交友狀況。他們也會用商量、而非懲罰的方式來管控孩子的行為；如此一來，孩子還是會感受到自己是被愛和被接受的。與其它教養模式相比，以恩威並重的方式養育長大的孩子自我控制能力比較強、比較有責任感、比較獨立，也比較能與別人合作；同時，他們也比較不容易產生情緒和行為上的問題。

影響小孩心理健康的，除了親子關係，還有家長彼此之間的關係。在家庭中，家長難免對彼此有些不滿，不過小孩不見得會察覺；但如果家長毫不保留地正面衝突，這就會對孩子造成傷害。心理學家馬克・卡明斯從研究中發現，若家長對彼此展現敵意，孩子也會變得好鬥、不聽話、而且難以管教。在雙親家庭中，幾乎所有的孩子都見過家長爭執；如果孩子也能看到家長和好，那其實也有正面效果。會對孩子造成影響的，不是家長是否爭執，而是他們如何爭執。如果家長之間衝突頻繁、激烈（甚至有肢體暴力）、而且不在短時間內和好，那對小孩的傷害會更大。特別是，如果家長是為了孩子爭執，而且孩子認為家長每次爭吵都在逐步邁向分手，這會對孩子造成很大的心理負擔。再加上，目睹家長互相敵對不僅會給孩子帶來痛苦，爭吵中的家長也很難妥善地照顧好孩子。

家長的心理健康問題也會影響到孩子。如果家長有憂鬱傾向，孩子不但有可能產生各種心理問題，他們也會更容易有憂鬱傾向。雖然有些孩子或許多少遺傳到容易憂鬱的特質，但不只是遺傳，家長的憂鬱問題也會直接影響到親子關係。例如，憂鬱的家長恐怕很難敏銳地察覺孩子的情緒，他們也會減少對孩子表達關懷；這可能會對孩子的心理健康引起一連串的負面連鎖反應。如果家長有藥物或酒精成癮問題，這對孩子的傷害也非常大；這樣的家長可能在很多方面傷害到孩子，忽視或虐待只是其中一項。

若不將社會環境因素納入考量，我們很難真的了解家長的行為和態度如何影響孩子；而其中危害最大的社會環境因素，是貧窮。心理學家芳尼・麥克洛伊德對此做了研究，而研究結果清楚顯示，與富裕家庭出身的孩子相比，窮困中長大的孩子在學校表現較差、更容易輟學、做出反社會行為、意外懷孕，以及在青少年時期產生情緒問題。貧窮會在各種層面上妨害兒童的心理發展。即使在出生之前，貧窮環境中的孩子也處於劣勢：藥物酒精濫用常常與貧窮共存，因此這些孩子更有可能受到藥物與酒精的傷害，也更有可能營養不足、或是早產。當這些孩子成長期間，他們身邊常常缺少玩具和書籍，他們也很難進入品質良好的學校，所以孩子的學業成就往往較低。不僅如此，貧窮的負面影響會蔓延到家庭生活的各個角落，危害家長的育兒品質。當家長承受經濟壓力時，他們往往無暇尋求周圍的幫助、容易陷入沮喪、與伴侶的關係容易惡化、而孩子的需求也會給他們帶來壓力。現在我們已經有普遍的認知，貧窮對孩子造成的傷害，大部分源自貧窮對家庭關係的傷害。

不過，也不是每個處於社會弱勢的孩子都會發展出心理問題，甚至有些孩子在極端不利條件下成長，卻還是過得很好。究竟是什麼原因讓一些孩子能夠克服困境，而另一些卻一輩子受其陰影糾纏呢？其中一個原因，是有些孩子比其他人更有韌性。某些種類的壓力容易讓兒童產生心理問題，而韌性較強的孩子不容易受到這些壓力的影響。他們或許在貧窮中長大，或許曾經受到虐待，但即使經歷過這些糟糕的事情，他們也能恢復過來。

學者做了研究，試著了解韌性強的孩子跟其他人有什麼不同，而他們發現，這些孩子打從最一開始就有不同之處。從嬰兒時期開始，這些孩子就比較愛與人親近、更活潑，而且也很少有進食及睡眠問題。在學校他們更獨立，有較高的自我評價，跟同儕之間的關係也比較好。不只是個性上的特質，研究中也發現，韌性較強的孩子通常跟至少與一名家長有親近而良好的關係；而且他們也有來自家庭以外的人（例如老師）的支持。由此可知，如果孩子至少能跟一個人建立起良好關係，從中獲得溫情與支持，這樣的關係可扮演重要的關鍵，保護孩子的心靈免受生活中各種壓力的侵蝕。

親子關係的品質不是家長單方面能夠決定的，這些關係只能由雙方共同建立。從出生開始，每個寶寶都有他自己的氣質*；有些孩子比較愛哭，有些比較活潑，有些比較黏人、喜歡家長抱。一九六〇年，心理學家史黛拉・柴斯和亞歷山大・湯瑪士首先研究新生嬰兒的行為，他們將嬰兒分類為「好養（easy）」、「難養（difficult）」以及「慢熱（slow to warm up）」三型。在那之後，研究者發展出很多方法鑑別嬰兒之間的不同。例如，嬰兒有多容易感到焦慮或害怕、有多容易暴躁、喜不喜歡與人互動、以及能多快適應新環境。家長對待嬰兒的方式往往被嬰兒的氣質所影響。如果寶寶很容易被安撫，家長會更願意在他哭鬧的時候去抱抱他，而如果寶寶無論如何都哭鬧不休，家長或許會缺少動力去搭理。可以說，從孩子出生開始，孩子的行為就開始影響家長對待他們的方式。

隨著孩子長大，他們的行為會繼續影響家長對他們的態度。我們常聽說不少家長對自己的幾個孩子態度不同：由於孩子的性格，父親或母親可能對其中一個孩子特別呵護、或是特別嚴厲。心理學家茱蒂・鄧恩和羅伯特・普洛明研究了同一個家庭中的兄弟姊妹對親子關係的看法。他們的研究為這個現象提供了證據。兄弟姊妹很常感覺父母對待他們的方式不同，其中一個孩子被視為「爸媽的最愛」是常有的事。這個發現讓我們明白，家長影響孩子的方式與我們原先所了解的不同；我們不能再假設，在同一個家庭中長大的孩子成長經驗都相同。

種族跟文化也會影響家長養育孩子的方式，並影響不同的養育方式對孩子造成的結果。以嚴厲為例，在一些文化中，對孩子嚴格管教是理所當然的，如果身處於這樣的文化當中，這麼做對孩子負面的影響會比較小。但如果在寬容的文化環境中嚴厲地管教孩子，結果可能又不一樣了。二〇一一年，蔡美兒（Amy Chua）出版了她廣受議論的著作《虎媽的戰歌》（*Battle Hymn of the Tiger Mother*）。這本書出版後，這位華裔媽媽嚴格管教、嚴格要求兩個女兒的教育方式立刻引起大眾的討論，其中不乏讚揚與批評兩方的聲音。許多西方的家長認為這種管教方式過於嚴厲。只能說，在一個文化中被認為是正常的做法，在另一個文化中不見得能被接受。

家庭關係也受到法律跟社會政策的影響。以中國為例，中國在一九七九年施行了人口控制政策，大部分的家庭（特別是城市居民）都受到限制，只能生一個孩子；如果生下更多孩子，家長得繳交罰款。這個政策使得許多嬰兒被父母拋棄，或是被送去給人收養。

---

* temperament，心理學用語，指天生的性格特徵。

一九七六年，張蘭芬*出生於黃河畔的一個小鎮，那地方不大，居民世世代代彼此認識。她的父親張歡受雇於當地的造磚廠，母親丞宜則在田裡工作，種植小麥、花生和玉米貼補家用。他們一家住在傳統的四合院，房屋圍繞的中庭，一房臨著道路，兩側各有廂房，而家裡地位最高的祖父母住在院子後方的正房內。蘭芬的妹妹張寧在一九八二年出生。當時一胎化政策已經推行了，蘭芬的父母繳交的罰款比她父親十個月的薪水還多。

後來丞宜發現她又懷孕了，這次她知道她不能留下這個孩子。「我最小的妹妹張晨誕生於一九八八年的夏天。」蘭芬說，「在那之前的秋天，我媽媽跟我說她生病了，必須去別省的醫院治病。她其實是去了西南方的麗江，暫時住在她姊姊家待產。但是她擔心我守不住祕密，沒有告訴我真相；她怕讓政府單位知道會惹上麻煩。生產後一個月，我媽回來了，而嬰兒被留在麗江給我阿姨照顧。」

蘭芳意外讀了一封她媽媽寄給祖母的信，才知道她還有一個小妹妹。「我對一九八八年八月的那天下午記憶猶新。」蘭芳說，「我跟奶奶在一間小房間裡，她拿出一封信讓我讀給她聽。奶奶小時候有受過一點教育，認識一些字，但她無法讀懂整封信。那時我才知道媽媽又生下了一個嬰兒。奶奶要我發誓會守住這個祕密，連妹妹也不能說。」

張晨出生後，當地一對無法生小孩的夫妻想要收養她，那對夫妻願意給丞宜和張歡一大筆錢，但兩人卻拒絕了，因為那對夫妻開出條件，要他們永遠不再跟孩子見面。不久後，丞宜跟張歡的親戚裡有人提出要收養張晨，他們答應丞宜夫妻會定期帶孩子來訪，於是丞宜和張歡答應了。「我妹妹現在三十歲了，他們一次也沒有帶她來看我爸媽。」蘭芳說，「我媽為此感到非常受傷。」兩家人會在家族聚會見面，但收養張晨的親戚始終擔心，如果孩子發現真相，他們會因此失去她。然而，許多家族裡的祕密是在爭吵中被掀開的；張晨的情況也是如此。在她十歲時，在一次爭吵中她得知了自己的身世。

現在這三個姊妹的關係很好。她們都結了婚，有自己的小孩。而丞宜跟張歡也參加了張晨的婚禮。我訪問蘭芳的時候，她正計畫帶爸媽去麗江跟妹妹們相聚。「就我們五個人。」她說。「我們從來沒有一起度過假，對我而言，這像是一個家族團圓的儀式。藉著這個假期，我們也想表達對阿姨的感謝，也讓小妹重遊她出生的地方，與照顧過她的人重聚。我想，這趟假期是我們的故事的快樂結局！」

中國在二〇一三年開始鬆綁一胎化政策；從二〇一六年一月開始，所有的夫妻都可以生兩個小孩。中國政府也計畫要繼續放鬆生育計畫；大家都是獨生子女的「孤單世代」，恐怕就要步入尾聲。政府改變政策的主要原因，是憂心人口老化跟出生率下降。二〇一八年，中國政府開始積

＊以下中文名均為音譯。

極鼓勵民眾生兩個小孩，不過這些鼓勵和宣導似乎效果不彰。如同世界上許多其他的國家，即使讓父母失望，年輕一代的千禧世代往往超過三十歲了才開始考慮結婚生子。二〇一六年，《中國日報》做了一份報導，介紹上海人民公園的相親角；這種父母替子女找對象的活動越來越盛行，高齡的父母不辭辛勞地在公園蹲點，就為了幫他們三十多歲的子女找個對象結婚，一圓抱孫夢。

一胎化政策還造成一個意外的結果：當今的中國，男性人口比女性還多。由於中國在文化上偏重兒子，在一胎化政策下，若懷上女嬰，父母更傾向於選擇墮胎，或是將女兒給別人收養；當夫妻只能有一個孩子，他們更希望那孩子是男孩。因此幾十年後，現在中國男性要找女性伴侶更不容易了。此外，一胎化政策鬆綁後，中國的生殖醫療產業也隨之蓬勃發展。這不只是由於晚婚的趨勢；也有不少夫妻是在二十幾歲時生了第一胎，現在開放生第二胎了，卻因為年紀較大而不容易受孕。

***

在新型態家庭中，孩子的心理健康會受到家長的心理健康狀況、親子關係、以及社會環境所左右——這其實跟傳統家庭沒什麼不同。不過新型態的家庭還必須要面對一些獨特的議題。在新型態家庭中，孩子由誰懷孕生產、與誰血緣相繫，各個家庭狀況不一。所以除了家長，可能還有家庭內外的某些人與孩子有著特殊的連結。有些孩子誕生於精卵或胚胎捐贈，也有些是由代理孕母生下的，因此與傳統家庭相較之下，「血親」對這些孩子而言，意義可能更廣——它可能包括捐贈者、同捐贈者的兄弟姊妹、或是代理孕母。有些孩子對這些額外的血親不感興趣，而另一些則很好奇，想要更了解他們，甚至有些孩子會非常渴望能跟他們見面。雖然大多數的孩子不把捐贈者或代理孕母視為家長，卻仍有少數抱持著這種想法；單親家庭的孩子更是有這種傾向。畢竟我們所處的世界中，大眾還是相信——或是幻想——傳統家庭是優越的。我們不意外地發現，有些自主性單親媽媽的孩子還是希望能有個爸爸。

為什麼一些孩子（或是成人）會覺得，了解自己的捐贈者或代理孕母是很重要的呢？這個原因與被收養的孩子有些相像。被收養的孩子之所以去尋找自己的親生父母，是為了了解自己是誰、從何而來、又屬於何方。不過，精卵及胚胎捐贈誕生的孩子跟被收養的孩子還是有所不同：誕生於精卵捐贈的孩子跟其中一個家長有血緣關係；而即使是胚胎捐贈，孩子的家長也經歷過懷胎跟生產的過程。而且，受捐誕生的孩子從一出生就在他的家長身邊，所以這些孩子沒有經歷與親生父母的離別。不過，精卵胚胎捐贈與收養的共通點是，孩子與核心家庭以外的人有著血緣上的連結。經過代孕誕生的孩子也可說跟家人以外的人有某種連結，不過與被收養的孩子不同，代孕出生的孩子在產生依附關係前就與代理孕母分離了。對這些孩子而言，去了解這些促成自己誕生的人——如捐贈者或代理孕母——是為了讓他們更了解自己。這些孩子或許會發現他們在外貌、性格上與捐贈者有些相似之處，或許他們可以進一步了解自己的血統來源，也或許他們可以了解到更多關於自己出生的故事。一般由父母雙親所生下的孩子很自然地會知道這些事；而經過探尋的過程，透過加深對捐贈者或代理孕母的了解，新型態家庭的孩子可以填補這些空缺，讓他們對自己的身分認同更有安全感。

在新型態家庭中，社會意義上的父母、血緣上的父母、以及懷孕生產的母親可以是分開的。這也會帶來些新的難題，例如：這些家庭的家長得決定是否要告訴孩子他們出生的真相？該何時說？又該怎麼說？研究者研究了收養孩子的家庭而得知，如果父母對孩子態度坦承、不避諱承認他們的家庭與別人不同，也不過於強調不同之處，並能考慮孩子的年齡，用適當的方式表達，被收養的孩子會更能接受自己的身世。我們的團隊研究了由輔助生殖技術得子的家庭，得到的結果也是相同的。我們訪問的對象裡面，所有在孩子年紀很小時就告訴他們真相的家長之中，沒有一位對這個決定感到後悔。

在大受歡迎的在電視節目《你以為你是誰？》（*Who Do You Think You Are?*）中，製作單位會帶著名人去追尋自己的家譜，發掘家族的歷史。而即使不是名人，也有無數人加入尋根網站如（Ancestry.com 或 23andMe），來了解自己的家族史。可以看出，即使是在一般的情況下——有血緣，以及懷孕生產的過程與父母相連——人們還是對找尋自己的根源有濃厚的興趣。我很好奇，電視節目中探尋家族歷史的名人，跟那些尋找捐贈者的孩子，是否有一些共通之處？我訪問了《你以為你是誰？》的製作人亞歷克斯．葛蘭姆，我問他這個節目的成功關鍵為何，他如此回答：「你以為你是誰？——這個疑問像是引力，它似乎從很遠的地方拉動你，有時這個拉力跨越好幾個世代。節目的主角會親自體驗這個穿越世代的奇妙連結，他們會感覺到自己屬於一個無形的鏈，它的連結有時可以延伸上百年。我想，我們都有強烈的願望想要屬於什麼，或許是某物，或許是某人；而這個節目與觀眾尋求歸屬的願望產生了共鳴。」我訪問了不少因精卵或胚胎捐贈而誕生的人，他們想要了解自己的捐贈者，這種心態跟亞歷克斯．葛蘭姆的這席話幾乎吻合。或許對受捐誕生的人而言，這種想要找到某種連結、某種歸屬感的情緒特別強烈，但追根究柢，這種情感存在於每個人的心中。

這樣的情感也往往是雙向的。越來越多的捐贈者（如喬恩）以及代理孕母（如莎拉）對受自己幫助而誕生的孩子感到好奇。他們或許想要知道一些孩子的資訊，或者想要直接認識他們。有些孩子的父母也很高興能跟捐贈者或代理孕母保持聯繫。珍妮和帕米拉與她們孩子的同捐贈者兄弟姊妹（以及其家長）聯絡上後，她們感受到的親近感強得出乎意料，讓她們頗為驚訝。

然而有時候，知道更多反而會帶來傷害。如果孩子在長大後才知道自己是由精卵或胚胎捐贈誕生的，他們可能會大受打擊，而後面臨許多的掙扎與苦惱。路易絲．麥克羅林就是一個例子。除此之外，有些人震驚地發現自己是捐贈者眾多的子女之一；也有些捐贈者事後才知道，自己造就了眾多的孩子誕生。這些驚人的發現可能讓人不知所措，甚至陷入苦惱。不過，在不久的將來，家長可能不用再煩惱要不要告訴孩子出生的真相了。《衛報》曾用帶著悲劇性的語調刊登一份報導〈你父親不是你父親：DNA檢測揭露你不想知道的祕密〉，而《大西洋》雜誌也以標題〈當DNA檢測粉碎你的身分認同〉做了類似的報導。作家丹妮．夏皮羅（Danny Shapiro）在二〇一九年出版了一本非常動人而且發人省思的自傳《遺產》（*Inheritance*），書中也觸及了這個議題。在今天，利用簡單的基因檢測劑，搭配23andMe或AncestryDNA等基因資料庫（在二〇一九年，這些資料庫聲稱擁有超過兩千五百萬人的DNA資訊），誰都可以輕易地發現，自己其實是誕生於精卵或胚胎捐贈。只要取一點唾液，再利用網路，任何人都能很快地知道自己是不是父母的親生孩子；而如果不是，他們也能藉此找到與自己血緣相繫的人。有些人對自己誕生於精卵胚胎捐贈的事毫不知情，卻透過DNA資料庫找到捐贈者或捐贈者的子女，因此意外發現自己與母親或是父親（或甚至父母雙方）沒有血緣關係。另外有些孩子則是在學校學了關於基因遺傳的知識後，自己發現了真相。如果父母沒有早早跟孩子坦承他們的基因從何而來，孩子自己發現真相的風險其實是很大的。在這個時代，父母實在很難守住祕密，隱瞞捐贈者的存在；而如果捐贈者想要保持匿名，恐怕也很難如其所願。就算捐贈者自己沒有加入網路的DNA資料庫，但如果他的親戚有加入，並且提供家譜，受捐誕生的孩子就有可能藉此找到他。有時受捐誕生的孩子找到的不是捐贈者本人，而是捐贈者的孩子；他的孩子不見得知道自己的父親或母親做過捐贈，因此如果突然有人出現，自稱是他們半血緣的兄弟姊妹，那想必會是很大的衝擊。

***

新型態家庭的家長要面對的另一項挑戰，是汙名化（stigmatisation）。尤其是LGBTQ+家庭，遭受汙名化的情況更為常見。來自外界的偏見可能會傷害家長的自信心，而這也很有可能會連帶影響到孩子。雖然我們很自然地認為，汙名化應該大多發生在認識的人之間，但依據我們與石牆組織所做的合作研究，訪問學齡兒童後發現，汙名化可以是世界規模的；國際性的社會趨勢改變，也可能對當事人造成傷害。

法蘭克．尼爾森跟他的先生BJ．巴隆都是高中老師。二〇一四年六月，他們的兒子米羅透過代孕在加拿大誕生。米羅出生時兩人欣喜若狂；他們的代理孕母有個攝影師朋友，當天他們也請了他來幫忙照相。其中一張照片是兩人抱著剛出生的米羅，做產後的肌膚接觸。接下來兩人忙著照顧新生兒，他們不知道那張照片已經在 Facebook 上瘋傳開來。「隔天有個朋友打電話給我們，她說：『那張照片已經有了五萬個讚。』」法蘭克說。「然後按讚數不斷升高——過了一個週末它已經有幾百萬個讚了。那時我們才知道，那個週末多倫多正好在舉辦世界同志遊行；兩天後，我們的故事登上了當地新聞，而一星期後我們甚至出現在德國、澳洲和英國的新聞上。」照片中法蘭克和BJ兩人赤裸著上半身，抱著剛出生的嬰兒，讓他貼近他們的身體。「助產士叫我們在嬰兒出生時脫掉上衣。」法蘭克解釋，「她說她希望我們馬上跟嬰兒做肌膚接觸，讓他聽我們的心跳，以建立感情連結。我們是照著助產士的建議做的。」

一開始，法蘭克和ＢＪ很高興能得到來自世界各地的祝福，他們對帶著敵意的回應不以為意。「有很多很多人給了我們美好的祝福，相比之下，那些負面的意見不算什麼。」法蘭克說，「許多訊息非常溫暖人心。有人說他們從來沒看過兩個男人這樣擁抱嬰兒，那畫面讓他們感動落淚。」

然而兩年後，法蘭克和ＢＪ驚訝地發現，那張讓他們無比驕傲的照片竟然被政治人物拿來使用，還是用在抹黑同志家長的運動中。「愛爾蘭的政治人物瑪麗．菲茨吉本在二〇一六年競選時用了我們的照片，她在政見中反對男同志利用代理孕母，或是收養小孩。」法蘭克說，「在那同時，義大利的議會正在決議民事結合法（Civil Unions bill，又譯伴侶關係法）。保守派的國家主義政黨，義大利兄弟黨（Brothers of Italy）則將這張照片印成海報，張貼在義大利的大街小巷來反對法案通過，並反對ＬＧＢＴ人士做代孕、或收養小孩。在海報上，他們在照片上寫著：『這個嬰兒永遠不會知道他的母親是誰』。海報被張貼出來後，我們收到排山倒海來自義大利的訊息；有些來自社群網站，也有的來自我們的義大利親戚。這張海報跟我們的理念完全背道而馳——我們支持ＬＧＢＴ人士成為父母的權利，也希望歐洲國家能放寬對代理孕母的限制。我們的照片卻被用在恰恰相反的方向。」

許多義大利的律師表示願意幫助法蘭克和ＢＪ，以對抗這種不正義的待遇。於是兩人決定不要坐視不理；他們雇用了一位義大利律師，提告義大利兄弟黨侵犯版權、以及非法使用他們兩人與兒子的照片。我在二〇一九年七月訪問法蘭克時，這場官司正在義大利的法院受審中，他衷心希望判決能有好的結果。

在LGBTQ+家庭中，不只是家長，孩子們也得面對汙名化的挑戰。我們知道，所有的孩子都有可能受到霸凌和排擠，也都有可能因此被傷害自尊心和自我認同；但如果霸凌和排擠的原因出自孩子的家庭背景，造成的傷害恐怕會更大。當孩子感覺到來自周遭的偏見和歧視時，他們會變得很難在外坦率地談論自己的家庭。石牆組織進行了研究，以了解同性家長的孩子在學校的經驗。二十歲的史黛西是研究的受訪者之一，她說：「我和我弟弟知道有些同學的家長是男同志或女同志，而他們會因此被欺負，所以我們不敢告訴其他人；我們從來沒有告訴任何人。要保守這個祕密並不容易。」

由於汙名化會對孩子造成傷害，有時反對人士會以此當做理由，反對LGBTQ+人士收養小孩，或透過輔助生殖技術得到孩子。但其實，學校和社會才應該負起責任，對抗偏見與歧視，讓非傳統家庭出身的孩子不要落為受害者。石牆組織的研究中，受訪的孩子也告訴了我們應該怎麼做。他們說：老師不應該預設立場，認為每個人都有爸爸跟媽媽；還有，在學校應該要教導和討論同性家長的議題；而且校方必須嚴格處置反同的霸凌行為（很遺憾，學校不是總是能做到這一點）。孩子們希望老師能明白，擁有同性家長不是問題——他人的態度往往才是問題的根源。

如果學校能夠醞釀出正向的環境，並且提供支援，這對來自LGBTQ+家庭的孩子、以及自我認同為LGBTQ+的孩子會有莫大的幫助。十四歲的卡蘿說：「我們學校有平權運動團體，他們會對應那些對同志不友善的發言，也會對應那些動不動就說"gay"的人等等，諸如此類的事情。說真的，他們都處理得很好。基本上他們有在宣導，即使你或許沒有意思要歧視同性戀，但說出『怎麼這麼gay』或是『那好gay』這種話，就不太好了。他們會跟學生們說那是錯的，也會解釋為什麼你不該說這種話。」十七歲的麥可說，單單是在牆上看到一張海報，就讓他很高興：「我想今年我們新來的英文老師是同志，他在他的教室裡貼了一張『石牆』的海報，上面說『有些人就是同志，接受吧！（**Some people are gay. Get over it!**）』。我每次看到那張海報都覺得它很酷。」

***

這幾十年來，家庭的結構日漸改變，因此有些人宣稱「家庭」正走向消亡。其實，家庭是在改變，而並不是在消失中。開放性的線上流行用語詞典《市井詞典》（*Urban Dictionary*）中定義家庭為「一群人，通常（但非必要）有血緣關係，他們互信、互愛，彼此關心，而且互相照顧。」家庭的定義不再是父、母以及他們所生下的小孩。今天，家庭不一定要有母親或是父親，孩子不見得跟父母有血緣關係，也不一定是由母親所懷胎生下的；孩子有可能跟家人以外的人有血緣關係，也可能是由家人以外的人生下的。對孩子而言，通常家人指的是撫養他們長大的家長；家人是每天跟他們相處、給他們關愛、也被孩子所愛的人。另外，家人也包括跟他們一起長大的兄弟姊妹，不論他們之間是否有血緣關係。透過輔助生殖技術誕生的孩子中，有些有機會認識他們的精卵或胚胎捐贈者、或是代理孕母；有些還因此認識了捐贈者或代理孕母的孩子，以及其他因捐贈者或代理孕母而誕生的孩子。新的生殖科技也意味著，這些家庭之間會產生新型態的連結，這是五十年前的人絕對想像不到的。這些跨越家庭的連結因為生物上（血緣或代孕）的關係而生；不過它們如果要經得起歲月的考驗，卻不能只仰賴生物上的連結，家庭之間的相處狀況才是關鍵所在。

在新型態的家庭中，家人之間要如何彼此稱呼，可能是個複雜的問題。凱特・伯恩曾在維州生育局的網站上分享她的經驗，而後她的故事被收錄於《牽絆與輔助生育：家庭、出身與認同》（*Relatedness in Assisted Reproduction: families, origins and identities*）一書中。「我該怎麼稱呼精子捐贈者？捐贈者、親生父親、血緣上的父親、父親、真正的父親、捐贈者爸爸、基因來源、還是就稱為爸爸呢？受助於同一個捐贈者而誕生的人又該如何彼此稱呼？叫捐贈者兄弟姊妹、半血緣的兄弟姊妹、同父異母的兄弟姊妹、兄弟姊妹、類似兄弟姊妹、或是類似親戚？精子捐贈者又要怎麼稱呼這些由他捐贈的精子誕生的小孩？叫親生兒女、捐贈的兒女、子女、或是孩子？然後，因捐贈而誕生的人又要怎麼跟別人介紹他的捐贈人、或半血緣的兄弟姊妹們？我們是否算是家人，還是算是某種特別的朋友，或是在兩者之間？」因為這些新的關係缺少慣用的詞語來形容，我們訪問的一些孩子會自己創造新字，例如：diblings（結合 donor 跟 siblings 兩字），cousin-sister、或 tummy-sister。而有時候就算用相同的詞，對不同的人而言，它代表的意義卻不同。例如，就算有人稱呼同捐贈者的姊妹為同父異母的姊姊或妹妹，他也不見得真的視她們如姊妹。有時候，不去刻意解釋這些關係，反而輕鬆。也有人刻意避免使用一些慣用的稱謂，因為他們並不把同捐贈者的兄弟姊妹視為家人。正如瓦桑蒂．賈德瓦和蘇珊．伊姆里在訪問代理孕母生下的孩子時發現，孩子們跟代理孕母是否親近，跟他們是否有血緣上的連結，其實關係不大。

＊＊＊

用創新的方式建立家庭，同時也帶來一些新的難題。吉娜．戴維斯經歷過兩次手術，多次推算排卵期試著自然受孕，也試過用先生ＪＰ的精子人工授精，卻依然無法懷孕。他們最終嘗試體外受精，因此順利生下了一個男孩，之後又生下了一個女孩。夢想實現後，吉娜和ＪＰ卻發現他們手中還剩下很多用不上的胚胎。不像珍妮佛和湯姆，只有一個多的胚胎要考慮，吉娜跟ＪＰ的狀況很不同，他們剩下了多達十六個胚胎。

吉娜是一名在生殖診所工作的基因諮詢師，她沒想到自己有一天會跟患者站在一樣的處境。「因為工作，我時常幫忙別人安排胚胎捐贈，已經有多年經驗了。但現在立場卻突然調換過來。」吉娜說，「我深深地體會到這份責任有多重。我開始思考該如何為我們的胚胎找受捐者。我們問自己：『我們最在意的條件是什麼？要符合怎麼樣的條件，才能保證孩子在這些家庭快樂地長大？』我覺得自己好像在扮演上帝。」兩人也曾覺得，要捐贈胚胎實在太困難了：「我在腦中想著：『這是不是一種自私？他們會不會覺得自己的生命像實驗室裡的白老鼠？』」但是如果不捐贈，這些胚胎就連一個機會都沒有了。

吉娜和JP最擔心的，是這些孩子會受到心理創傷。「即使他們生長在充滿愛的家庭中，有愛他們的家長，他們會不會還是感到失落？我們試著想像這些孩子的感受，猜想他們是否會原諒我們擅自幫他們做了決定。」由於吉娜的工作背景，她深切地明白，對渴望孩子的家庭而言，這些胚胎的意義有多重大；但是她在幫胚胎尋找適合的家庭的過程中，她也深刻地感受到，這份責任有多沉重。吉娜說：「我知道一個家的構成靠的不是DNA，但我也知道基因在自我認同中占了重要的分量。我必須設法讓這兩個概念都成立。我感覺這是我必須盡的義務，畢竟這些胚胎是我創造出來的。」

我在二〇一九年訪問吉娜跟JP的時候，兩人已經找到了第一個受捐者——吉娜的叔叔泰德和他再婚的妻子羅蘭。兩人起初會擔心，如果將胚胎捐給家族成員，事情會變得更複雜，但他們真的很喜歡泰德和羅蘭，這份好感讓他們最終下了決定。「泰德已經有幾個孩子了，而他們都成長得很好，所以我們知道泰德是個很棒的父親。」吉娜說。不過吉娜還是有些緊張，她擔心將來在家族聚會上看到她血緣上的親生孩子，她不知道自己會如何反應。

不過事實證明，吉娜的擔心是多餘的。「泰德和羅蘭植入了一個胚胎，現在他們有一個六個月大的女兒，名叫愛麗絲。」吉娜說，「我看著她的笑臉，我看得出她是誰，也看出她屬於這裡。我心裡輕鬆多了。我親眼目睹她為她的家庭帶來許多歡樂；她是個充滿笑容的快樂寶寶。我看著她，忍不住想：『她是個奇蹟』。」因為愛麗絲，兩個家庭變得更親近了，特別是吉娜跟羅蘭。吉娜說：「比起一般的親戚關係，我想他們不介意我們跟愛麗斯更親近。他們希望愛麗絲能多了解我們，也能多了解她自己的故事。他們覺得愛麗絲能有更多家人是件好事，因為這表示有更多人愛她，也表示她在更多人心中占有特別的位置。」現在，當我們研究新型態的家庭時，我們不再只注意他們是否比得上傳統家庭，我們也關注這些家庭是否有一些特質，讓他們在某些方面甚至比傳統家庭還更好。

在愛麗絲誕生之後，吉娜和JP更下定決心要把其他的胚胎捐贈出去。但是愛麗絲的情況太理想了，兩人也明白，不是每個捐贈的結果都會這麼好。他們給了泰德和羅蘭八個胚胎，而他們第一次植入就成功了。現在吉娜跟JP還有八個胚胎，而如果泰德跟羅蘭不想再做植入，還要加上他們剩下的七個。透過工作，吉娜接觸過許多不孕症的患者，因此她特別擔心，如果她跟候選的受捐者聯絡，但之後又覺得胚胎不適合捐給他們，這會讓這些候選人非常失望。她說：「我真的不想傷害別人，我不想讓他們再一次心碎。」JP的父親是非裔美國人，母親是菲律賓人，因此他們希望把胚胎捐給跨種族的家庭，不過要找到這樣的家庭不容易。「我們兩個都體會過跟周圍格格不入的感覺。」吉娜說，「JP在成長過程中，一直覺得自己無法真正被別人接受，很長一段時間他都覺得自己生錯了地方。而我的童年比較複雜，我經歷過一些監護權相關的問題，我很了解那種感覺。安排胚胎捐贈最難的就是這點——我們擔心這些孩子以後會有相同的感受，而這都是我們造成的。光是想像就令我們害怕，這是我們最最不願意見到的事情。」

***

家庭的形式或許隨著時代演進，但家庭的機能卻依然不變。從古至今，家庭對孩子一樣重要。不論家庭的結構如何，若是家庭的氣氛溫暖、能夠支持孩子、而且環境穩定，那麼孩子會更有機會健康地長大；反之，如果家庭內的氣氛險惡、沒有給孩子支持、而且不安定，在這種環境下成長的孩子更有可能會產生情緒及行為上的問題。用非傳統的方式成為父母，並不表示他們照顧孩子的能力、和愛孩子的能力比別人差。從我們的研究結果看來，情況甚至相反——那些排除萬難，終於成為父母的人，往往會在孩子身上投注更多的心血跟關愛。

不過，不管在家庭內的關係有多好，孩子還是得適應外面的世界。不只在自己的家庭內，孩子還需要在同儕之中、以及更廣大的社會群體中找到歸屬感、感到被接受。我們的研究中有一項結論非常清楚：如果孩子的家庭不被外界接受，那會給孩子帶來很深的傷害。對孩子而言，家庭如何組成並不是問題，但別人的反應卻會影響他們。這也是為什麼我們在研究中堅持要傾聽孩子的聲音。我們必須重視這些心聲，並對此採取行動。

二〇一七年十月，澳洲政府郵寄了問卷，調查民眾對同性婚姻的看法。藉此時機，有著同志媽媽的兩名青少年去訪問其他小孩，而錄製了一段影片。在影片中，孩子們表達了他們對擁有同性別家長的看法。「如果互相喜歡的人不能在一起，那會讓我很生氣。」阿茲拉說，她是個活潑的七歲小孩，「我只想跟全澳洲說，家庭是由愛而生的。」

我們應該向這些孩子學習。他們告訴我們，對孩子而言，最重要的不是家庭的形式，而是家長的愛。

延伸閱讀

引用研究

以下是關於新型態家庭的研究的代表性學術論文。這些論文出自劍橋大學家庭研究中心、倫敦城市大學家庭及兒童心理研究中心、以及倫敦精神科研究所的研究。如果本書中某篇論文與複數的章節相關，我會將它歸類在關聯最大的章節之下。這些論文中，有許多在我二〇一五年於劍橋大學出版的《現代家庭》（*Modern Families: parents and children in new family forms*）中已被提及。

第一章　女同志媽媽

關於同性戀母親家庭的長期研究

Golombok, S., Spencer, A., & Rutter, M (1983) Children in lesbian and single parent households: Psychosexual and psychiatric appraisal. *Journal of Child Psychology and Psychiatry, 24,* No 4, 551-572.

Tasker, F. & Golombok, S. (1995) Adults raised as children in lesbian families. *American Journal of*

Orthopsychiatry, 65, No 2, 203-215.

Golombok, S. & Tasker, F. (1996) Do parents influence the sexual orientation of their children? Findings from a longitudinal study of lesbian families. *Developmental Psychology, 32,* No 1, 3-11.

計畫性的同性戀母親家庭的長期研究

Golombok, S., Tasker, F., & Murray, C. (1997) Children raised in fatherless from infancy: Family relationship and socio-emotional development of children of lesbian and single heterosexual mothers. *Journal of Child Psychology and Psychiatry, 38,* No 7, 783-792.

MacCallum, F. & Golombok, S. (2004) Children raised in fatherless families from infancy: A follow-up of children of lesbiam and single heterosexual mothers at early adolescence. *Journal of Child Psychology and Psychiatry, 45,* No7, 1407-1419.

Golombok, S. & Badger, S. (2010) Children raised in fatherless families from infancy: A follow-up of children of lesbiam and single heterosexual mothers at early adulthood. *Human Reproduction, 25,* No1, 150-157.

從總體人口取樣的同性戀母親家庭研究

Golombo, S., Perry, B., Burston, A., Murray, C., Mooney-Somers, J., Stevens, M., & Golding, J. (2003) Children with lesbian parents: A community study. *Developmental Psychology, 39,* No 1, 20-33.

石牆（Stonewall）所做的，對於擁有同性戀母親或父親的孩子的研究
Guasp, A., Statham, H., & Jennings, S. (2010) Different Families: The experiences of children with lesbian and gay parents. London: Stonewall.

第二章　精卵受贈家庭

在歐洲所做的，針對接受輔助生殖醫療的家庭之研究
Golombok, S., Cook, R., Bish, A., & Murray, C. (1995) Families created by new reproductive technologies: Quality of parenting and social and emotional development of children. *Child Development, 64,* No 2, 285-298.
Cook, R., Golombok, S., Bish, A., & Murray, C. (1995) Keeping secrets: A study of parental attitudes toward telling about donor insemination. *American Journal of Orthopsychiatry, 65,* No 4, 549-559.
Golombok, S., Brewaeys, A., Cook, R., Giavazzi, M. T., Guerra, D., Mantovani, A., van Hall, E., Crosignani, P. G., & Dexeus, S. (1996) The European Study of Assisted Reproduction Families. *Human Reproduction, 11,* No 10, 2324-2331.
Golombok, S., MacCallum, F., & Goodman, E. (2001) The 'test-tube' generation: Parent-child relationship and the psychological well-being of IVF children at adolescence. *Child Development, 72,* No 2, 599-608.
Golombo, S., MacCallum, F., Goodman, E., & Rutter, M. (2002) Families with children conceived by donor insemination: A follow-up at age 12. *Child Development, 73,* No 3, 952-968.

Golombok, S., Brewaeys, A., Giavazzi, M. T., Guerra, D., MacCallum, F., & Rust, J. (2002) The European Study of Assisted Reproduction Families: The transition to adolescence. *Human Reproduction, 17,* No 3, 830-840.

Golombok, S., Owem, L., Blake, L., Murray, C., & Jadva, V. (2009) Parent-child relationships and psychological well-being of 18-year-old adolescents conceived by *in vitro* fertilisation. *Human Fertility, 12,* No 2, 63-72.

Owen, L. & Golombok, S. (2009) Families created by assisted reproduction: Parent-child relationships in late adolescence. *Journal of Adolescence, 32,* 835-848.

關於借助精卵捐贈所形成的家庭的長期研究

Golombok, S., Lycett, E., MacCallum, F., Jadva, V., Murray, C., Rust, J., Abdalla, H., Jenkins, J., & Margara, R. (2004) Parenting infants conceived by gamete donation. *Journal of Family Psychology, 18,* No 3 443-452.

Golombok, S., Jadva, V., Lycett, E., Murray, C., & MacCallum, F. (2005) Families created by gamete donation: Follow-up at age 2. *Human Reproduction, 20,* No1, 286-293.

Golombok, S., Murray, C., Jadva, V., Lycett, E., MacCallum, F., & Rust, J. (2006) Non-genetic and non-gestational parenthood: Consequences for parent-child relationships and psychological well-being of mothers, fathers and children at age 3. *Human Reproduction, 21*, 1918-1924.

Blake, L., Casey, P., Readings, J., Jadva, V., & Golombok, S. (2010) 'Daddy ran out of tadpoles': How parents tell their children that they are donor conceived, and what their 7-year olds understand. *Human Reproduction, 25,* No 10, 2527-2534.

Golombok, S., Readings, J., Blake, L., Casey, P., Mellish, L., Marks, A., & Jadva, V. (2011) Children conceived by gamete donation: The impact of openness about donor conception on psychological adjustment and parent-child relationships at age 7. *Journal of Family Psychology, 25,* No 2, 230-239.

Readings, J., Blake, L., Casey, P., Jadva, V., & Golombok, S. (2011) Secrecy, openness and everything in between: Decisions of parents of children conceived by donor insemination, egg donation and surrogacy. *Reproductive BioMedicine Online, 22,* No 5, 485-495.

Jadva, V., Casey, P., Reading, J., Blake, L., & Golombok, S. (2011) A longitudinal study of recipients' views and experiences of intra-family egg donation. *Human Reproduction, 26,* No 10, 2777-2782.

Blake, L., Casey, P., Jadva, V., & Golombok, S. (2013) 'I was quite amazed': Donor conception and parent-child relationships from the perspective of the child. *Children and Society, 28,* No 6, 425-437.

Casey, P., Jadva, V., Readings, J., Blake, L., & Golombok, S. (2013) Families created by donor insemination: Father-child relationships at age 7. *Journal of Marriage and Family, 75,* 858-870.

Golombok, S., Blake, L., Casey, P., Roman, G., & Jadva, V. (2013) Children born through reproductive donation: A longitudinal study of child adjustment. *Journal of Child Psychology and Psychiatry, 54,* 653-660.

Ilioi, E., Blake, L., Jadva, V., Roman, G., & Golombok, S. (2017) The role of age of disclosure of biological origins in the psychological well-being of adolescents conceived by reproductive donation: A longitudinal study from age 1 to age 14. *Journal of Child Psychology and Psychiatry, 58,* No 3, 315-324.

關於同捐贈者兄弟姊妹的研究

Freeman, T., Jadva, V., Kramer, W., & Golombok, S. (2009) Gamete donation: Parents experiences of searching for their child's donor siblings and donor. Human Reproduction, 24, No 3, 505-516.

Jadva, V., Freeman, T., Karmer, W., & Golombok, S. (2009) The experiences of adolescents and adults conceived by sperm donation: Comparisons by age of disclosure and family type. Human Reproduction, 24, No 8, 1909-1919.

Jadva, V., Freeman, T., Karmer, W., & Golombok, S. (2010) Experiences of offspring searching for and contacting their donor sibling and donor. *Reproductive BioMedicine Online, 20,* 523-532.

對於知道自己誕生於精卵捐贈的青少年之研究

Slutsky, J., Jadva, V., Freeman, T., Persaud, S., Kramer, W., Steele, M., Steele, H., & Golombok, S. (2016) Integrating donor conception into identity: Parent-child relationships and identity development in donor-conceived adolescents. *Fertility and Sterility, 106,* No 1, 202-208.

Persaud, S., Freeman, T., Jadva, V., Slutsky, J., Kramer, W., Steele, M., Steele, H., & Golombok, S. (2016)

Adolescents conceived through donor insemination in mother-headed families: A qualitative study of motivations and experiences of contacting and meeting same-donor offspring, *Children and Society, 31,* 13-22.

對於由胚胎捐贈形成的家庭之研究

MacCallum, F., & Golombok, S. (2007) Embryo donation families: mothers' decisions regarding disclosure of donor conception. *Human Reproduction, 22,* No 11, 2888-2895.

MacCallum, F., Golombok, S., & Brinsden, P. (2007) Parenting and child development in families with a child conceived by embryo donation, *Journal of Family Psychology, 21,* 278-287.

對於由可識別的卵子捐贈者而形成的家庭之研究

Imrie, S., Jadva, V., Fishel, S., & Golombok, S. (2019) Families created through egg donation: parent-child relationship quality in infancy. *Child Development, 90,* No 4, 1333-1349.

Imrie, S., Jadva, V., & Golombok, S. (2020) 'Making the child mine': mothers' thoughts and feelings about the mother-infant relationship in egg donation families. *Journal of Family Psychology.* dx.doi.org/10.1037/fam0000619.

第三章　精卵及胚胎捐贈者

對英國精子捐贈者的調查

Golombok, S., & Cook, R., (1994) A survey of sperm donation. Phase I: The view of UK licensed centres. *Human Reproduction, 9,* No 5, 882-888.

Cook, R. & Golombok, S. (1995) A survey of sperm donation. Phase II: The view of donors. *Human Reproduction, 10,* No 4, 951-959.

對美國精子捐贈者的調查

Jadva, V., Freeman, T., Kramer, W., & Golombok, S. (2011) Sperm and egg donors' experiences of anonymous donation and subsequent contact with their donor offspring. Human Reproduction, 26, No 3, 638-645.

對卵子捐贈者的研究

Graham, S., Jadva, V., Freeman, T., Ahuja, K., & Golombok, S. (2016) Being an identity-release donor: a qualitative study exploring the motivations, experiences and future expectations of current UK egg donors. *Human Fertility, 19,* No 4, 230-241.

對卵子共享的研究

Gurtin, Z., Ahuja, K., & Golombok, S. (2012) Egg sharing, consent and exploitation: Examining egg-share donors' and recipients' circumstances and retrospective reflections. *Reproductive BioMedicine Online, 24,* No 7, 698-708.

Gurtin, Z., Ahuja, K., & Golombok, S. (2013) Egg-share donors' and recipients' knowledge, motivations and concerns: Clinical and policy implications. *Clinical Ethics, 7,* 183-192.

對網路精子捐贈的調查

Freeman, T., Jadva, V., Tranfield, E., & Golombok, S. (2016) Online sperm donation: A survey of the demographic characteristics, motivations, preferences and experiences of sperm donors on a connection website. Human Reproduction, 31, No 9, 2082-2089.

Jadva, V., Freeman, T., Tranfield, E., & Golombok, S. (2017) Why search for a donor online? The experiences of those searching for and contacting sperm donors on the internet. *Human Fertility, 21,* No 3, 112-119.

第四章　代理孕母

對英國代理孕母的研究

Jadva, V., Murray, C., Lycett, E., MacCallum, F., & Golombok, S. (2003) Surrogacy: The experiences of surrogate mothers. *Human Reproduction, 18,* No 10, 2196-2204.

Imrie, S., & Jadva, V. (2014) The long-term experiences of surrogates: Relationships and contact with surrogacy families in genetic and gestational surrogacy arrangements. *Reproductive BioMedicine Online, 29,* No 4, 424-35.

Jadva, V. & Imrie, S. (2014) Children of surrogate mothers: psychological well-being, family relationships and experiences of surrogacy. *Human Reproduction, 29,* No 1, 90-96.

Jadva, V., Imrie, S., & Golombok, S. (2015) Surrogate mothers 10 years on: A longitudinal study of psychological well-being and relationships with the parents and child. *Human Reproduction, 30,* No 2, 373-379.

對印度代理孕母的研究

Lamba, N., Jadva, V., Kadum, K., & Golombok, S. (2018) The psychological well-being and maternal-foetal bonding of Indian surrogates: A longitudinal study. *Human Reproduction, 33,* No 4, 646-653.

第五章　代孕家庭

對於由代孕形成的家庭的長期研究

MacCallum, F., Lycett, E., Murray, C., Jadva, V. & Golombok, S. (2003) Surrogacy: The experience of commissioning couples. *Human Reproduction, 18,* No 6, 1334-1342.

Golombok, S., Murray, C., Jadva, V., MacCallum, F., & Lycett, E. (2004) Families created through surrogacy arrangement: Parent-child relationships in the first year of life. *Developmental Psychology, 40,* 400-411.

Golombok, S., MacCallum, F., Murray, C., Lycett, E., & Jadva, V. (2006) Surrogacy families: Parental functioning, parent-child relationships and children's psychological development at age 2. *Journal of*

Child Psychology and Psychiatry, 47, No 2, 213-222.

Golombok, S., Casey, P., Readings, J., Blake, L., Marks, A., & Jadva, V. (2011) Families created through surrogacy: Mother-child relationships and children's psychological adjustment at age 7. *Developmental Psychology, 47,* No 6. 1579-1578.

Jadva, V., Casey, P., Blake, L., & Golombok, S. (2012) Surrogacy families 10 years on: Relationship with the surrogate, decisions over disclosure and children's understanding of their surrogacy origins. *Human Reproduction, 27,* 3008-3014.

Golombok, S., Ilioi, E., Blake, L., Roman, G., & Jadva, V. (2017) A longitudinal study of families formed through reproductive donation: Parent-adolescent relationships and adolescent adjustment at age 14. *Development Psychology, 53,* No 10, 1966-1977.

Zadeh, S., Ilioi, E., Jadva, V., & Golombok, S. (2018) The perspectives of adolescents conceived using surrogacy, egg or sperm donation. *Human Reproduction, 33,* No 6, 1099-1106.

第六章　男同志家庭

對於收養小孩的男同志父親家庭之長期研究

Golombok, S., Mellish, L., Jennings, S., Casey, P., Tasker, F., & Lamb, M. (2014) Adoptive gay father families: Parent-child relationship and children's psychological adjustment. Child Development, 85, No 2, 456-468.

Jennings, S., Mellish, L., Casey, P., Tasker, F., Lamb, M., & Golombok, S. (2014) Why adoption? Gay, lesbian and heterosexual adoptive parents' resons for adoptive parenthood. *Adoption Quarterly, 17,* 205-226.

McConnachie, A. L., Ayed, N., Jadva, V., Lamb, M. E., Tasker, F., & Golombok, S. (2019) Father-child attachment in adoptive gay father families. *Attachment and Human Development.* doi.org/10.1080/14616734.2019.1589067.

McConnachie, A. L., Ayed, N., Foley, S., Jadva, V., Lamb, M. E., Tasker, F., & Golombok, S. (under review) Adoptive gay father families: A longitudinal study of children's adjustment at early adolescence. *Child Development.*

對於由代孕形成的男同志父親家庭之研究

Golombok, S., Blake, L., Slutsky, J., Raffanello, E., Roman, G., & Ehrhardt, A. (2017) Parenting and adjustment of children born to gay fathers through surrogacy. *Child Development, 89,* No 4, 1223-1233.

Blake, L., Carone, N., Raffanello, E., Slutsky, J., Ehrhardt, A., & Golombok, S.,(2017) Gay fathers' motivations for and feelings about surrogacy as a path to parenthood. *Human Reproduction, 32,* No 4, 860-867.

Blake, L., Carone, N., Slutsky, J., Raffanello, E., Ehrhardt, A., & Golombok, S.,(2016) Gay fathers through surrogacy: Relationships with surrogates and egg donors and parental disclosure of children's origins. *Fertility & Sterility, 106,* 1503-1509.

第七章　自主性單親媽媽

對於自主性單親媽媽的研究

Jadva, V., Badger, S., Morrisette, M., & Golombok, S. (2009) 'Mom by choice, single by life's circumstance…' Finding from a large-scale survey of experiences of women who are 'single mothers by choice'. *Human Fertility, 12,* 175-184.

對於自主性單親媽媽的長期研究

Golombok, S., Zadeh, S., Imrie, S., Smith, V., & Freeman, T. (2016) Single mothers by choice: Mother-child relationships and children's psychological adjustment. *Journal of Family Psychology, 30,* No 4, 409-418.

Freeman, T., Zadeh, S., Smith, V., & Golombok, S. (2016) Disclosure of sperm donation: A comparison between solo mother and two-parent families with identity-release donors. *Reproductive BioMedicine Online, 33,* 592-600.

Zadeh, S., Freeman, T., & Golombok, S. (2016) 'What does donor mean toa four-year-old?' Initial insights into young children's perspectives in solo mother families. *Children and Society, 31,* No 3, 194-205

Zadeh, S., Jones, C., & Golombok, S. (2017) Children's thoughts and feelings about their donor and security of attachment to their solo mothers in middle childhood. *Human Reproduction, 32,* No 4, 868-875.

第八章　跨性別家庭

對於跨性別家長的研究

Zadeh, S., Imrie, S., & Golombok, S. (2019) Stories of sameness and difference: The views and experiences of children and adults with a trans* parent. *Journal of GLBT Family Studies*. DOI:10.1080/1550428X.2019.1683785.

Imrie, S., Zadeh, PS., Wylie, K., & Folombok, S. (under review) Children with trans parents: Parent-child relationship quality and psychological well-being. *Parenting: Science and Practice.*

第九章　未來家庭

對於尋求親職協作（co-parenting）的人之研究

Jadva, V., Freeman, T., Tranfield, E., & Golombok, S. (2015) 'Friendly allies in raising a child': a survey of men and women seeking elective co-parenting arrangements via an online connection website. *Human Reproduction, 30,* No 8, 1896-1906.

參考資源

在我們的研究過程中，我們一再聽到受訪的家庭表示，他們在主流文化中聽不到代表他們的聲音。這會讓孩子覺得自己跟別人不同，甚至會讓孩子產生負面情緒。

要讓這些聲音充分被聽到，恐怕還有一段漫長的路途要走。不過還是有一些兒童讀物抱著正面的觀點，提及新型態的家庭。我的出版人幫我整理出以下清單：

And Tango Makes Three, Justin Richardsonm, Peter Parnell, and Henry Cole (Little Simon). 中譯《一家三口》，小魯文化出版。兩隻公企鵝共組非傳統家庭的真實故事。閱讀年齡二至五歲。

Daddy, Papa and ME, Leslea Newman and Carol Thompson (Tricycle Press). Rhythmic text shows a toddler spending the day with their two daddies. Ages Baby-3.

Families, Families, Families, Suzanne Lang and Max Lang (Picture Corgi). Do you have two dads? Or one step mum? Or what about the world's biggest grandpa? Discover a whole host of silly animal families in the celebration of the love found in families big and small. Ages 3-5.

Love Makes a Family, Sophie Beer (Dial Books). Whether a child has two moms, two dads, one parent, or one of each, this simple preschool read-aloud demonstrates that what's most important in each family's life is the love the family members share. Ages Baby-3.

Mommy, Mama and ME, Leslea Newman and Carol Thompson (Tricycle Press). Rhythmic text shows a toddler spending the day with their two mummies. Ages Baby-3.

Our Story (Donor Conception Network). A series of illustrated books depicting different types of families. Ages 2-6.

Stella Brings the Family, Miriam B. Schiffer and Holly Clifton Brown (Chronicle Books). Stella's class is having a Mothers' Day celebration, but what's a girl with two daddies to do? A story about love, acceptance, and the true meaning of family. Ages 4-7.

The Extra Button, Jules Blundell (Michael Hanrahan Publishing). A sex-same gingerbread couple's journey to create a family using donor conception. Ages 3+.

The Family Book, Todd Parr (Little, Brown). Whether you have two mothers or two dads, a big family or a small family, a clean family or a messy one, Todd Parr assures readers that no matter what kind of family you have, every family is special in its own unique way. Ages 4-6.

The Girl with Two Dads, Mel Elliott (Egmont). 中譯《她有兩個爸爸》，青林國際出版。瑪蒂達剛

轉學到佩兒的學校，她的家庭很特別又很酷——瑪蒂達有兩個爸爸。佩兒原本還以為瑪蒂達的家庭一定跟她的很不一樣，但等兩人成為好朋友，佩兒才發現或許她們的家其實沒什麼不同……。閱讀年齡三至五歲。

The Lotterys Plus One, Emma Donoghue and Caroline Hadilaksono (Scholastic Inc.). What a family that Lottery are: four parents, children both adopted and biological, and a menagerie of pets, all living and learning together in a sprawling house called Camelottery. Ages 8-12.

The Misadventures of the Family Fletcher, Dana Alison Levy (Yearling Books). A story about four adopted boys and their two fathers. Ages 9-12.

The Secrets of Sam and Sam, Susie Day and Max Kowalski (Puffin). The story of twins Sam and Sammie, who have two mums. Ages 8-11.

The Very Kind Koala, Kimberley Kluger-Bell (CreateSpace). A picture book for young children which provides an introduction to surrogacy. Ages 3+.

To Night Owl from Dogfish, Holly Goldberg-Sloan and Meg Wolitzer (Egmont). Avery (Night Owl) is bookish, intense, likes to plan ahead, and is afraid of many things. Bett (Dogfish) is fearless, outgoing, and lives in the moment. What they have in common is that they are both twelve years old, and their dads are dating each other. Ages 9+.

We Are Family, Patricia Hegarty and Ryan Wheatcroft (Caterpillar Books). Whether your family contains two dads or one mum; whether you're adopted or someone in your family is disabled; whether it's a big or small family – there's one thing that all families have in common, and that's love. Ages 3+.

What Makes a Baby, Cory Silverberg and Fiona Smyth (Seven Stories Press). A picture book about conception, gestation, and birth, which reflects the reality of the modern era. Ages 3-7.

Who's Your Real Mum?, Bernadette Green and Anna Zobel (Scribble). A story of a little girl with two mums that celebrates non-traditional families and captures exactly what lies at the heart of family life—love. Ages 3-6.

致謝

諺語說，要養大一個小孩需要全村協力。而要研究孩子如何長大，我想，那又需要另一個村子的鼎力相助。如果沒有這個優秀的團隊，沒有團隊中的心理學家、社會學家以及其他社會科學家奉獻他們的熱情，這本書中的研究必定無法完成。我深感榮幸，能夠跟這些創造力豐富的人合作。這個過程有時充滿挑戰，但更多時候饒富趣味；整體而言，一路上這些研究的過程都是令人振奮的。

在劍橋大學的家庭研究中心，瓦桑蒂・賈德瓦（Vasanti Jadva）領導團隊做了許多長期研究。其中包括對接受卵子捐贈、精子捐贈以及代孕的家庭的長期研究。研究團隊的成員還包括露西・布萊克（Lucy Blake）、波莉・凱西（Polly Casey）、珍妮佛・雷丁（Jennifer Readings）和艾琳娜・伊利歐伊（Elena Ilioi）。瓦桑蒂也和蘇珊・伊姆里（Susan Imrie）合作領導在英國對代理孕母的追蹤調查，並與妮希塔・蘭巴（Nishtha Lamba）合作研究印度的代理孕母。塔比莎・弗里曼（Tabitha Freeman）和瓦桑蒂・賈德瓦帶頭開始對美國的同捐贈者子女進行研究；而蘇菲・扎德（Sophie Zadeh）和塔比莎・弗里曼一起設計自主性單親媽媽的長期研究，並在裘・萊森（Jo Lysons）和凱蒂・瓊斯（Kitty Jones）的協助下親自進行研究。蘇珊娜・葛雷姆（Susanna Graham）也參與了對自主性單親媽媽、卵子及精子捐贈者的調查。我們在英國做的，關於男同志養父的調查由安雅・麥康納奇（Anja McConnachie）、娜迪亞・艾德（Nadia Ayed）、蘿拉・梅利許（Laura Mellish）和莎拉・詹寧斯Sarah Jennings）進行。而在美國做的，關於代孕得子的同志爸爸的研究則由露西・布萊克帶領，由珍娜・斯拉茨基（Jenna Slutshy）和伊麗莎白・拉法內羅（Elizabeth Raffanello）協助進行。蘇珊・伊姆里和蘇菲・扎德引領先鋒的研究跨性別家長家庭；同時蘇珊・伊姆里也與瓦桑蒂・賈德瓦和裘・萊森合作，帶頭研究接受可辨識身分的卵子捐贈者的受捐家庭。關於卵子共享的研究是由則納普・古登（Zeynep Gurtin）設計和推行。而最近期的研究，包括親職協作以及自主性單親爸爸的研究，則分別由莎拉・福里（Sarah Foley）和蘇菲・扎德主持；蘇西・鮑爾—布朗（Susie Bower-Brown）則擴大進行了跨性別家長的研究。還有許多人從劍橋、倫敦和紐約參與這些研究，其中包括菲歐娜・麥卡勒姆（Fiona MacCallum）、Emma Goodman, Claire Murray, Alison Bish, Emma Lycett, Beth Perry, Amanda Burston, Madeleine Stevens, Julie Mooney-Somers, Richard Harding, Margaret Pain, Larisa Villar-Hauser, Shirlene Badger, Sarah Evans, Humera Iqbal, John Appleby, Sherina Persaud, Gabriela Roman, Pamela Jiménez Etcheverria, Tatiana Visbol, Irenee Daly, Kate Shaw, Jess Grimmel, Niamh Chalmers, Georgie Jones, Poppy Hall，和已故的 Rachel Cook。另外還有在巴塞隆納的 Diana Guerra、在米蘭的Teresa Giavazzi、在萊頓的Anne Brewaeys、以及在巴黎的Francois Olivennes。

我無法想像家庭研究中心能有比艾比・史考特（Abby Scott）更好的行政人員。她有許多過人之處，不勝枚舉，所以我只想說，跟她共事無比愉快。我也萬分感謝行政助理漢娜・提格（Hannah Tigg），她對研究中心的運作貢獻良多，還有她每個星期五準備的蛋糕是最棒的。我衷心感謝我的同僚麥克爾・蘭姆（Michael Lamb）、菲歐納・塔斯克（Fiona Tasker）、安克・伊爾哈特（Anke Ehrhardt）、米里安・斯帝爾（Miriam Steele）、霍華德・斯帝爾（Howard Steele）、Melissa Hines、Claire Hughes、Helen Statham、以及與我多年合作研究的馬丁・理查德（Martin Richards）。我還要特別感謝麥可・羅特爵士（Sir Michael Rutter）；在早年有些人認為這些研究太具爭議性，也有人認為它們無意義且無趣，但羅特爵士始終支持著我。

不用說，要不是有數百個家庭願意參與我們的研究、願意讓我們登門拜訪，這些研究是無法完成的。我感謝你們願意信任我們，跟我們分享你們親身的故事，也感謝你們深厚的歡迎與善心，即使在孩子長大的過程中我們多次造訪，也沒有面露難色。我還要深深地感謝所有參與研究的孩子，感謝你們為我們畫畫、用積木蓋房子、跟玩偶講話，還與我們分享你們的生活點滴。曾經有一位優秀的美國心理學家跟我說，只有長期研究能夠讓我們真正了解孩子的發展，我很贊同他的話。我也深深感謝那些為了此書而接受我的訪問的家長和孩子，謝謝你們願意跟我分享你們內心的想法、感情跟經驗。其中有些人希望我不要寫出他們的真實姓名跟身分，而我忠實地遵從了他們的意願。

我很感激醫學研究理事會（Medical Research Council）、經濟與社會研究理事會（Economic and Social Research Council）、奈飛爾基金會（Nuffield Foundation）、歐盟委員會（European Commission）、以及美國國家衛生院（National Institutes of Health）。如果沒有它們，這本書中提及的研究不可能實現。我還要特別感謝惠康基金會（Wellcome Trust）對我們的研究的大力支持。一九八九年，我從惠康基金會申請到我的第一筆研究資金，從那時開始，惠康基金會一直是我研究的最大出資者；言語無法形容我對他們的感謝。惠康基金會是一個深具遠見的組織，除了提供資金支援，他們讓受資人感覺受到重視，而且感覺自己連帶地屬於一個學術上的大家庭。曾任惠康基金會書籍編輯人柯蒂．托皮瓦拉（Kirty Topiwala）鼓勵我出書，以讓更多讀者能夠接觸到我們的研究結果。可以說，她是促進這本書誕生的第一人。

嘉莉．普利特（Carrie Plitt）是我所能想像得到的最優秀的經紀人。嘉莉，謝謝你一路給這本書的支持，也謝謝你指點我把故事說好有多重要。從這本書的開始到完成，我的編輯莫莉．斯萊特（Molly Slight）持續澆灌她的熱情與心血，給了我莫大的鼓勵。謝謝你，莫莉。也謝謝Scribe 出版社的所有人員，包括 Philip Gwyn Jones 和 Adam Howard，謝謝你們付出的熱情與支持。我誠心感謝蘇珊．伊姆里、瓦桑蒂．賈德瓦和蘇菲．扎德幫我讀過本書的幾個早期草稿，他們給了我許多寶貴的建議。也謝謝安德魯．所羅門（Andrew Solomon）幫我做前幾章的審稿。安德魯，謝謝你犀利的看法、溫和的言語以及慷慨的心。

最後，我要將我最深的愛獻給約翰，謝謝他始終陪伴著我。還有傑米，他是在我走在研究之路上同時誕生的最美禮物。

國家圖書館出版品預行編目 (CIP) 資料

有愛就是一家人：我們這個時代的多元家庭想像圖／蘇珊・葛倫伯克（Susan Golombok）著；劉雨津譯
——初版——新北市：臺灣商務印書館股份有限公司，2023.01
面；公分（人文）
譯自：We are Family: What Really Matters for Parents and Children
ISBN 978-957-05-3466-5（平裝）

1. 家庭 2. 多元文化

544.1 111019604

人文

有愛就是一家人

我們這個時代的多元家庭想像圖

原著書名 We are Family: What Really Matters for Parents and Children
作　　者 蘇珊・葛倫伯克（Susan Golombok）
譯　　者 劉雨津
發 行 人 王春申
選書顧問 陳建守
總 編 輯 張曉蕊
責任編輯 洪偉傑
封面設計 張　巖
內文排版 菩薩蠻電腦科技有限公司
版　　權 翁靜如
營 業 部 王建棠、張家舜、謝宜華
出版發行 臺灣商務印書館股份有限公司
23141 新北市新店區民權路 108-3 號 5 樓（同門市地址）
電話：（02）8667-3712　傳真：（02）8667-3709
讀者服務專線：0800-056193　郵撥：0000165-1
E-mail：ecptw@cptw.com.tw　網路書店網址：www.cptw.com.tw
Facebook：facebook.com.tw/ecptw

局版北市業字第 993 號
2023 年 1 月初版 1 刷
印刷 鴻霖印刷傳媒股份有限公司
定價 新台幣 490 元

法律顧問 何一芃律師事務所